国際協力
を学ぶ人のために

JN111263

内海成治・桑名恵・杉田映理［編］

世界思想社

目　次

序　章　変化する国際協力　　　　　　　　　　　　杉田映理　5

part 1　国際協力を考える
第1章　国際協力とは何か　　　　　　　　　　　　内海成治　15
第2章　国際協力政策の変遷と課題──部分と全体の矛盾をどう捉えるか
　　　　　　　　　　　　　　　　　　　　松原直輝・佐藤　仁　33
第3章　平和構築の変化と展望　　　　　　　　　　片柳真理　50
第4章　現代世界と国際協力──地域研究から学ぶ視点
　　　　　　　　　　　　　　　　　　　　　　　　湖中真哉　65

part 2　国際協力の分野と組織
第5章　国際保健医療協力の世界──NCGM と JICA の連携
　　　　　　　　　　　　　　　　　　　　　　　　明石秀親　83
第6章　開発とジェンダー──UNDP におけるジェンダーと未来
　　　　　　　　　　　　　　　　　　　　　　　　須崎彰子　98
第7章　食料危機への対応──世界食糧計画（WFP）の役割
　　　　　　　　　　　　　　　　　　　　　　　　堀江正伸　112
第8章　紛争と災害への対応──NGO の挑戦
　　　　　　　　　　　　　　　　　　　　　　　　山本理夏　128
第9章　貧困への対応──現地 NGO とともに
　　　　　　　　　　　　　　　　　　　　　　　　米倉雪子　144

part 3　国際協力の新しい挑戦

第10章　気候変動と国際協力の変革（トランスフォーメーション）　　桑名　恵　159

第11章　水問題──気候変動で増長する問題と古くて新しい対応策

　　　　　　　　　　　　　　　　　　　　　　　　　杉田映理　173

第12章　国際教育協力の現在──危機と戦争を乗り越える

　　　　　　　　　　　　　　　　　　　　　　　　　北村友人　188

part 4　国際協力と企業・市民社会

第13章　市民社会はどう難民と向き合うのか　　折居徳正　207

第14章　国際協力における企業の責任と対応　　小柴巌和　222

第15章　国際協力とファンドレイジング　　鵜尾雅隆　237

資料編

国際協力を目指す人へ──進路とキャリア　　内海成治　255

資料集　265

あとがき　273

索引／略語表　276

執筆者紹介　283

注　掲載写真・図表の出典について特に記載がない場合は，すべて各章筆者の撮影・作成による。

序章　変化する国際協力

杉田映理

「国際協力って，もう古いんじゃないですか」

　これは，ある開発コンサルタント（国際協力を発展途上国—以下，途上国—の現場で実践するプロ）が，最近，大学生から言われたという言葉である。漠然とではあるが，高校生の頃から国際協力に憧れ，いろいろと立場を変えながらも国際協力に携わってきた私には，この言葉は衝撃的であった。しかし，その話の場にいた国際協力を仕事とする他の人たちも，「そうなんですよ」と頷きながら，最近，途上国支援とか国際協力とかいっても，関心を示さない若者が増えている，という。

　しかし，この話には続きがある。「国際協力」といわず「社会課題の解決」とか「地域の課題発見力」と掲げると，関心が集まるのだそうだ。高校における「総合的な探究の時間」の導入が影響しているのだろうか。そして，関心をもったトピックの現場がたまたま途上国であったりすると，結果的に，途上国への国際協力に「はまって」いくのだという。

　考えてみれば，現場をしっかりとみて，課題が何かを分析し，いろいろな人や組織と連携して，課題の（解決とまではいかずとも）状況改善に向けて取り組むことは，国内での地域支援でも国際協力でも求められることである。しかも，日本におけるローカルな課題と途上国のローカルな課題には，実は共通する要素があるうえ，どちらもグローバルな波—たとえば，気候変動やパンデミック，行き過ぎた新自由主義経済—の影響を強く受けていることが多い。日本の課

5

題と途上国の問題は地続きだといえる。

　一方で，世界情勢の複雑化やグローバルな課題の深刻化が加速している現在，国際的な問題であるからこそ，関わることには，難しさとやりがいがある。国際協力に特有の枠組みやアプローチ，国際協力を担う組織（アクター）も存在する。まず，この序章では，国際協力の基本事項を押さえたうえで，本書のねらいを示したい。

1　国際協力に携わるアクターとその多様化

　国際協力の従来からの担い手には，国際機関・二国間援助の実施機関・NGO（Non - Governmental Organization）の3つのカテゴリーがある。

　国際機関には，たとえば国連児童基金（United Nations Children's Fund：UNICEF）や国連世界食糧計画（United Nations World Food Programme：WFP），世界保健機関（World Health Organization：WHO）などの国連の機関がある。組織の名称からも明らかなように，それぞれ専門性をもって，子ども・食料・保健などの課題について支援を行っている。また，世界銀行やアジア開発銀行，アフリカ開発銀行のように，国家や政府が必要とする開発資金を融資する国際機関もある。いずれの機関も，加盟国の分担金や拠出金が主な資金源である。日本も，政府開発援助（Official Development Assistance：ODA）の一部を多国間援助として国際機関に拠出・出資している。

　一方，二国間援助機関は，援助する側の国の政府から援助される側の国に直接支援を行うODAの実施機関である。日本でいえば国際協力機構（JICA）が，代表的な組織だ。JICAは，有償資金協力（政府貸付等）・無償資金協力・技術協力の支援のスキーム（援助形態）をもち，援助の規模や内容に合わせて支援を行っている。たとえば，港湾の建設など，予算規模が大きく収益性の見込める事業は，相手国政府に低利で貸付を行う有償資金協力として支援するのに対

して，学校や井戸の建設などは無償資金協力として，基本設計調査や建設費用を無償で贈与する。技術協力は，相手国のカウンターパートの人材育成や，制度などの仕組み作りを支援するスキームである。JICA海外協力隊というボランティアの派遣事業も，技術協力に含まれる。

　NGOは，政府間の枠組みに依らず，市民の立場でそれぞれの目的をもって組織された団体である。国際協力NGOセンター（JANIC）によれば，国際協力を行う日本のNGOは400以上登録されている（『NGOデータブック2021』）。活動内容や予算規模はさまざまであるが，草の根レベルでコミュニティを支援していることが多い。

　こうした従来から国際協力を行ってきたアクターに加え，近年は，地方自治体・大学や研究機関・市民団体・民間企業，さらには起業家によるソーシャルビジネスや，寄付や投資を促進する組織も，国際協力の重要なアクターになっている。そこには，1990年代以降，特に21世紀に入ると，多くの地域が紛争・災害に見舞われ，さらに世界が気候変動や新たなパンデミック等の危機に晒されているという背景がある。こうした驚異的な問題群の対応には，専門性や多様なアプローチをもつ組織の参画が必要になる。また，国内の問題がグローバルな動向の影響を地続きで受けるため国際化してきており，ボーダレスになっていることも，日本の組織が，国際的な視野をもって課題解決やビジネスに取り組んでいることの要因であろう。さらに，ODA予算が，1997年のピーク時には1兆1687億円（一般会計予算）だったのが2023年には5709億円と半分以下（外務省「ODA予算」）になっている一方で，民間企業による途上国への直接投資や資金のフローがODAをはるかに上回っているという「懐事情」もある（財務省「2021年（暦年）における日本の開発途上国に対する資金の流れ」2023年）。

　国際協力に携わるアクターが多様化しただけでなく，さまざまな

形でアクター間の連携が進んでいる。たとえば，ある国際機関がプロジェクトの全体計画を策定して国際 NGO に活動の実施を委託し，その国際 NGO は，民間のメーカーとローカル NGO と連携して地域コミュニティを支援していくという場合，単純に，組織Aの支援プロジェクトとはいえない。このように，異なる組織が，それぞれの強みを活かしながら協働することが増えているのである。政府と民間企業の連携，つまり官民連携もその一例である。

2　国際協力ということば

さて，上記で国際協力や ODA ＝政府開発援助という表現を使ってきたが，これは何を指すのか。国際協力のほかにも，国際貢献，経済協力，開発協力，ODA，そして国際人道支援などの用語もある。これらの似たような言葉は，それぞれ少しずつ異なることを意味し，さらに時代とともに用語の使われ方が変化をしているため混乱しやすい。まずは，用語の包摂関係を念頭に整理してみよう（図序 - 1）。

「国際貢献」は，国際社会の一員として，国際秩序作りのため費用と責任を分担することであり，「国際協力」と比べると政治的・軍事的貢献までも含むようなニュアンスがある。「国際協力」は，世界中の人々がよりよく生きられる社会を作るために国境や地域の枠を越えて協力し合うことであり，日本では一般的に，途上国に対する支援を指す。貧困削減や環境問題の改善，平和構築・人道支援など幅広い目標実現の営みを含む。ここに，軍事協力は含まない，はずである（詳しくは，後述）。

「経済協力」も，対象は途上国である。国際協力が少々フワッとした表現であるのに対して，厳密な定義がある。つまり，パリに本部を置く経済協力開発機構（OECD）が，途上国に対する以下の4つの資金の流れを「経済協力（development co-operation：直訳は開発協力）」と規定しているのである。「発展途上国」がどの国々を指す

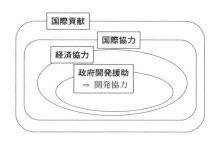

図序 - 1　概念の相関図
（下村恭民ほか『国際協力—その新しい潮流　第3
版』有斐閣，2016を参考に筆者作成）

かについても，国民一人当たりの GNI という経済指標をもとに規
定され，リスト化もされている。
　4つの資金の流れとは，以下である。
①政府開発援助（ODA）：各国の政府および政府機関が，公的資金
　を用いて，途上国の経済社会開発や福祉の向上を目的として実施
　する支援。軍事援助は含まれない。資金協力については，融資条
　件の緩やかさを示すグラント・エレメントが一定の設定基準[1]を
　満たしていることが必要
②その他の公的資金の流れ（Other Official Flows：OOF）：各国の政府
　および政府機関が途上国に対して行う融資で，融資条件は①のグ
　ラント・エレメントの設定基準未満
③民間資金の流れ（Private Flows：PF）：民間企業が，途上国向けに
　融資や投資を行うもの
④非営利団体による贈与（Net grants by NGO）：NGO，宗教団体等
　による市民レベルの支援
　上記のうち，①が図序 - 1 の最も小さい円となる。注意が必要な

1　ODA のグラント・エレメントの基準は，低所得国 45％以上，低中所得国 15％以上，高所得
　国 10％以上である。なお，贈与は，グラント・エレメント 100％となる。

のは，外務省が，2015年以降「政府開発援助」を「開発協力」と一般的には表現するようになったことだ。このことは，政府が実施する開発援助の理念を示した「政府開発援助（ODA）大綱」（1992年に閣議決定。その後2003年に改定）が2015年の改定時に「開発協力大綱」へと名称変更されたことにみられる。前節で触れたように，時代の変化とともに，支援を担うアクターが政府だけでなく多様化していること，政府としては，さらに官民連携など「オールジャパン」として協力を進めたいことなどが名称変更の理由とされる[2]。

　くわえて留意が必要なのは，「経済協力」はもともと OECD の用語では development co-operation（開発協力）であり，OECD の development co-operation と日本の外務省が使い始めた「開発協力（development cooperation）」とは同義ではないという点だ。また，2015年の「開発協力大綱」では，「軍事的用途への回避」の原則を保持しつつも，「非軍事分野に限って」他国の軍隊への支援（たとえば災害救援）を解禁した。2022年には，日本政府は「ODA とは別に」他国の軍に無償資金協力を行う新たな枠組み「政府安全保障能力強化支援（Official Security Assistance：OSA）」を導入しており，2023年に再び改定された「開発協力大綱」では，開発協力をより戦略的に国家の安全保障の一手段と位置付けている。軍事協力は含まないはずの開発協力や国際協力の枠組みが，揺らぎ始めていることが懸念される。

　本書では，あえて，国際協力ということばを用いている。国際協力ということばは，開発援助が構造的にはらむ，援助する先進国と援助を受ける途上国の非対称な関係性を覆い隠すレトリックであると批判されることもあった。しかし，コロナ禍に象徴されるように，グローバルな危機は，全世界を襲い，さらに，その課題解決におい

2　名称変更の理由として，ほかに，多様な開発課題への対応，途上国との対等な協力関係の強化などがある（OECD 日本政府代表本部 2015）。

て先進国に必ずしも優位性はないことがあらわになった。途上国は世界に約 150 存在し，世界人口のおよそ 85 ％を占めるマジョリティである。グローバルな新たな課題が次々に生じ，国際社会としてそれらに立ち向かうことが求められる一方，ローカルな文脈に即して，多様なアクターと連携していくことに解決の糸口を見出すことが必要となる。国際協力ということばは，そうした状況を包摂しうるのではないか。

　なお，ここでは，用語として国際協力をテクニカルな面から説明したが，「国際協力とは何か」「なぜ国際協力なのか」を深く捉えて考えるために，本書の第 1 章をじっくり読んでいただきたい。

3　本書のねらいと構成

　本書『国際協力を学ぶ人のために』は，『〔新版〕国際協力論を学ぶ人のために』(内海成治編，2016 年) の後継書である。しかし，構成も執筆者も全面的に刷新している。これは，世界を取り巻く状況が以前とは異なる風景をみせ始めており，それに対応すべく国際協力も大きく変化していることを受けている。

　本書のそれぞれの章では，現場を深く知り，国際協力の第一線で活躍してきた／している執筆者に，自身の経験に基づき，各章のテーマを立体的に描写していただいた。国際協力をこれから学ぼうとするかたが，国際協力の基本的な事項を理解できるようなテキストであることを目指している一方，国際協力を取り巻く近年の状況や新しいアクターについて当事者が執筆することで，既に国際協力の実践に関わっているかたにも学びのある書籍とすることをねらっている。

　本書は，以下のような流れで構成されている（なお，各章の内容は，各部のイントロダクションにまとめている）。まず Part 1 には，「国際協力を考える」を据え，国際情勢や地球規模の課題が変化の荒波にあ

る現在，改めて，国際協力への向き合い方を多角的に問い直す。
Part 2「国際協力の分野と組織」では，国際協力の主な分野を取り
上げ，それぞれの課題に組織・アクターがどう取り組んだかを描い
ていく。Part 3 では，「国際協力の新しい挑戦」として，地球規模
の危機と対策について提示し，Part 4「国際協力と企業・市民社
会」では，近年存在感を増す国際協力の担い手を紹介する。さらに，
資料編として，国際協力を目指す人へのガイドと資料集を付けた。

　「国際協力はその現実を乗り越えて人類の理想を実現するための
努力といいうる」そう語った本書の筆頭編者である内海成治先生は，
この書籍の編集作業を行うなかで急逝された。遺された想いを引き
継いで，本書をついに世に送り出すに至った。本書を通じて，わた
したち地球市民が置かれている状況と国際協力の課題に取り組む多
様な営みを，国際協力を学ぼうとする人にも，今まで国際協力を遠
く感じていた若者にも，読み取っていただければと思う。

Part 1
国際協力を考える

東ティモール：紙飛行機を折る子どもたち　（撮影：桑名恵）

グローバル社会における社会課題は，世界中で多発し，複雑に絡み合い，混迷の度合いが深刻化している。時代の変遷に応じ，国際協力は，そうした問題にどのように対応してきたのだろうか？　また，さらに深刻化する社会課題に対して国際協力がもつ可能性を検討するには，どのような視座が必要なのだろうか？

　Part 1では，国際協力の全体像を，歴史・政策・平和構築・地域研究という複数の側面から掘り下げる。国際協力の理念や枠組み，そして今後重視される新しいアプローチについての理解を深めてほしい。

　第1章では，第二次世界大戦後に本格的に始まった国際協力の歴史的背景をたどりながら，筆者自身の現場での活動から国際協力のあるべき理念を模索する。さらに，今後の方向性として，アクターの多様化と連携，支援の受け手の立場や尊厳を重視するアプローチなど新しい国際協力の動向を紹介する。

　第2章では，日本の政府開発援助（ODA）政策の変遷と，現場での政策・プロジェクトの体系化や評価の課題を分析し，援助の出し手／受け手，国別やセクター別，組織別など，分化した「部分」的な視点から政策を定めることの弊害を指摘し，「部分」と「全体」の関係を意識し政策の全体を捉えていくことの重要性が示される。

　第3章では，冷戦後の平和構築の実践を振り返り，これまでの国際社会主導の自由主義的平和の課題を明らかにする。また，近年重視されているローカル主導の平和構築に関わる議論を考察し，女性や若者，ビジネスの関与など新しい平和構築の動向を紹介する。

　第4章では，地域研究から開かれる国際協力の新しいあり方を検討する。地域のなかに身を置いて，相手側の論理から模索する地域研究の学びは，わたしたちの常識や偏見を覆し，地域の多様な脈絡を受け止め，現地の人々とともに新しい現実を作り上げるプロセスとなる。関係性のつなぎ直しによって，国際協力のあり方を作り変える可能性を提示する。

　複雑化した問題に対応する国際協力に求められるものは，第一に，支援の対象者の視点で国際協力を行う体制を再考すること，第二に，大きな視野でみる視点とローカルやミクロのレベルの視野を統合し，「木も見て森も見る」視点をもつことだといえよう。各章で詳述される豊富な事例を読み解きながら，国際協力の学びの基盤となる視座を習得してほしい。

（桑名）

第1章　国際協力とは何か

内海成治

　21世紀に入って世界の状況は大きく変化した。1990年代は冷戦構造が終決し，さまざまな分野で国際会議が開催され，平和と協調への道が模索された。しかし，今世紀に入ると，各地で紛争が勃発し，驚くべき速さで世界は混迷の度合いを深めていった。そのなかで，新しい世界像を見出すことができず，次々と現出する喫緊の課題への対応に迫られている。「国際協力」の領域もこうした世界の状況を反映して大きく変化せざるを得ない。というよりは世界の状況に対応して変化するのが国際協力であるという方がいいだろう。

　本章ではこうした変化を踏まえて，今一度「国際協力とは何か」を考えてみたい。はじめに「国際協力とは何か」という問いに対してどのように考えてきたのかを述べる。次に国際協力の調査や実践のなかで出会った出来事を吟味したい。そして，国際協力を考える際の基本となる開発協力大綱や「持続可能な開発目標（SDGs）」について紹介し，最後に今後の国際協力のキーワードを検討する。こうした作業を通して，「国際協力とは何か」という問いに対する答えの一端を示すことにしたい。

1　「国際協力とは何か」を考える

　国際協力は第二次世界大戦後の荒廃に苦しむヨーロッパ諸国への支援として始まった。多くの団体やNGOが復興支援を始めたが，アメリカは国家予算によるODA（政府開発援助）として大型の支援

を開始した。この計画は当時の国務長官（外務大臣にあたる）マーシャルの名をとってマーシャル・プランといわれる。マーシャル・プランはヨーロッパの復興にとって大きな成果を上げ、マーシャルは1953年にノーベル平和賞を授与された。アメリカのODAは、その後、途上国支援へと拡大していった。マーシャル・プランはアメリカの戦後外交において最も成功した政策といわれている。

日本は1954年、ODAの枠組みを定めたコロンボ・プランに加盟した。日本のODAに関する予算は、外務省を中心にいくつかの省にまたがっている。2023年度のODA当初予算は5612億円である。最も多額の予算が計上された1997年度の1兆1687億円に比べると半分以下である。1990年代は世界で最も多額のODAを実施する国（トップドナー）として世界の国際協力の動向をリードしていた。

各国のODAとの比較は経済協力開発機構（OECD）の基準に基づいて実際の支出ベースで行われる。2022年のODA実績ではアメリカ、ドイツに次いで第3位（174億7533万ドル）である（OECD. Stat）。しかし多額の国家予算がODAに使用されていることに変わりはない。ODAは国際協力のすべてではないが、国民の負担によって行う巨額のODAの動向は国際協力を考える際に重要である。

歴史のなかの国際協力

日本がコロンボ・プランに加盟した（1954年）10月6日は「国際協力の日」として記念シンポジウムなどの行事が行われる。1989年、日本のODA額が世界のトップになった年であるが、盛大なシンポジウムが行われた。そのパネリストの一人として、カナダ国際開発研究センターのアイヴァン・ヘッド総裁（当時）が参加した。ヘッド総裁の意見は理念的で現実的な課題を論議する会の目的とはかみ合わなかったが、非常に印象的であった。彼の発言の一部を議事録から引用したい。

50年の開発援助の歴史の中で，目的は達成できなかったとはいえ，少なくとも世界全体がお互いに助け合おうという認識があったことは，人類が示した偉大な行為の一つだったと，後世の歴史家は認めてくれるであろう。（中略）開発を進めていく際に見逃してはならないことは，あくまでも人間の尊厳を目標にしなければならないということ。（中略）南の人々が持つ，自らの運命を切り開いて行く力を，信じなければならない。（中略）大切なのは，途上国の貧困問題にどんな対策が講じられるかだけではなく，私たちの社会の中で公平という困難なテーマにどうすればきちんとした解決策を見出すことができるかということ。
　　　　　　　　　　　　　　　　　　　　（『国際協力』1990年10月号）

　国際協力を後世の歴史家がどのように判断するかという視点には，文字どおり目から鱗が落ちる思いであった。これまでの戦争の歴史を乗り越えて，相互に助け合うという世界を作り出したのが国際協力であり，それは歴史的な転換であるとの指摘である。国際協力は国連の発足と同じく，第二次世界大戦が「勝者」・「敗者」を問わず悲惨な結果をもたらしたことへの人類としての反省の一つの形である。戦いから協調へ，ともに助け合う世界を作り出そうという人類の理想を具現化したものであるということであろう。
　さらに，国際協力にとって人間の尊厳が重要なのだという指摘にも，心を打たれた。なぜならば，わたしたちが国際協力によって目指す社会は自由で民主的な市民社会に他ならないからである。民主的社会においては人間の尊厳が守られること，さらには促進されることが最も重要と思うからである。
　ヘッド総裁が次に指摘している国際協力における途上国のオーナーシップや社会の公平の実現への指摘は，現在ではレシピエント・ドリブン（29頁で詳述）やレジリエンス強化の取り組みとして広く認められている。しかし，認識されているからといって，それが実現しているとは限らない。多民族国家のカナダのことを念頭に

置いているのであろうが，日本にとっても重要な指摘である。つまり，国際的協調や人間の尊厳という課題を追求する国際協力を行う国においては，その内部においてもこの理念が追求されねばならないのである。援助する国自体が民主的で人々の尊厳が守られていることは国際協力の前提なのである。

現実的課題としての国際協力

　私は1981年にマレーシアのペナンにある国際機関（SEAMEO/RECSAM）に教育メディア専門家として赴任した。そこはアメリカの支援を受けて建設された東南アジア地域の現職教員研修センターで，講師陣はアメリカ，西ドイツ（当時），オーストラリア等と東南アジア域内から長期短期に派遣されていた。

　あるとき，マレーシアの講師と研修生が研究室にやってきて，声高に糾弾された。日本の社会科の教科書が，中国における日本軍の行動は「侵略（invasion）」ではなく「進出（advancement）」だと記述したとの記事が現地の新聞に出たからであった。第二次大戦中，ペナンには日本の海軍基地があり，彼らの親の世代の中国人に対するさまざまな蛮行が行われたのである。そのときは他のスタッフの仲介で事なきを得たが，衝撃であった。

　東南アジアでは，日本人は戦争の加害者として記憶のなかに位置付けられていることを知らされた。わたしたちが何をしているかということと関係なく，一人の日本人として世界と向き合わなくてはならないということを教えられたのである。また，このことは双方にとって世代を超えた記憶として直視しなければならないことでもある。

　そうであるならば，戦争の記憶にこれからのわたしたちの活動によって新たな記憶を付け加えることが大切なのではなかろうか。国際的な活動として現在のわたしたちがなしうることのなかで最も重要なことは国際協力ではないか。国際協力による相互理解を推進す

る以外に抗議にきたマレーシアの人々の意識を変えることはできないのではないかと考えたのである。

「重荷」としての国際協力

　国際協力は人類が追求する高い理想を実現するための活動であることは間違いないが，現代の日本にとっては担わなくてはならない現実的課題であると思う。しかし，なぜ日本は国際協力をしなければならないのであろうか。

　あるとき，「国際協力とは日本にとっての『重荷』なのではないか」と思い至った。ここでいう重荷とは，遺伝学で使われる遺伝的重荷（荷重，genetic load）の意味で，生物が現在の環境においては必要がなく使われない多くの遺伝子を保持し，それを次世代に伝えていくことである。遺伝的重荷は種として生き抜いてきた人類の証であり，また生き伸びるために必要なのである。

　国際協力も日本という国が今後も担わねばならない「重荷」なのではなかろうか。これまで日本はさまざまな国際環境のなかで生き抜いてきた。そして今後も存続し続けるためには国際協力を担わなくてはならない。つまり，国際情勢に翻弄される日本だからこそ国際協力は必要なのである，と思い至ったのである。

2　発展途上国の現場にて

　これまで多くの国で国際協力の実務や調査研究に関わってきた。そのなかで，多くのことを教えられた。ここではアフガニスタンとケニアの子どもとの出会いから感じたことを述べてみたい。

アフガニスタンの学校で

　21世紀初頭の日本の国際協力の最大の課題はアフガニスタン戦後復興支援であった。私は2002年4月以降，長期短期にアフガニ

スタンに出向き，教育大臣アドバイザーとして教育復興に関わった。

　教育アドバイザーとしての主な仕事は新憲法の教育条項の取りまとめや支援策の検討である。多くの援助機関の支援で学校は再開し，またアメリカの支援で教科書配布の目途もついた。しかし，学校を訪問すると，子どもが瓦礫と化した校舎や校庭の木の下で学んでいる光景を見た。冬が近づいても，たくさんの子どもがビニールシートの上に座って学んでいた。こうした子どもの様子を見たときに校舎建設や机・椅子などの施設の支援が重要だと感じた。

　アフガニスタン政府と援助機関・NGO の努力で校舎建設，施設の供与が始まっていった。カブールの北のパラワン州の女子小学校で机と椅子の引き渡し式に出席すると，狭い校庭いっぱいに机と椅子を並べ，女の子が笑顔で座っていた。お礼の言葉を述べ，自作の詩を朗読し，（この地域の）女の子にはめずらしく縄跳びを飛んでくれた。子どもの笑顔を見たときはうれしかった。しかし，だんだんと悲しくなったのである。机や椅子をもらって感謝の言葉を述べる日本の子どもはいないだろう。学校に校舎と机と椅子があるのは当たり前である。アフガニスタンの子どもは，こうした当たり前のことに感謝している。このような子どもが不憫に思えたのである[1]。

　私は国際協力は困難のなかで懸命に生きる人々や子どもへの私たちの思いを形にするツールだと考えていた。しかし，アフガニスタンに来て，日常の生活，普通の暮らしを奪われた人々や子どもに対する人間としての，そして国際社会としての当然の責任ではないかと思えたのである。国際協力は人道支援であり人間の安全保障であるといわれてきたが，その本当の意味がわかった気がした。私はこのことを子どもの笑顔から教えられた。

1　内海成治編 2004『アフガニスタン戦後復興支援―日本人の新しい国際協力』昭和堂；内海成治 2017「アフガニスタン教育支援」内海成治『学びの発見―国際教育協力論考』ナカニシヤ出版，127-151 頁.

図1-1　アフガニスタン・パラワン州の女子小学校
机と椅子の引き渡し式（2002年10月）

ケニアの難民キャンプにて

　現代の国際協力の重要課題は，難民や国内避難民に対する支援である。世界各地の紛争により難民と国内避難民の数は飛躍的に増加している。難民等への対応は緊急人道支援や復興支援で対応されることが多いが，国際協力の喫緊の課題の一つである。

　これまで南スーダンからの難民を中心に受け入れているケニア北西部のカクマ難民キャンプにおいて，教育調査を行ってきた。難民キャンプでの初等中等教育は，受け入れ国政府，国連難民高等弁務官事務所（UNHCR），国際 NGO が担っている。学校建設や施設に関しては，日本の NGO も大きな貢献をしている。

　難民キャンプでの教育の特徴は，無償であることと，難民認定を受けた子どもにはシェルターや食料・生活物資が配布されることである。（ケニアでは南スーダン国境を越えて入国した難民はすべて難民認定される）。キャンプ内の学校の教育制度やカリキュラムは受け入れ国のものであり，教師は教員資格をもった者が担当する。また，医療

施設も整っているため，子どもたちは安心して学校に通学できる。

　カクマ難民キャンプで複数年にわたって関係者や子どもへの聞き取り調査・アンケート調査を行った。そこでいくつかのことがわかってきた[2]。

・子どもたちの学習意欲は高く，成績もよい。たとえばケニアではスワヒリ語が必修科目であるが，南スーダンでは学ぶことのない教科である。しかし，スワヒリ語を含めた卒業試験の総合点はこの地域の他の学校より成績がよい。

・辺境地域での小学校での留年率や中退率は高いが，難民キャンプでは非常に少ない。特に学級担任制から教科担任制に替わる4〜5年生段階でも留年は少ない。

・キャンプ内の就学率は非常に高い。しかし，学齢期を過ぎているオーバーエイジの子どもが多いため，純就学率はよくない。

・子どもだけが（兄弟姉妹あるいは単独で）難民となってキャンプに来ている生徒が多い。これは男女を問わない。

・上級学校や職業訓練校への進学意欲が高い。

　アフガニスタンやシエラレオネでの難民への教育調査にみるように，難民経験は教育への志向性を高め，紛争後の国・地域ではどの学校も子どもであふれている。こうした状況を「教育における難民化効果」と呼んでいる。これは普遍的な現象である。その理由はいくつか考えられるが，教育によって与えられる資格や技能の有効性の認識，難民キャンプでの教育経験，学校が支援センターとなることでの教育への親和性の高まりなどが考えられる[3]。

　ケニアの難民の学校の状況もこうした「教育における難民化効果」によって説明できる部分があるが，これまでの研究とは異なる

2　澤村信英ほか　2017「ケニア北西部カクマ難民キャンプの生活と教育―就学実態と当事者の意識」『比較教育学研究』55：19-29.
3　景平義文ほか　2007「紛争後のアフガニスタンにおける教育の課題に関する研究―バーミヤン州ドゥグニ地域の事例より」『国際教育協力論集』10(2)：1-14.

図1-2　ケニア・カクマ難民キャンプの初等学校
姉妹で難民となり通学している南スーダンの7年生（2015年7月）

部分もあった。それは，子どもたちが家族と離れて，子どもだけで
難民化していることである。これは，南スーダンでは経済的社会的
な状況で十分な教育を受けることができないために，難民となった
子どもたちがかなりあることを示している。こうした状況は「教育
難民化現象」と呼ぶべきであろう。教育の重要性が広く認識された
ことで，家族が分離したり，子どもが教育を受けるために難民と
なったりする状況を指す。難民キャンプの学校では学齢期年齢を超
えた生徒が多いこととも関係がある。すなわち，もともとの居住地
で教育を受ける機会のない子どもが難民となっていることや，幼い
子どもは国境を越えることが困難なため，ある程度の年齢になって
から難民化するからであろう。

　「教育難民化現象」は国際教育協力が目標としてきた「万人のた
めの教育（Education for All）」のパラドックスとでもいうべき現象

である。しかし，教育を受ける権利は基本的人権であり，教育支援において最も重視されねばならない。難民キャンプにおいて無償の教育を行うことの重要性は論をまたない。ただし，「教育難民化」が生起していることも事実である。これは難民受け入れ国への多様な教育支援や現地のニーズに合った支援が必要なことを示している。さらに，難民キャンプで学ぶ子どもたちに上級学校や職業訓練校への進学のチャンスを保障し，将来の帰国に備えることも必要であろう。

戦乱のなかで国境を越えて，ようやくたどり着いた難民キャンプでの教育が子どもたちの未来を開き，この経験が将来の平和への礎になることを願わずにはいられなかった。

3　国際協力の政策について

国際協力は 20 世紀の後半に生まれた世界的な事象であり，さらに 21 世紀においては最重要課題となっている。しかし，国際協力の大宗である ODA を実施する日本の財政は 90 年代後半から現在に至るまでますます悪化しており，さまざまな困難な課題に直面している。こうしたなかで国際協力を続けていく意味は何なのかを国や国際的動向の視点から問い直してみたい。

開発協力大綱について

日本の ODA 政策を考えるうえで「開発協力大綱」（2023 年 6 月 9 日閣議決定）が基本となる。これは「政府開発援助大綱（ODA 大綱）」として 1992 年 6 月に閣議決定され，2003 年 8 月に改定，さらに 2015 年に「開発協力大綱」と名称を変更したものを改めて改定したものである。

1992 年に ODA 大綱が作成されたのは，当時，トップドナーとなった日本の ODA 政策の基本理念と実施方針を内外に知らせる意

味があったためだと考えられる。この最初の大綱は OECD・DAC（開発援助委員会）の定める ODA の理念や定義と国際的な動向を踏まえたものであった。そこには，4 つの基本理念が挙げられていた。すなわち，「人道的見地」「相互依存関係の認識」「地球規模の環境課題」「国力に相応しい役割」である。

2015 年の改定では名称が変わったように内容もかなり変化した。それは OECD の定める ODA は，社会開発領域に限定され，軍隊への支援を厳しく禁じていることから，その枠を広げて ODA 予算を執行できるようにする意図が読み取れた。つまり，この大綱では，災害が発生した国の軍隊が災害物資等の人道支援を実施する場合，日本の ODA がその軍を援助することを可能にしたのである。内戦や災害直後の混乱のなかでの緊急支援では軍の役割が重要になっているためであるが，日本の憲法や ODA の定義とどう整合性をとるのか，議論が必要な点である。

2023 年の改定は，ウクライナ戦争やスーダン内戦のさなかに行われた。現在は歴史的な転換期であるとの認識から，「開発途上国への関与を強めること」「債務不履行への対応」「支援国アクターの多様化への対応」「民間資金との連携」等が盛り込まれている。ここには中国等の途上国への関与の高まり，資金面での企業との連携の重要性が指摘されている。また，「共創」ということばを使って，自助努力から対話協働による社会的価値の創出，気候変動，保健・人道的危機，食料，エネルギー危機等に対する経済的強靱化等，現在の危機への対応が盛り込まれている。特にこれまでの大綱において自助努力を強調していたことを考えると大きな変化であるといえよう。国際協力を人々の生活支援や格差の是正に向けなくてはならないという姿勢がうかがえる。しかし同時に，開発協力における国益の追求も引き続き指摘されている。これは厳しい財政状況のなかで ODA 予算を確保する意味で入れられている面もあろう。国際協力と国益の関係は長期的な広いスパンで考えるべきで，目先の利益

を追求するものではないことはいうまでもない。

　SDGsについて日本の国際協力のもう一つの特徴は国際的な連携協調である。SDGsの前には2015年を目標年として2000年に国連総会で採択された「国連ミレニアム開発目標（Millennium Development Goals：MDGs）」があった。それを受けて新たに2015年9月の国連サミットにおいて「持続可能な開発のための2030アジェンダ（Transforming our world：the 2030 Agenda for Sustainable Development）」が全会一致で採択された。このアジェンダは35頁に及ぶ文書であるが、13頁の前文Preambleと2030年を目標年とした17のゴール・169のターゲット（Sustainable Development Goals and targets）から構成されている。

　この前文は非常に印象的なもので、はじめに、地球上の「誰一人取り残さない（no one will be left behind）」という言葉が述べられている。さらに、持続可能な開発は「経済、社会及び環境の三側面を調和させる」必要性、すなわち経済・社会・環境はトリプルボトムラインであり、社会的公平・経済的発展・環境保全の3点から考慮しなければならないことを述べている。そして、大切にすべき5つのPとして「人間（People）」「地球（Planet）」「豊かさ（Prosperity）」「平和（Peace）」「パートナーシップ（Partnership）」が挙げられている。また、SDGsは途上国のみならず、先進国自身が取り組むユニバーサル（普遍的）なものであり、世界的に取り組むべき課題であることが指摘されている。

　SDGsの17の目標は、貧困、飢餓、健康、教育、ジェンダー、水・衛生、エネルギー、経済成長、技術革新、格差、まちづくり、消費、気候変動、海洋保全、陸の生態系、平和と公正、パートナーシップを主題としている。それぞれに10程度の、2030年を目標年とするターゲットが設定されている。たとえば第4目標の教育には、質の高い教育・就学前教育・高等教育・技術職業教育・ジェンダー平等・識字教育・シチズンシップと多様性への配慮・学校施設・後

発開発途上国への配慮と奨学金・後発開発途上国への現職教育支援の10のターゲットが設定されている。

目標とターゲットはきわめて網羅的包括的で，現在の多面的な課題を含むものである。これはターゲットを決定するにあたり作業パネルでは多くの国の多様な人々が関わることでさまざまな課題が抽出されたことと，それぞれが関連した大きな課題であり，どうしても網羅的にならざるを得なかったからであろう。

このように，アジェンダはきわめて理念的包括的であるため，現在の地球的課題に配慮し，何をなすべきかを示している。そのため，SDGs は広範囲に影響を及ぼしている。政府・企業・学校・メディア等のさまざまな分野で SDGs への配慮が行われている。国際協力の分野でも政府機関・NGO・国際機関において，計画立案や実施にあたって SDGs との整合性が重視されている。これは国際協力の重要な側面である人権配慮に鑑みて，首肯されるべき点であろう。

4　これからの国際協力

国際協力は，人類の理想を実現するための努力の一つであるのは確かだが，同時に多くの課題を抱えている。国際協力は外交の行われる国際政治の場であり，また，多額の予算やものの動く世界である。さらに多くの人々が働いている職場でもある。そして21世紀に入って，国際協力の世界は激しく変化している。こうした点を念頭に置いて，これからの国際協力を考えるうえで重要なキーワードのいくつかを検討することにしたい。

国際協力の多様化とアクター間の連携

2002年1月，東京で行われたアフガニスタン復興支援国際会議で一部の NGO の排除問題が起きた。国際会議で NGO を排除する

のは大きな間違いである。国際協力の実施機関として，NGO は国の援助機関・国連機関・国際機関とならんで重要なアクターである。特に，難民支援や災害支援においては，NGO が主要な担い手である。近年は日本の NGO も国際的に高く評価され，多くの地域で活発に活動している。

　また，東日本大震災後の支援では企業や大学がさまざまな働きを行った。さらに，難民支援においても企業の力は欠かせなくなっている。今後必要なことは，序章でも述べられていたように NGO・企業・大学等も含めた多様なアクターの重要性の認識とアクター間の連携である。なぜならば，国際協力はこれまでのように狭い意味での開発を支援することから，その内容を大きく膨らませてきているからである。その背景としては次の 3 点が考えられる。

　まず，第一に，国際協力の対象がインフラ整備から人々の生活に寄り添ったものに変化していること。さらに紛争の予防や平和構築のような領域も国際協力の重要な分野となってきたことが挙げられる。第二には，支援の時間的な広がりが大きくなったことである。これまでの開発支援から，緊急支援や復興支援も含むものとなり，国際協力の時間軸が拡大したことである。第三には，国際協力の空間的広がり，つまり新しい地域や国が支援の対象となっていることである。また，ウクライナやスーダンのように紛争が続いている地域も国際協力の場となっている。こうしたさまざまな変化には，さまざまなアクターが連携して対応せざるを得ないのである[4]。

レシピエント・オリエンテッド・アプローチ

　国際協力を実施する援助機関，国連機関，NGO 等はそれぞれ機能があり，実施可能な様式や予算も限られている。そうしたなかで

4　大西健丞・桑名恵 2022「緊急人道支援の世界―『民』からの公益を開く緊急人道支援」内海成治ほか編『緊急人道支援の世紀』ナカニシヤ出版，18-36 頁.

最も効果的なプロジェクトを展開している。特に日本のODAは要請主義を基本としているために相手国との政策対話のなかでプロジェクトが採択される。そのために，地域の住民や子どものニーズよりも政策的配慮や実施団体の状況が反映されやすい。このようなドナー側の状況が強く反映されることはドナー・オリエンテッド・アプローチ（Donor oriented approach）あるいはドナー・ドリブン（Donor driven）と呼ばれている。それに対して，支援を受ける裨益者のニーズや立場を重視する方法はレシピエント・オリエンテッド・アプローチ（Recipient oriented approach）あるいはレシピエント・ドリブン（Recipient driven）と呼ばれている。

　実際のプロジェクトは，この両者の間にあると思われる。しかし，レシピエント・ドリブンという考え方が重視されるのは，援助を受ける人々の文化や社会を尊重し人々の尊厳に配慮するようになったことが背景にある。そのため，支援を行うにあたっては文化や社会および歴史的な調査研究が重要となり，さらに住民との対話が不可欠になっている。ただ，こうしたことは，これまでの援助機関やNGOが十分に行うことが難しかったところであり，現地や国内外の大学や研究機関との連携が必要なことを示している。さらにこれまでの国際協力プロジェクトが，短期的な成果を重視することからドナー・ドリブンになりやすかったこともある。これからの国際協力は長期的な視野にたつことが必要であり，レシピエント・ドリブンの姿勢は，重視されねばならない。

レジリエンス強化

　2023年には世界の難民や国内避難民の数は1億1000万人になると推定されている。ウクライナ戦争，スーダン内戦，ミャンマー紛争などの戦乱や頻発する自然災害が原因である。国際機関やNGOはその人道的対応に関わっている。その内容はかつての支援と比べて大きく変わっている。

アフガニスタン復興支援において，よくみられた支援は，キャッシュ・フォー・ワーク（Cash for work）といわれるもので，緊急に必要な道路工事や学校建設等に人々を雇用し，現金を供与する手法である。仕事がない状況のなかで人々の生活を支えるために行われていた。また，現在でも難民や被災者への食料配布や生活物資（Non-food item：NFI）支援は重要である。

　しかし，近年はこうした緊急人道支援においてもその手法は大きく変わってきている。それがレジリエンスの強化である。レジリエンスとは回復力とか復元力あるいは強靱性の意で，緊急人道支援においても目指されるのは，困難な状況から立ち直り，日常を取り戻し，将来を見通す強さを獲得することではないかと考える。そのため支援は単なる物資の供与ではなく，人々の尊厳を守り，将来への見通しを支援するものでなくてはならない。

　たとえば，食料配布や生活物資の支援であっても，モノではなくバウチャーや現金給付により，裨益者が自ら選択できることを重視するようになっている。また，人々の仕事への参加も一時的なものから恒久的な仕事への就業支援が重視されている。このような支援の変化をもたらすレジリエンス強化は，今後の国際協力のキーワードとなると考えられる[5]。

市民に開かれたシステム

　NGO の特徴は，政府や国際機関とは異なり，多様性と緊急的な対応力にある。同時に，いま一つの NGO の大きな特性は，市民の組織であり，さまざまな人の参加が可能なことである。この点は市民が参加する国際協力という観点から重要である。

5　内海成治 2022「レジリエンスの包摂性とボランティア」『ボランティア学研究』22：17-28；中井恒二郎 2022「国連世界食糧計画（WFP）―飢餓との闘い」内海ほか編 2022, 92-113頁；桑名恵 2022「変化の中の緊急人道支援―新たなパラダイムに向けて」内海ほか編 2022, 341-350頁.

2004年4月に，イラクで，ボランティアとNGO活動家が一時人質となった事件は大きな話題となり，自己責任論が声高に叫ばれた。その際の政府関係者の発言やメディアの対応には，市民の国際協力やNGOへの無理解が露呈した感があった。

　また，同じ年の10月に，同じくイラクで拉致され殺害された香田証生さんの事件は衝撃的であった。これに関しては，残忍なテロの犠牲者として悼むのではなく，無謀な行動を非難し自己責任とする意見が多く報道された。しかし，そのとき，アメリカのパウエル国務長官（当時）は「日本はこうした若者がいることを誇るべきだ」と発言したと報じられた[6]。このパウエル国務長官の言葉は，亡くなった香田さんに対する最大の慰めであると思う。何かしたいと思い，現地に入り，志半ばで命を奪われた日本の若者をアメリカの要人が称えてくれたのである。

　国際協力は誰のものか。わたしたち一人ひとりの思いを形にするものであるからには市民のものだという答えが返ってくる。多くの志のある若者や市民に開かれた国際協力であることが求められている。

　国際協力は世界の動き，日本の動きと一体となって語られねばならない。それは，世界がますます国際協力を必要としていることの表れであると同時に，多くの人が国際協力に携わるようになったことをも示している。その意味で，21世紀は「国際協力の世紀」と呼ばれうると思う。

　この世界は，人類の理想とはほど遠く，いまだに戦争と破壊が渦巻く世界である。だからこそ，国際協力はこうした現実を乗り越えていく方策として意味をもつのではないか。戦乱と破壊で傷つき，災害や貧困に苦しむ人々に何かをしたいという気持ちを具体化する

6　内海成治「発言席」『毎日新聞』2005年1月9日朝刊.

のが国際協力である。それは確かに人道的という言葉を冠するに値する。破壊と貧困，悲しみの絶えない世界であるからこそ，国際協力はその現実を乗り越えて人類の理想を実現するための努力といいうるのである。

さらに深く学ぶために

村井吉敬 著／解説 宮内泰介『小さな民からの発想─顔のない豊かさを問う』めこん，2023 年
原著は 1982 年に時事通信社から上梓された。著者はインドネシアを中心とした開発経済が専門であるが，豊富なフィールドワークから，人々に寄り添った支援の在り方を提唱した。国際協力を学ぶ人にとって，重要な示唆を与える著作である。

内海成治『ボランティア・難民・NGO─共生社会を目指して』ナカニシヤ出版，2019 年
本章のなかで述べたさまざまな点を，現場の視点から読み解いたもので，新たな国際協力の在り方への視点を提供している。

内海成治・桑名恵・大西健丞 編『緊急人道支援の世紀─紛争・災害・危機への新たな対応』ナカニシヤ出版，2022 年
2008 年に出版された『国際緊急人道支援』の新版。大きく変化した人道支援の現状と課題を取りまとめた数少ないテキストである。

第2章　国際協力政策の変遷と課題
——部分と全体の矛盾をどう捉えるか

松原直輝・佐藤　仁

1　政策の歴史から考える

政策の「バックグラウンド」に目を向ける

　「組織における昇進は，成果や業績よりサイコロで決めた方がよい」

　一瞬「え?」と思わせるこの主張は，2010年にイグノーベル賞を受賞したプルキーノらの研究成果を一言であらわしたものである。元のアイデアは，社会学者のピーターが1969年に発表したピーターの法則に基づく[1]。それは，成果主義が徹底される社会では，すべての人が最終的に「無能」と判定される地位まで昇進し，やがてすべての役職が「無能」で埋め尽くされる，という法則だ[2]。たとえば，工場の職工がその業績を認められて管理職に昇進したとたんに「無能」になってしまうという場合である。その人を昇進させた仕事と，昇進の結果として得た地位に求められる仕事には齟齬が生じるからである。ここから，現在の仕事の成果で昇進を決めるよりは，サイコロで決めた方がよい，との結論が導かれる。

　国際協力の世界でも，小さな一部分の「最適」を追求するあまり，結果として全体の構造がいびつになることがある。「木を見て森を見ず」とは昔からいわれていることだが，部分と全体の一貫性がな

1　Pluchino, A. et al. 2010. The Peter Principle Revisited: A Computational Study. *Physica A*. 389 : 467-472.
2　ピーター，ローレンス．J．&レイモンド・ハル 2018『[新装版] ピーターの法則—「階層社会学」が暴く会社に無能があふれる理由』渡辺伸也訳，ダイヤモンド社.

33

いと資源の無駄遣いになるし，政策の効果も薄れてしまう。特に先進諸国が途上国を対象に実施する援助事業では，先進国からみた「最適」が，相手国からみた最適にならない場合がある。アクターが複数の国にまたがり，なおかつ，それぞれの国でも政府と人々の間に利害対立があると，部分と全体のズレはさらに大きなものになるのである。途上国側の人々の生活を豊かにするための援助政策が，かえって特定の地域の人々に犠牲を強いたり，その国の独裁体制を下支えしてしまったりした例は枚挙に暇がない。

　木を見て森を見ず。これは，国際協力の政策において，ときに自らが意図しない暴力につながる。同じ結果につながる政策には複数の道筋があり，効果を相殺してしまう関連政策もあることを考えると，何らかの政策を議論する際には，それがどのような政策の部分を構成するのかに注意を向ける必要がある。

政策の歴史から現在の課題を考える

　では，そもそも国際協力政策の「全体」を，わたしたちはどのように捉えればよいのだろうか。たとえば 2015 年に国連総会で採択された持続可能な開発目標（SDGs）は，気候変動や安全な水へのアクセスといった 17 の開発目標と 169 のターゲットを掲げて，「全体」をうまく網羅したようにみえる。しかし，細かくみていくと，目標やターゲットの間には，気候変動対策と貧困削減のための経済成長のように，あちらが立てばこちらが立たずという矛盾した関係があるし，目標同士の優先順位も明確とは限らない。政策の優先順位がわからないと，全体をよくしているつもりでも，かえって状況を悪くするような国際協力に加担してしまう可能性がある。

　これからの国際協力を学ぶ人には，ぜひ部分と全体の関係が意識できる人材になってほしい。さまざまな職種で専門分化が進む現代社会において，身につけねばならない知識・技術は多い。国際協力においては，自分の関わる国別・地域別・セクター別の政策の変化

に遅れないだけでも大変である。しかし，そうした時代だからこそ，政策の全体への関心と視野をもち続けることが重要なのである。

　国際協力の政策を論じるにあたって，次の二点を前提としておく。まず，国際協力の主体は，政府だけでなく，個々人，企業，NGOなど多岐にわたる。しかし本章では「政策」に主眼を置くため，政府を主な主体として想定し，政府開発援助（ODA）を素材に，国際協力政策を論じていくことにする。また，序章で解説されているように，この分野では「国際協力」以外にも，開発援助，国際開発協力，（対外）経済協力といった類義語がいくつも存在する[3]。それぞれの言葉のニュアンスは少しずつ異なるが，政策の歴史的な趨勢を論じる本章では，論じている時代に最も広く流通していた用語を用いることにするし，時代を問わない場面では「国際協力」を用いることとする。

2　国際協力政策の枠組み

ODA の誕生

　日本の国際協力政策は，先進国としての支援というよりも，敗戦国としての戦後賠償に起源をもつ。とはいえ，戦争で疲弊した日本に，それほどの経済的余裕があったわけではない。日本は「経済協力」という言葉を使いながら民間企業の利益を重視し，自国の復興を果たしつつも，アジア諸国に脅威とみられないような経済進出を工夫する必要があった[4]。政府が民間主導の経済協力を行おうとしたのは，こうした背景があったからである。

　日本が援助国として公にコロンボ・プランに加盟した段階（1954

3　これらの区別は，下村恭民ほか 2016『国際協力〔第3版〕―その新しい潮流』有斐閣．の第1章に詳しい。
4　佐藤仁 2021『開発協力のつくられ方―自立と依存の生態史』東京大学出版会．

年）では，国際協力を進めるための体制はまだ整備されていなかった。技術協力の分野では，対外的な窓口となるアジア協会（1954）[5]が設立されたものの，留学生を受け入れる専門家を派遣する組織は民間企業や公的組織との役割分担が明確ではなかった。また，公的資金をベースとした経済協力の大部分は，輸出入銀行（1950年設立）の行う輸出信用供与を利用した延払輸出借款であった[6]。1961年に同銀行から海外経済協力基金が独立する。後に前者はODA以外の政府資金を，後者はODAの有償資金協力を担うことになるが，1960年代の段階では区別が不明確で「二重行政」という批判もあった。

国内政策が曖昧な体制の下で始まった一方で，多国間で共通する政策枠組みを作っていったのが，西側自由主義諸国で構成される開発援助委員会（DAC）である。DACでは，加盟する援助国による相互の評価・監視が行われる。1960年代前半の日本の援助の問題点としてDACが指摘していたのは，①援助総額の少なさ，②援助条件の厳しさ（利子や返済期間など），③技術援助の少なさ，の三つであった（『外交青書』1965）。先進国による援助の問題点の指摘は，日本に対するものばかりではない。1969年のピアソン報告は，先進国政府からの開発援助の援助条件が途上国側に厳しくなる傾向や，膨らむ債務問題，援助額の伸び悩み・停滞などを指摘した[7]。ODAが一つの制度として国際的に統一されたのは，ピアソン報告と同年の1969年で，これ以降，DAC統計表でODAとそれ以外の政府資

5　この組織を中心として，1962年に海外技術協力事業団（現在の国際協力機構JICAの前身）が設立された。
6　輸出者が輸出信用供与機関（日本輸出入銀行や海外経済協力基金）から資金を借りてインフラを建設し，輸入者が機関へと返済するような資金の流れを指す。
7　ピアソン報告は，世界銀行のマクナマラ総裁（当時）の要請により，カナダ前首相（当時）のピアソンを委員長として設立された委員会が，世界経済安定のために途上国の自立的発展と，その実現のための途上国の対外政策（輸出や先進国からの援助）について検討し，1969年の世界銀行年次総会へ提出した報告書を指す。

金が区別されるようになる。ODA は，1971 年に発表された「第 2 次国連開発の 10 年[8]」に，政策目標（GNP の 0.7 ％）として書き込まれるに至った。

　1960 年代後半に途上国債務と同様に問題視されていたのが，先進国・途上国双方の軍事費であった。先進国（特に米・ソ）で課題となっていたのが核軍縮であり，途上国では軍事費増大による国内開発の費用の圧迫が問題視された。前述の「第 2 次国連開発の 10 年」は，「第 1 次軍縮の 10 年」とほぼ同時期に国連採択される。こうした援助と軍縮という二つの課題に照らして，ODA の定義にも，軍事援助・武器援助を含めないことが示された。このように 1960 年代後半から 70 年代前半は，ODA の枠組みが他の政府の資金の流れから明確に分離され，国際協力政策の枠組みが確立した時期であった。

ODA の拡大と体制整備，縮小と効率化

　DAC 内で定義が明確化された ODA は，軍事援助を行わず，高い経済成長率を誇っていた日本にとって，国際社会に貢献するための「使い勝手」のよい外交手段であった。日本は欧米からの圧力もあって 1970 年代後半から ODA 予算を急増させ，1989 年には ODA 額が世界一に達する。一般会計の規模を容易に拡大できなかった日本は，郵便貯金・年金を原資とした財政投融資を活用して円借款（有償資金協力）という名の貸付金を ODA の重要な柱としていく。

　供与の総額が世界一に躍り出たことで，日本の ODA は国内外から注目を集め，その制度や使途の詳しい説明を日本政府へ求める圧力がつくりだされた。日本の ODA がフィリピンのマルコス政権を

8　国連開発の 10 年は，1961 年に米国のケネディ大統領の提案を受けて，国連総会で議決された発展途上国地域の経済発展の具体的目標・開発戦略である。1971 年には第 2 次国連開発の 10 年が議決され，以後第 5 次まで議決されている。

はじめとする途上国の独裁政権を助け大規模開発による環境破壊を促している可能性が国会で取り上げられるようになると，実施体制や政策方針のいっそうの明確化が進められた[9]。

　ODAと軍事支援の関係も，イラクによるクウェート侵攻に端を発する湾岸戦争（1990年）を機に議論の対象になった。紛争地域に自衛隊を派遣できない日本は，代わりに130億ドルもの資金援助を行った[10]。国民一人当たり一万円に相当する巨額の支援は，ODAを含む政府資金と外国の軍事活動との関係のあり方について論争を喚起した（『ODA白書』2004年版）。1991年，これに応える形で政府はODA四指針として，ODA実施にあたり途上国の軍事支出やミサイルなどの兵器製造，武器の輸出入の動向に注意する方針を明示した。1992年の政府開発援助大綱（いわゆるODA大綱）には，この原則がそのまま引き継がれた。

　2000年代に入ると，国内の行財政改革の影響からODA予算は減少を余儀なくされる。ピーク時の1997年から10年間で約35％がカットされ，不景気の国内ではODAに対する風当たりが強まり，「国益」を前面に押し出すことが求められるようになっていく。ODAを取り巻くグローバルな状況も大きく変化した。2007年には，途上国への民間投資がODA予算の2倍となり（『ODA白書』2007年版），日本以外の主要7か国（G7）のODA予算も2000年代に入って増加傾向となった[11]。また，中国をはじめとする新興ドナーの台頭は，日本がアジア最大（時に唯一）の経済援助国という特権的な地位を脅かすことになった。

　容易に予算を増やせないなかで日本のODAに求められたのは，

9　当時の批判が，どのように行われ，一連の批判がどのように現在へとつながっているかの検討は，上述の佐藤仁（2021）に詳しい。

10　湾岸戦争には欧米の30か国以上の軍隊が参加した。日本は当時のODA予算1年分を上回る金額を拠出したが，西側諸国からの反応は冷たかった（いわゆる「湾岸のトラウマ」）。

11　この変化の背後にあったのは，9.11以降の「テロとの戦い」を見据えた経済支援，ミレニアム開発目標（MDGs）といった新しい援助理念，国内の財政状況の好転などであった。

効率性と戦略性である。つまり，民間企業や NGO と協調することで効果・効率を追求しつつ，安全保障戦略や外交戦略上意義のある ODA が求められたのである。外務省は「開かれた国益」の概念を打ち出して，ODA が日本国民のためにもなる事業である点を強調するようになる（『ODA 白書』2010 年版）。このように日本が ODA における国益を強調し始めた背景には，国際社会での存在感を高め，様々な分野で日本の競争相手となっていた中国の台頭も影響していた。こうした流れを受けて，ODA 大綱は 2003 年の改定ののち，2015 年には，もはや「国益」を背後に隠さない開発協力大綱へと改定された。

　この改定の重要なポイントは，次の二点である。一点目は，これまで政策用語として使わなかった「開発協力」「開発協力政策」という用語を前面に押し出し，ODA とそれ以外の政府資金や民間の資金・活動と連携を強化した政策の立案・実施を定めた点である。二点目は，日本が世界的な課題に取り組み安定した国際社会を構築し，豊かで平和な社会を実現するため，戦略性を強化し，国益を意識した外交政策の「手段」としての位置付けを明示したことである。2003 年の大綱では，ODA は外交政策や安全保障政策のための手段として位置付けられていなかったので，この点は大きな変更点であった。こうした国の戦略を重視する傾向は 2023 年の改定の大綱にも引き継がれている。その一つの実施手段として，従来の原則とされてきた相手国からの要請に基づく方式に留まらない，日本側からのオファー型の開発協力を導入する方針が定められた。

3　国際協力政策の体系

体系化と説明責任

　第 3 節では国際協力の政策の「部分」と「全体」の関係について述べる。日本の国際協力政策では，ODA 大綱や開発協力大綱が，

政策の方針をまとめる「全体」に当たる。前述のように、2015 年に開発協力大綱が制定されて以降、国際協力政策について外交政策の手段という役割が明示された。このように政策を相互に目的と手段という関係で結びつけることを、本章では体系化と呼ぶ。

すでに指摘したように、日本の国際協力政策は、ODA 大綱が制定される 1990 年代に入るまで、個別政策を結びつけるビジョンさえ存在していなかった。むしろ重視されていたのは、誰が何についての権限をもっているか（分掌）を決めておくことであった。国際協力政策に関する法律で存在するのは、基本方針や体系化された政策ではなく、外務省・農水省や経産省、あるいは JICA の分掌を定める行政組織法のみであった。ここには政策が「国」よりも「省庁」の主導でつくられていることが表れている。

政策におけるビジョンや理念の不在は、戦後日本の政治システムと関係している。戦後の急激な経済成長とそれに伴う国家予算の拡大と、1955 年以降の自民党政権の下では財界・族議員・担当省庁（鉄の三角同盟）による利益確保が重視され、政策の理念や予算の優先順位が十分に議論されてこなかった[12]。そのため、政策相互の関係、あるいは、政策内の細かな施策が、優先順位付けや階層化もなされずに、横並びに肥大化していった。

1990 年代に入ると、ODA 大綱の制定といった政策レベルだけでなく、現場レベルにおいても散逸した政策の整理・体系化が進められた。たとえば、現場のプロジェクト目標の体系化手法として、ログ・フレームとよばれる整理手法が普及したのはその例である。ここでは、アフガニスタンのナンガルハール州の帰還民支援プロジェクトを例にみてみよう（表 2-1 参照）。

ログ・フレームには、1 枚の表に、プロジェクトの概要、プロ

---

12 飯尾潤 2008『政局から政策へ―日本政治の成熟と転換』NTT 出版.

プロジェクト名：ナンガルハール州帰還民支援プロジェクト			
対象国名：アフガニスタン			
プロジェクト概要	本プロジェクトは，…		
		指標	外部条件
上位目標	ナンガルハール州において，帰還民を含む地域住民の生活環境が改善される。	①農業生産高が向上する （…以下，指標②，③，④と続く）	
プロジェクト目標	2つの郡において，（…以下中略）コミュニティレベルの基礎的インフラ整備事業を実施する体制・環境が整備される。	①開発モデルが構築される （…以下，指標②，③，④，⑤と続く）	
アウトプット	1　ナンガルハール州ベスード郡，スルフロッド郡の現状と開発ニーズが把握される。 （…以下，アウトプット2から5まで続く）		
活動		投入	前提条件
	1-1．既存資料及び追加調査により，対象郡の現状（人口，世帯数，民族（…以下中略）をとりまとめる。	日本側投入（総額約15億円）	
	1-2．	ア）専門家派遣 　コミュニティ開発／総括，参加型開発，（…以下略）	
	（…以下，アウトプット1～5を達成するための活動が続く）	イ）現地業務費（パイロット事業経費を含む）	
		ウ）機材供与 　プロジェクト事務所用事務機器他	
		相手国側投入	
		カウンターパート人件費，プロジェクト事務所スペースの提供，治安状況に関する情報提供	

表2-1　アフガニスタンにおける技術協力プロジェクトのログ・フレーム
技術協力実績報告書をもとに筆者作成。2010年時点のプロジェクトのため，当時は「アウトプット」ではなく「成果」という言葉が用いられていた。

ジェクトの上位目標，上位目標を達成するためのプロジェクト目標，プロジェクト目標を達成するためのアウトプットや活動，活動のためのリソースなどが書き込まれる。それぞれの目標に対応する指標が設定され，表の下位の項目は，上位の目標を達成するための手段として位置付けられる。このログ・フレームは，さまざまな関係者が関わり，優先順位のみえにくくなる現場の活動を整理する意味でも，プロジェクトに出資するドナー側がプロジェクトの全容を把握する意味でも，有用な手法として各国の援助機関や NGO にも取り入れられてきた。

　ほぼ同時期に，複数のプロジェクトをまとめた「プログラム・レベル」や，そのプログラムを複数まとめた「政策レベル」を基準にした政策の体系化（階層化）も進められた。まず政策レベルの充実化——国際協力政策の最上位政策にあたる ODA 大綱の制定（1992年），主要援助国についての国別援助計画（1993 年〜），重点課題や地域別援助指針を定めた ODA 中期政策（1999 年〜）——が進められ，その後，これらの政策の具体的課題を示し，個別のプロジェクトを包含するようなプログラムが設けられた。こうした体系化のあり方は，のちの国別政策・課題別政策・地域別政策等に引き継がれている。

体系化のもたらしたもの

　プロジェクト目標や政策の体系化は，政策評価と切っても切れない関係にある。ログ・フレームに代表される捉え方の根底にあるのは，プロジェクト内で実施される個別活動が目標達成にどのように寄与したのかを分解して評価し，次の政策やプロジェクトに活かす，という考え方である。この考え方は，現在の日本の公共政策でたびたび議論される PDCA サイクルや EBPM（Evidence Based Policy Making）にも共通する[13]。

　これらの考え方の背景には，公共政策の効果が常に論争の対象と

なってきた，という事情がある。政策の直接的受益者[14]が自国内にいない国際協力政策は，他の公共政策に比べて，厳しい目を向けられてきた[15]。1991年にDACが「開発援助評価の基本原則」として評価基準の5項目（妥当性・有効性・効率性・インパクト・持続性）を定めたのも，国際協力政策を評価するための判断基準を示すことが求められたからである。言い換えれば，国際協力の世界ではこういった政策の効果を検証し，評価しようとする試みが，他の公共政策と比べて早くから行われてきた[16]。現在の国際協力のプロジェクトでは，ランダム化比較試験（注13参照）によって，政策効果を検証する事例が増加している。

　もっとも，政策・プロジェクトの体系化や評価が，国際協力にもたらした影響については，しっかりわかっているわけではない。確かに表2-1のようなマトリックスは，プロジェクトの輪郭を明確にし，外部から第三者が評価しやすい環境を整えた。援助関係者のなかで，これまで効果があると無批判に信じられてきた手法について，改善や変更の余地が見出されるようになった点は評価できる。

　一方で，こうした体系化に対しては少なからぬ批判もある。たとえば，国際協力が現地の状況に強く影響を受けるとすれば，プロ

13　PDCAサイクルとは，Plan（計画），Do（実行），Check（測定・評価），Action（対策）の4段階を循環させることで，プロジェクト等の品質を高めようとする考え方を指す。また，EBPMとは，過去の類似した政策の効果を調査し，その効果を根拠（Evidence）として政策の立案を行う考え方を指す。こうした政策の効果を検証するために，ランダム化比較試験―政策の対象者（介入群）と非対象者（対照群）にランダムに振り分けて，その効果に差があるか否かを確かめる手法―が，さまざまな政策分野で行われている。

14　ここでの直接的受益者は，政策・施策・プロジェクトの目的・目標の達成で生じる利益を享受する者を指す。実際の政策においては，これ以外の利益を得られるアクター（プロジェクトを受注する企業やNGOなど）も存在する。この点は，開発援助を議論する際には忘れられてはならない側面である。

15　代表的な研究として，Cassen, R. 1986. *Does Aid Work?* Oxford University Press.（邦訳：ロバート・カッセン著／開発援助研究会訳 1993『援助は役立っているか?』古今書院.）や，Easterly, W. 2003. Can Foreign Aid Buy Growth? *Journal of Economic Perspectives.* 17（3）: 23-48. が挙げられる。

16　青柳恵太郎・西野宏 2022「国際開発分野におけるエビデンスに基づく実践の進展」大竹文雄ほか編『EBPM エビデンスに基づく政策形成の導入と実践』日本経済新聞出版.

ジェクトの成否は「外部条件」の偶然性に依存してしまう。その場合，マトリックスを作って評価することは，どういった意味をもつのだろうか。少なくとも，ある地域で成功したプロジェクトを他の地域に展開するような，次に活かす段階では役立たないかもしれない。また，標準化された評価基準でマトリックスを埋めることが優先されるという（＝手段の目的化）問題点——現地のニーズと乖離したプロジェクトが作られる，援助機関やNGOの説明責任を果たすための便利な道具として使われるなど——もあるだろう。

　政策の体系化は，プロジェクトの体系化以上に問題を抱えやすいかもしれない。第一の問題は，政策体系の階層性（ヒエラルキー）ばかりが注目されると，個々のプロジェクトが大きな目的に対する手段とみなされ，「国際協力政策は相手あっての政策である」という大前提を見失いかねない点である。たとえば，表2-1でとりあげたプロジェクトの上位には，日本のテロ対策，その上位には外交政策や安全保障政策がある。ここで，帰還民支援プロジェクトを含む政策群を階層的にみた場合，個別のプロジェクトの現場は最下層に位置付けられてしまう。しかし，実態はそう単純ではない。このプロジェクトは，アフガニスタンへの国際協力の政策体系の一部でもあるし，アフガニスタンの中央・地方政府の政策体系の一部でもある。国連難民高等弁務官事務所（UNHCR）や他ドナー，NGOのプロジェクトとも協調が求められる。「政策の体系化」は，それゆえに多数のアクターと多数の政策が重なり合う「先端」としての現場を，大きな目的のための単なる「末端」に矮小化してしまう可能性があるのだ。

　第二の問題は，政策体系における政策—プログラム—プロジェクトの関係が個別のプロジェクトにおける目的—手段の関係と同様に捉えられてしまう点にある。政策体系の頂点に位置する政策目標は，その性質上，国家の安全保障や経済的利益といった漠然としたものになりやすい。そのため，「それは国益につながるのか」「国民のた

めになっているのか」といった極度に単純化された政策議論が行われやすくなる。しかし，政策体系における政策—プログラム—プロジェクトの相互関係は，プロジェクト内の目的—手段の関係ほど強く結びついていない。なぜならば，後者では，その目標，目標達成のための手段，必要なリソースがプロジェクト策定時に同時に決定されるのに対し，前者では政策・プログラム・プロジェクトが別々のタイミングで決定され，その時々に応じて目的・手段の関係も組み替えられるからだ。それゆえに，政策体系の頂点に位置するような究極の上位目標だけを切り出して議論することは危険が伴う。政策の体系化の本質的な課題は，体系化そのものよりも，プロジェクトの現場と政府の大方針をどのように結びつけるかという点である。

　体系化は，政策やプロジェクトの効果を評価する方法を示し，その結果を次に活かす道筋を示した。政策の科学化を進めたともいえる。他方で，体系的に捉えることで生じる問題点，すなわち，手段の目的化や政策の大きな方針と個別の活動との結びつけ方には注意が必要となる。

4　国際協力政策の課題

課題の優先順位の変遷

　ここまで日本の国際協力の政策の変遷と，それをもたらした国内外の政治過程を中心に述べてきたが，国際的な開発課題は，どのような変遷をたどってきたのだろうか。本章の最後に，国際的な課題と，政策体系との関係をみておきたい。

　1950 年代から 60 年代に掲げられた政策理念の一つはビッグ・プッシュであった。ビッグ・プッシュとは，途上国にある貧困の罠——所得の低さが子どもの教育といった次世代のための投資不足につながり，それが次世代の所得の低さにつながる「悪循環」——を問題視し，こうした循環を断ち切るような開発支援（インフラの建設

支援や教育支援）を優先する考え方である。

　しかし，1970年代に入っても先進国と途上国との経済格差は改善されるどころか広がっている場合さえあった。ここで登場したのが途上国内の人々の衣食住や保健衛生，雇用といった人間の基本的ニーズ（BHN）の充足という考え方である。米国政府や世界銀行はインフラ支援から都市・農村における貧困の撲滅へと政策優先順位を転換した。BHN中心の政策の展開は，それ以前のマクロ視点と異なる，個人重視の視点を提供したのである。しかし，同時期の二度のオイルショックの影響もあって，途上国への援助規模は想定よりも小さくならざるを得なかった。

　1980年代になると，メキシコ債務危機（1982年）をきっかけに途上国の債務が深刻な問題として共有されるようになる。国際金融システムの観点から，途上国の財政状況を好転させることが開発援助の新たな優先事項となった。世界銀行やIMFは，財政赤字の縮減や金融の引き締め，国営企業の民営化などを条件とした融資を行った（構造調整プログラム）。1970年代に個々人へと目を向けた開発援助は，再びマクロ的な視点からの政策へと変化したのである。

　対して，1990年代以降は優先課題が多様化した。具体例としては，人間開発指数や人間の安全保障，参加型開発やオーナーシップ，ガバナンスの強化である。こうしたなかで，さまざまな問題の中心に貧困があると捉え，インフラ開発，ガバナンス改善，教育改善を貧困削減のための手段と体系づける包括的開発フレームワーク(CDF)が登場する。CDFの理念は貧困削減戦略文書（PRSP）に共有され，重債務貧困国は債務免除を認められる代わりに，それによって生じた余剰金をその国の政府が作成したPRSPの実施に充てることが求められた（1999年ケルン・サミット）。2000年に合意されたミレニアム開発目標（MDGs）は8つの開発目標に優先順位を示していないものの，CDFやPRSPの存在により，目標1の貧困削減が優先課題と捉えられていた。

MDGs に続くポスト MDGs は，1992 年の地球サミットから 20 年という節目のリオ＋20 で本格的に議論が開始され，2015 年に SDGs が合意された。開発問題は地球環境問題と合流し，途上国と先進国が共通で取り組む課題となったのである。途上国の開発に関する目標を DAC や国連専門機関が主導して定めた MDGs と異なり，先進国・途上国双方の開発目標を含む SDGs は 193 加盟国の 8 回に及ぶ政府間交渉で決定された。この点は，目標の対象者と設定者が（少なくとも）国家レベルで一致した，すなわち途上国の課題を途上国自らが主体となって決定したという意味で画期的である。他方で，途上国と先進国，開発課題と環境課題という文脈が重なり，17 の開発目標や 169 のターゲットについて，MDGs のように，優先順位を考えるための「補助線」が設けられなかった点が異なる。

　たとえば，この政策・活動は「SDGs の何番に貢献する」と書かれると，地球規模課題に取り組んでいる印象を与える。しかし，17 も目標をあげれば，ほとんどの公共政策や企業活動は何らかの目標とかかわることになる。むしろ考えるべきは，ある目標にかかわる政策・活動が他目標の達成とトレードオフの関係にないか，それら目標同士の優先順位をどのようにするか，という論点である。

　確かに，SDGs は世界中の誰もが反対しないような開発目標を作り上げた。さまざまな議論を招く分野だからこそ，この理念は誕生できたのかもしれない。しかし，それが政策目的に関する思考停止を招いたり，実態を覆い隠すために使われたりしてしまっては問題である。

これからの国際協力政策

　これまでの議論から，国際協力政策の課題を二つ指摘しておく。一つは，国際協力政策の目的に関する議論の軸が，その時々の政治情勢に流れやすくなっている点である。これまでに論じてきたように，国際協力政策は外交や安全保障といった国家戦略から独立して

扱うことがますます難しくなっている。そして，SDGs のような「使い勝手」のよい国際的枠組みは，国際協力政策が自国中心主義的な理念のもとに立案・実施されることに歯止めをかけにくい。

　もう一つは，国際協力政策における政府の役割が限定的になっている点である。国際協力に関わるアクターが多様化し，ODA もさまざまな民間資金と関連するようになった現在，政府という存在はかつてほどの影響力をもたない。政策を作る政府が多様なアクターを包摂しようとした結果，政策自体は，誰のための目標・課題で，誰が取り組むのかも不透明になっている。

　こうした時代だからこそ求められるのは，国際協力の実践そのものを民主化し，政策の全体像を議論の俎上へと押し上げるシステムを構築していくことである。これまでの日本の国際協力では，組織の縄張りが重視され，全体像を描くことに重点が置かれていなかった。裏を返せば，個別の問題に対する政策が，全体像の「部分」に従属することなく，多様な政策が並存するシステムが存在してきたともいえる。この点をどのように活かしていくかは，今後の日本の国際協力政策の課題となる[17]。

　ここまで政策の全体に目を向けて議論を進めてきた。ただし，全体を把握することと，全体を均質に描くこととは同じではない。たとえば，難民問題に対して，難民への個別の支援策を考えるのが「部分」になるとすれば，そもそも難民が生まれないようにするにはどのような協力ができるのかを考えるのが，「全体」を意識した国際協力政策になる。他方で，難民発生には，それぞれ異なるメカニズムがある。にもかかわらず，その多様性を無視して，難民政策

17　問題は，中央省庁の弱体化と内閣機能の強化により多様な政策目的を守る防波堤が崩れる一方，組織を越えて開発協力について議論する慣習や人材が育っておらず，政策の全体像を描く力が国内に養われていないことにある。この問題に対応していくには，さまざまな組織を経験する人事交流，途上国の政策の実態を把握するための専門家養成システム，教育や保健といった専門に先立つ総論としての開発学の体系化などが必要な手段になる。

という全体像を描くことはできない。本章では木よりも森を見よう
とすることの重要性を説いたが，やはり森を構成する木々を個別に
理解する姿勢も合わせて必要なのである。

さらに深く学ぶために

下村恭民・辻一人・稲田十一・深川由起子『国際協力―その新しい潮流
〔第3版〕』有斐閣，2016年
国際協力の理論や課題，それに関わるアクターの歴史的変遷がまとめら
れた書籍。この分野を長く研究してきた著者らが今日の政策を歴史的背
景から説明する一冊。

ツイアビ 著／エーリッヒ・ショイルマン 編／岡野照雄訳『パパラギ
はじめて文明を見た南海の酋長ツイアビの演説集』SB文庫，2009年
文明国を初めて目にしたサモアの酋長からみたヨーロッパ人（＝パパラ
ギ）の「貧しさ」を生き生きと描き出す。国際協力が目指す「豊かさ」
とは何かを問い直す名著。

第3章　平和構築の変化と展望

片柳真理

　ブトロス＝ガーリ国連事務総長（当時）が『平和への課題』で平和構築を紛争後の活動として説明してから四半世紀以上になる[1]。これに対し，2023年にグテーレス国連事務総長が発表した『新たな平和への課題』では，平和構築への言及は限られている[2]。核兵器問題，テロリズム，科学技術の反平和的利用など，現代社会が直面している平和と安全保障の問題は幅広く，主に非国家間紛争に対応してきた平和構築活動が担える役割は限定的だということであろう。それでも，平和構築は紛争を経験した諸国にとって重要な活動であり，その活動のあり方に関する議論も尽きることはない。

　本章では，平和構築が実践的活動としてどのように行われてきたのかを振り返りつつ，平和構築研究は何を問題視し，どのような変化を求めてきたのかを説明することで，平和を希求する国際協力のあり方を再考する。平和構築活動が活発化したのは，冷戦の終焉を迎えた1990年代であった。当時は国連安全保障理事会（安保理）での合意形成が可能になり，国連が国際的な平和と安全保障に果たす役割への期待が高まった。しかし，『新たな平和への課題』が指摘するように，多極化した世界では分裂の傾向が目立ち，国家間紛争の増加も懸念され，新たな多国間協力の模索が求められている。

1　ブトロス・ブトロス＝ガーリ 1995『平和への課題―1995年』国際連合広報センター訳，国際連合広報センター.
2　United Nations 2023. A New Agenda for Peace. *Our Common Agenda Policy Brief*. 9.

1 国際社会主導の平和構築

冷戦後の国連平和活動

　冷戦後は非国家間の紛争，つまり，一国の国境内で政府と反政府勢力が対立する，または異なる民族間で争う紛争が増加し，安保理はその対応に平和維持活動（PKO）を多用した。従来の PKO は第一世代の PKO と呼ばれ，国家間の紛争において紛争勢力の引き離しや軍事監視を主な任務としていた。これに対し，非国家紛争への対応では選挙の実施や人権監視，警察の訓練など，それまでにはなかった役割を担う多機能型 PKO となり，第二世代の PKO とも呼ばれる。たとえば，カンボジアではポル・ポト政権による極端な政策のもとで多くの市民が虐殺され，ポル・ポト派に反対する勢力との武力衝突が起こった。1991 年にパリ和平協定が締結されると，国連は，国連カンボジア暫定統治機構（UNTAC, 1992〜1993 年）を設立して民主的選挙を実施した。選挙結果は必ずしも尊重されなかったものの，政党間の交渉によって新たな政権が成立した。

　しかし，明らかな失敗例もある。1990 年代にユーゴスラビア社会主義連邦共和国崩壊に伴って発生した複数の武力紛争では，平和維持ミッションが複数派遣された。その一部はやはり多機能型 PKO であったが，スレブレニツァというボスニア・ヘルツェゴビナ東部の町で 8000 人を超えるイスラム教徒の男性が虐殺される事態を防ぐことができなかった。同様に，ルワンダでは国連本部が危険を予見する現場の情報を活かせず，ジェノサイドの予防に失敗した。この 2 つの事例は国連にとって大きな傷となり，いずれの事例についても，何が起こったのかを検証し，失敗を認める報告書が発表されている[3]。

　他方，セルビア共和国の自治州であったコソボでは，セルビア治安部隊の撤退をめぐり 1999 年に NATO 軍による空爆が行われ，そ

の後国連コソボ暫定行政ミッション（UNMIK）が派遣された[4]。また，東ティモールは1999年の住民投票によってインドネシアからの独立を決め，国連の東ティモール暫定行政機構（UNTAET，1999～2002年）の統治を経て独立した。これらの国連の活動は広範な権限を行使する暫定行政であり，次に述べる平和構築としての要素も含まれていた。

自由主義的平和

　『平和への課題』では，平和構築は「紛争の再発を防ぐために平和を強化し，固定化するのに役立つ構造を確認し，支援する行動」（第21段落）と説明された。具体的には，治安部門改革，武装解除・動員解除・社会復帰（Disarmament, Demobilisation, Reintegration：DDR），民主化などの活動が行われてきた。まず簡単にこれらの活動を説明する。

　紛争を経験した国には，武器とそれを持って戦う人が数多く存在する。平和な社会を作るためには，治安部門が限定的に武器を保有し，治安部門の要員は適切な人数に限る方がよい。治安部門には軍隊，警察，諜報機関などが含まれ，治安部門改革には，これらの機関に関係する省庁，たとえば適正な予算を設定する財務省も関わることになる。本来，国民を守るために存在する治安部門が，紛争中には一部の権力の手足となって人権侵害を行うことも稀ではない。そのため，治安部門改革にはこれら諸機関の要員に対する法の支配や人権の教育も含まれ，ジェンダー平等の原則を適用することも重視される。

---

3 UN General Assembly 1999. *Report of the Secretary-General Pursuant to General Assembly Resolution 53/35 : The Fall of Srebrenica.* A/54/549 ; UN Security Council. 1999 *Report of the Independent Inquiry into the Actions of the United Nations during the 1994 Genocide in Rwanda.* S/1999/1257.

4 UNMIK は 2024 年現在も活動しているが，任務は大きく変化している。

52　1　国際協力を考える

DDR は治安部門改革の一部と考えることもできるが，一つの活動分野として議論されることも多い。武装勢力から武器を回収し，戦闘員であった人々と武装集団との関係を断ち，文民として生活できるように基礎教育や職業訓練の機会を提供してコミュニティに統合していく活動である。

　民主化は，紛争の原因となった独裁的政治や武力によって紛争を解決する社会を変革し，民主的な政治体制で異なる意見を調整していく必要性から，平和構築の重要な要素と考えられてきた。そのため，自由で公正な選挙が重要になる。しかし，民族や宗教などのアイデンティティに基づいて分断された社会では，和平合意から間を置かずに選挙を実施すると，各集団を代表するような政党が支持を集め，政治の分断が継続することになる。そのため，現在では選挙を急ぎすぎることなく，社会がある程度安定するのを待つ方がよいと認識されている。

　このような活動を中心に行われてきた平和構築は，自由主義的平和（リベラル・ピース）を目指すものといわれる。民主主義，人権の尊重，市場経済を柱とする欧米型の社会作りである。しかし，次第にこの欧米型モデルに対する批判が強くなってきた。さまざまな歴史的，文化的な背景をもつ紛争経験国にとって，欧米型モデルを押しつけられることが真の意味で平和につながるのかという疑問の声が高まってきたのである。

自由主義的平和への批判

　自由主義的平和への批判の一つは，平和構築を主導してきた国際社会と地元社会との関係性を問うものである。国連であれ，ドナー国であれ，欧米型モデルを正しいものとし，支援を受ける国に対してさまざまな提言を行う。提言とはいっても，資金を提供する側に圧倒的な力があり，それを拒絶し，または異なる提案をするのは難しい場合が多い。また，紛争後の政府には財的・人的資源が不足し

ているのが常である。したがって，国際社会を説得できるような対案を提示することは容易ではない。このように，いわば不均衡な力関係が生まれるなかで，平和構築のための適切な国際協力を展開できるのかどうかが問題となる。この構図のために，政府が，国民に対してではなく国際社会に対して説明責任を負うかのような状況になり，市民のための政治を行う姿勢がなくなるとも指摘される。

　他方，国際社会は長年「ローカル・オーナーシップ」を唱えてきた。平和構築を推進するのは当事者であるから，国際社会が「運転席」に座っていてはいけないという考えである。こうした建前と実際との乖離は，多くの研究者と実務家によって批判されてきた。また現実には，紛争経験国の政治的エリートはしたたかに立ち回る。平和構築の途上で生じる問題は国際社会に責任があると国民に説明し，あるいは国際社会の提言に従った体を装って実際には中身のない政策を策定し，自分たちの利権を保持することもある。

　さらには，国際社会が自由主義的平和を掲げないことは可能なのかという問題がある。民主主義や人権の尊重という，平和構築に携わる多くの人々が最良の選択肢と考える原則を平和な社会の構想に含めないとすれば，どのような方向性を見出すことができるのだろうか。その答えを求めることで，平和構築は民主主義や人権を政策から除外するのではなく，ローカルな取り組みを支援する活動へと展開している。

2　ローカル主導の平和構築

　ローカルとは一体誰を指すのか，これも研究上の議論になっている。平和構築が行われている国でも，政治的エリートと草の根の団体では，平和の概念そのものや平和を実現するために必要とされる道筋について，大きく異なる考えをもっている可能性がある。そのため，国際社会がローカルな取り組みを支援するといっても，誰が

行うどのような活動を支援するのかが問題となる。ここでは、若者と女性による平和構築活動をみていくことにする。

若者

　一般的に、若者は暴力の中心的存在になりうると考えられ、平和構築の主体としてではなく、紛争リスクを高める存在とみられてきた。しかし、最近では若者が平和構築をリードできるという議論が増えている。たとえば安保理決議 2250 号（2015 年 12 月 9 日採択）は、紛争予防や紛争解決に関する意思決定への若者の参加、武力紛争における若者を含む文民の保護、若者の平和構築への参加と平和の文化の促進、DDR での若者向け雇用機会の確保などを強調している。

　若者の平和構築への関わりについて、2 つの例を挙げよう。まず、安全保障に関わる活動である。若者がコミュニティを守るために立ち上がり、治安が悪いなかで自警団のような活動を行ったとする。これはコミュニティにとっては治安を守り、社会を安定化させる活動であり、若者たちはヒーローにもなりうる。こうした活動は、ローカルな平和構築の活動ともローカルな安全保障とも説明できる。しかし、若者たちが自分たちの力に気づき、コミュニティを支配しようとしたり、法の支配に従わずに自分たちの裁量で人に制裁を加えたりするようになれば、その活動はむしろ平和とは反対の方向に進んでしまう。最近の研究では、ローカルな安全保障に一定の評価を与え、たとえば治安部門改革の際には、（ときに行き過ぎる活動があったとしても）地元の治安を担ってきた若者集団も、正規軍や大きな武装集団と同様に対象とすべきだと考えられ始めている。

　若者は IT を使った平和構築の活動でも注目されている。SNS などを使って平和のメッセージを発信する活動は、デジタル・ピースビルディングと呼ばれる。決議 2250 号の実践のために Youth4 Peace というウェブサイトが立ち上げられていて、そこで紹介されている活動の一つが「私は宣言します（I Declare）」というキャン

ペーンである。手のひらに「〜を宣言します」と書いて写真を撮り，インスタグラム，X（旧ツイッター），フェイスブックなどに#Youth4Peaceを使って投稿し，友人にも呼びかけていく[5]。

女性

　女性と平和構築の関係については，安保理決議1325号（2000年10月31日採択）が重要である。従来，武力紛争では男性が前面に立ち，紛争を終わらせる和平交渉でも女性の姿はほとんどなかった。しかし，この決議は紛争中の女性の経験は男性とは異なるということを認めるとともに，女性には，紛争予防・平和維持・平和構築などの活動に主体的に貢献する能力があることを主張した。女性を弱者，守られるべきものに限定するのではなく，被害者としての側面と，積極的活動の担い手としての側面の両方を強調した点で，この決議は高く評価された。以来，同様の決議はいくつも採択されており，実務上も研究上も「女性，平和，安全保障（Women, Peace, and Security：WPS）」という一分野が確立されている。

　これまで，武力紛争中に多くの女性が性暴力を経験してきた。男性も性暴力を経験しているのは事実であるが，数のうえでは圧倒的に女性の被害が多いと考えられている。このことが広く知られるようになったのは旧ユーゴスラビアとルワンダの紛争である。どちらも安保理によって暫定刑事法廷が設置され，裁判のなかで多くの性被害が明らかにされた。レイプを含む武力紛争下での性暴力は，戦争犯罪，人道に対する罪，またはジェノサイドを構成する行為になることがあると，安保理決議1820号（2008年6月19日採択）において明示されている。また，このような行為は「武器としての性暴力」と呼ばれる。なぜ武器なのかといえば，性暴力が組織的に行わ

---

5 https://www.youth4peace.info/node/91

れ，敵対する集団を弱体化させたり，追い出したりする目的を伴うからである。被害に遭った女性が身体的，精神的に傷つけられるのみならず，女性たちが所属する集団に脅威を与える。特に父権的な社会においては，女性が婚外の性交渉を行うこと自体がタブーである。この場合，女性は性交渉を強制されたことが明白で，つまり同じ集団の男性が「自分たちの」女性を守れなかったことを意味し，コミュニティの威信が傷つけられることになる。

　WPS に関わるいくつもの安保理決議にもかかわらず，武器としての性暴力は続いている。2018 年のノーベル平和賞はイラクのヤジディ教徒であるナディア・ムラドさんとコンゴ民主共和国のドゥニ・ムクウェゲ医師に贈られたが，二人とも紛争下の性暴力と闘っている。ナディアさんはイスラム国（IS）にさらわれて性奴隷とされたが，脱出した。自分の経験を口外することは文化的に通常あり得ないのだろうが，今なおとらわれている女性たちを助けるためにと講演を続ける。ムクウェゲ医師は，性暴力がまさに武器として使われているコンゴ民主共和国で，被害を受けた女性たちを治療し続けている。

　決議 1325 号の別の側面，女性による平和への主体的関与についても，多くの活動がある。各国政府が行っている取り組みの一つは，平和維持に参加する女性を増やすことである。特に，派遣する軍隊で女性の割合を増やす努力が行われている。ただし，主導的立場に女性がいなければ女性の主体性を活かすことにはならないとの批判もある。草の根では，たとえばアフガニスタンの例を挙げることができる。2021 年 8 月にタリバンが支配を確立する以前に，和平高等評議会（High Peace Council）委員を務める女性たちが，武力対立の停止と平和を求める 30 万人の署名を集めたと伝えられる。また，スーダンでは異なるエスニック集団に属する避難民たちの対立を防ぐために，「平和のお盆（Tray of Peace）」といわれる女性発案の月例の食事会が開催され，それぞれの地域特有の料理をふるまいあっ

て共通の課題を話し合う機会が提供された。このような比較的注目を集める活動のみならず，目立たないものの，女性が社会に与えている影響に注目する研究も生まれている。そこでは女性が提供する個人・家庭・コミュニティのレベルでのケアに注目し，公的な場面からは排除されている女性たちが，非暴力的な社会的関係に貢献しているのだと指摘されている[6]。

3　ハイブリッドな平和構築

自由主義的な平和構築と，ローカルな平和構築について説明してきたが，実際の平和構築をみると国際社会の関与が弱まったとは考えにくい。国連，地域機構（欧州連合（EU），欧州安全保障協力機構（OSCE），アフリカ連合（AU）など），サブ・リージョナルな地域機構（西アフリカ諸国経済共同体（ECOWAS）など）が，各地で平和構築の努力を続けている。国際社会がモデルや基準を提供して制度を構築する「上からの平和構築」と，地元のイニシアティブに基づく「下からの平和構築」を組み合わせる現在の平和構築は，ハイブリッドな平和構築と呼ばれている。

ハイブリッドな平和構築においては，ときに，普遍的な価値を実現しようとする国際アクターと，地元の文化や伝統的な価値観を守ろうとする地元のアクターとのせめぎあいが生じる。ローカル・オーナーシップを尊重するといっても，既存の文化がすべての人にとって望ましいとは限らず，そのためにローカルなるものすべてを称賛することはできないとも論じられる。わかりやすい例はジェンダーの問題で，父権的社会で女性は公的空間では活動しないという規範がある場合，地元の慣習を尊重するのみではジェンダー不平等

6　Blomqvist, L. et al. 2021. Care and Silence in Women's Everyday Peacebuilding in Myanmar. *Conflict, Security & Development.* 21(3) : 223-244.

を維持することになる。そのため，平和構築の活動ではジェンダー平等の原則を導入することで，既存の規範を変えるきっかけ作りとなる。

　もう一つのハイブリッドの例として移行期正義の形を挙げたい。移行期正義とは，ごく簡潔に説明するならば，政治体制が独裁体制から民主主義へ，または紛争から平和な社会へと社会状況を移行しようとするときに，正義を実現する営みである。過去に起きた組織的な人権侵害を特定してその内容を明らかにし，前体制との区切りをつけて新たな社会を作ろうとする。こうした営みには，裁判によって犯罪者と罪を特定し処罰する報復的正義と，加害者，被害者，そして社会の関係を修復する修復的正義があり，後者では真実和解委員会の形をとることも多い。この移行期正義は，平和構築の重要な一部を成していると考えられる。戦争犯罪を扱う特別法廷を設置する場合，国際法廷として判事をすべて外国人にする方法もあれば，その国の判事のみで行う場合もある。また，国際判事とその国の判事の混成によるハイブリッドな法廷を設置することもあり，カンボジア特別法廷やシエラレオネ特別法廷がその例である。先に触れた旧ユーゴスラビアとルワンダの国際刑事法廷は，いずれも外国人判事のみが携わった。外国人が関わる理由は，分断社会に属する人間が完全に客観的な判断を行うのは難しいからである。分断社会でアイデンティティ集団間の戦いを経験すると，判事もいずれかの集団に属しているため，自らのアイデンティティに無関係に判断するのは困難であろうし，仮に判事自身はそれができたとしても，人々がそう受け止めるとは限らない。そのため，移行期正義の分野でも国際協力が必要とされるのである。

4 平和構築の新しいアクターとしてのビジネス

なぜビジネスなのか

　平和構築の新しいアクターの一つとして，ビジネスが登場している。ビジネスの平和への関わりは，まず経営学の分野で「商取引を通じた平和 (Peace through Commerce)」という概念が提示され，企業の通常の活動が平和につながっていることがあると論じられた。初めは耳を貸す人が少なかったこの議論が急速に受け入れられるようになったのは，2001 年 9 月 11 日のアメリカ同時多発テロ以降だという。社会全体が平和のために取り組む必要性が感じられたためである。これに先立つ 1999 年には，アナン国連事務総長（当時）が国連グローバルコンパクトを提唱し，10 の原則に発展した[7]。2011 年には「ビジネスと人権に関する指導原則」が国連人権理事会で承認され，潘基文国連事務総長（当時）は 2013 年に「平和のためのビジネス (Business for Peace：B4P)」のプラットフォームを開始した。そして，開発の文脈では，持続可能な開発目標 (SDGs) の目標 17 がパートナーシップであり，民間部門の果たす役割が期待されている。平和研究のなかでは，たとえば鉱物資源を巡る紛争との関わりなどが取り上げられ，ビジネスによる紛争への影響の方が注目されてきた。しかし，B4P 研究は徐々に増え始めている。

ビジネスと平和構築

　「商取引を通じた平和」の研究分野では，主にビジネスによる 5 つの貢献が論じられてきた。すなわち，①経済開発の推進，②法の

7　国連グローバルコンパクトは，国連と民間が協力して持続可能な社会を築こうとするイニシアティブであり，人権の保護，不当な労働の排除，環境保全，腐敗防止に関する 10 の原則を掲げている。

図 3-1　ボスニア・ヘルツェゴビナの女性たちが編んだ BH クラフツの製品

支配の推進，③コミュニティ形成，④トラック 2 外交（非政府アクターによる非公式外交），そして⑤紛争に配慮した実践とリスク評価である。前にも述べたように，これはビジネスの通常の活動が平和に貢献する場合があるという議論に基づいている。ビジネスによって損失を被る人もいるかもしれないが，利益を得る人もいるので，経済効果が生まれることは自然である。②法の支配の推進というのは，国際的な水準を適用すれば，適正な監査を行うなどして汚職の防止など健全な企業財務が実施されるほか，ジェンダー平等などの規範適用も行われることを意味する。④トラック 2 外交は，たとえば企業が和平交渉に関わることを意味するが，直接交渉に関わらなくても，政府に対して和平交渉に積極的になるよう進言したり圧力をかけることも一つの役割である。⑤リスク評価は企業が常日頃実施していることであり，それを紛争予防に活かしたり，企業活動が紛争を誘発したりしないようにすることである。これらの 5 つの貢献は，B4P 研究の基盤ともなっている。

　B4P 研究では，政府と企業の関係や，企業とコミュニティの関

係が分析され，どのような条件下で企業の活動が平和に影響を及ぼすかが課題になっている。たとえば，DDR で動員解除された兵士の職業訓練は，これまで国際協力機構（JICA）を含めドナー国やその開発援助機関が実施してきた国際協力であるが，企業は職業訓練後に訓練生を雇用して平和に貢献することができる。自社に必要な技術を訓練して雇用するのであれば，これまでのように訓練は受けても働き口がないというミスマッチを生むこともなく，訓練をする側にもされる側にもメリットがある。

　ここまでの説明ではどちらかというと多国籍企業が念頭に置かれているが，B4P はローカル・ビジネスも含んでいる。紛争影響国の人々が自ら起こすビジネスは，多国籍企業に雇用されるよりも，当然ながらローカル・オーナーシップが強い。武力紛争によって生活に打撃を受けた人々は，援助を受けるよりも自ら事業を行うことで自信を取り戻し，能力を高める。いわゆる分断社会の場合には，ビジネスがアイデンティティ集団の境界を乗り越えさせる効果も生まれる。

　企業以外の主体が B4P に協力することは可能だろうか。援助機関であれば，自国の企業と地元企業をつなぐことができるし，援助対象国の産業育成政策に対する技術協力も可能である。また，個人でもオンライン販売の協力を行っている事例などがみられる。さらに，わたしたちは消費者として B4P に携わる企業を応援することもできる。

5　ローカルな動きを支える平和のための国際協力

　本章では，平和構築の実践と研究の変化に着目して説明してきた。しかし，平和構築の活動は多種多様であり，そのごく一部を提示したに過ぎない。大きな変化として，ローカルな平和構築に注目し，それを支えようとする傾向は明らかである。しかし，実際にそれを

どう行うのかについては，はっきりしたモデルがあるわけではない。そもそも歴史的，文化的な条件に根差したローカルな平和構築にモデルを当てはめることは適切ではなく，それを支える国際協力には柔軟性と多様性が必要になることは想像に難くない。加えて，紛争に関する新しい傾向，たとえば，テロリズムや過激主義の影響，または環境問題に起因する紛争など，国際協力は新しい事象に対応していかなければならない。

さらに，平和構築の手法も多様化しており，平和構築に携わる人材には創造性も求められる。たとえば，紛争再発防止のための情勢モニタリングにスマートフォンのアプリを使って一般の人々が情報を寄せる方法が使われたりする。ほかにも，スポーツや文化を平和構築に活用する活動がある。スポーツは敵対する集団間の交流などに用いられ，ルールに従って正々堂々と競うなかで人間関係を形成するきっかけ作りになる場合がある。文化には言葉では表現できないものを表現する可能性があり，子ども兵のリハビリテーションで絵を描き，音楽の演奏やダンスをするなど，心理的ケアにも用いられる。

このように平和構築は発展を続けているが，同時に求められるのは紛争予防に力を入れることであろう。紛争リスクを察知するため科学技術の利用が進められており，武力紛争が勃発する前に問題を解決する可能性が高まることが期待される。2016年に国連総会と安保理は，前文で「平和を持続すること（sustaining peace）」を強調する決議をそれぞれ採択している（国連総会決議70/262号，安保理決議2282号）。紛争の勃発，激化，継続および再発を予防するためには，差別など人権侵害のパターンを把握し，紛争の根本原因に対処することが求められている。

本章の冒頭で触れたように，『新たな平和への課題』は，現代社会のさまざまな課題に言及している。平和構築の国際協力にも，大きな視野で世界をみる目が必要とされているのであろう。平和な社

会の基盤を強化するということを，紛争経験国に限定することなく世界全体に当てはめてみれば，喫緊の課題として格差や差別に取り組み，すべての人が住みやすい地球にすることを目指さねばならない。しかし同時に，ミクロのレベルでの紛争と平和についても研究を続ける必要がある。ときにわたしたちには思い込みがあり，平和構築のための活動が反対の作用を引き起こしてしまうかもしれないからである[8]。したがって，研究者にも実務家にも，先入観をもたずに現場で起こっていることを観察し，ローカルな視点を理解して，よりよい平和構築の国際協力を求め続ける姿勢が必要なのである。

さらに深く学ぶために

落合直之『フィリピン・ミンダナオ平和と開発―信頼がつなぐ和平への道程』JICA研究所／佐伯印刷株式会社，2019年
長年ミンダナオの和平に関わってきたJICA職員である著者が，自らの経験を含めて和平プロセスを説明する。日本の協力についても知ることができる。

片柳真理・坂本一也・清水奈名子・望月康恵『平和構築と個人の権利―救済の国際法試論』広島大学出版会，2022年
紛争により被害を受けた個人の権利の救済に着目し，平和構築における国際法の役割や意義，さらに課題を論じる専門書。

篠田英朗『平和構築入門―その思想と方法を問いなおす』筑摩書房，2013年
平和構築に関わる問題を問い直しながら，国家建設，DDR，治安部門改革，移行期正義，開発援助，人道援助など，活動の全体像を説明する入門書。

8　たとえば，一般的にDDRの活動においては武装勢力とその元構成員を引き離すことが大事だと考えられている。元兵士がDDRで支払われる一時金の何割かを元上司に納めるといったことは，武装勢力の解体をはばみ，上層部が戦いを再開すると決めれば元兵士は呼び戻されてしまうかもしれない。しかし，最近の研究では除隊兵士の孤独や孤立が問題視されている。コンゴ民主共和国の事例研究では，元兵士たちが協力して自転車タクシー業を起こして社会に再統合されている例が示され，元兵士たちが支え合うことによって，むしろ紛争再発防止に寄与する場合もあることがわかった（Carayannis, T. & A. Pangburn 2020. Home is Where the Heart Is : Identity, Return and the Toleka Bicycle Taxi Union in Congo's Equateur. *Journal of Refugee Studies.* 33(4) : 706-726.）。

第4章　現代世界と国際協力
—— 地域研究から学ぶ視点

湖中真哉

1　地域研究と国際協力

地域研究とは何か

　地域研究（area studies）とは，地球上の特定の地域をその脈絡に即して学際的・包括的に探究する研究分野であり，おもに西洋諸国・先進国で発達してきた。この分野では，学際的視点から特定の地域を研究するが，研究対象は，文字どおり地球社会の全域に及んでおり，また，そのスケールもコミュニティから EU のような超国家的な連合体に至るまで多岐にわたっている。

　先進国との環境的・文化的な隔たりが大きい発展途上国，とりわけ農山村漁村，僻地コミュニティ，先住民社会，都市のスラム街等の開発から取り残されてきた地域は，地域研究の対象の中心を占めており，そのことが国際協力と地域研究を深く結びつけてきた。「誰一人取り残さない」は，SDGs が収録された 2030 アジェンダ前文の「誓い」であるが，地域研究はまさに開発から取り残されてきた人々のただなかで研究をしてきた。

　歴史的にみれば，地域研究は，交戦，条約締結，通商等を含め，西洋諸国（おもに先進国）が，かつて未知の世界であった非西洋諸国（おもに途上国）との関係性の在り方を模索する過程で，生み出されてきたものである。もちろんその関係のなかには国際協力も含まれる。

　なぜ，先進国は地域研究を必要としたのだろうか？　それは，米

国がベトナム戦争，アフガニスタン紛争，ソマリア内戦介入で大きな挫折を経験したとおり，先進国の常識，概念，制度等を途上国に持ち込んで，それをそのまま展開させていくやり方が途上国の現場では通用せず，失敗を繰り返してきたからである。こうして20世紀中頃以降の地域研究者は，各地域に固有の制度や文化の特徴を分析しながら，西洋近代の概念や理論が各地に当てはまらないことを指摘してきた。

国際協力にとっての地域研究の意義

　さて，それでは今日，国際協力を学ぶにあたって地域研究はどのような意義をもつのだろうか。まず重要なことは，地域研究の意義は，単なる地域事情ガイドに留まらないということである。単に途上国のユニークな文化，社会，言語等をプラスの予備知識として学習したうえで，従来型の国際協力を行えば効率的に進められると地域研究は主張しているわけではない。また，地域研究は，閉じた単位としての地域や伝統を常に正当化し，その開発をすべて否定しようとしているのでもない。少なくとも，地域研究は，わたしたちの前提や常識を変えなくても活用できる，単なる便利な道具ではない。

　どのような国際協力であれ，それが実際に展開するのは地球上の特定の地域においてである。そこでは，わたしたちの側ではなく，その地域の現場の声に耳を傾け，相手の側からものごとを考えたり発想したりする過程がなくてよいはずはない。しかも，その相手の多くは，これまで開発から取り残され，周縁化されたり，抑圧されたりしてきた人々であり，特別な配慮が必要とされる。こうした意味での地域への視点や配慮を欠いた国際協力が，今日通用するとは，もはや思われない。現在の地域研究は，地球各地の地域と地域が水平的に結びつく関係の在り方を，地域の複雑な現場の内部に身を置いて，相手側の論理から模索しようとしており，それは今日の国際協力が深い意味において追求しようとしている方向性とも合致して

いる。この意味において、そもそも国際協力と地域研究は不可分であり――また不可分でなければならない。

　つまり、国際協力が地域研究から学びうることとは、地域に関する単なる予備知識ではなく、地域で出遭う現実を受け入れて、国際協力や国際開発の在り方自体を作り変えていくことなのである。本章は、そのために必要な地域研究の考え方や方法を、以下に経済・社会・環境の順番で提示していく。なお、本章でいう地域研究は、アフリカを対象とする社会人類学の立場からのものに偏っており、必ずしも地域研究全体を代表するものではないことをお断りしておく。

2　貧困削減をいかに捉えるか
――経済から持続可能な生計アプローチへ

経済発展から経路へ

　貧困削減は、国際協力の重要な課題である。そのための優先課題とされてきたのが経済開発であり、それは今なお国際協力の中心を占めている。1950年代の経済発展段階説が唱えたように、市場経済が世界中に浸透して、所得が向上すれば、貧困は自然と消滅するのだろうか。しかし、実際には、それから70年以上を経た現在もなお、極度の貧困は根絶されていないばかりか、むしろ経済格差は拡大している。さらに人類の経済活動によって地球環境の持続可能性が脅かされている。

　そもそも地域研究は、世界各地の社会や経済が、普遍的な道筋にそって一直線に成長したり発展したり進化したりしていくとは考えていない。地域の歴史は複雑かつ多様だからである。近年の開発学では、従来の進化や発展の概念に対して、技術・社会・環境の相互作用を重視した動的変化の概念として、「持続可能性への経路アプローチ（pathways to sustainability approach）」が提唱されている[1]。経路は地球上の多様な集団の見方を考慮した多様な発展の道筋を指し

ている。その特徴は多様性であり，単線的な人類普遍の発展過程のことではない。

　さらに，世界各地の経済の在り方は，地域によって驚くほど異なっていることを地域研究は明らかにしてきた。先進国の社会は，市場経済を前提としているが，途上国の社会では，それとは異なる経済の在り方がみられることが報告され，それは生業経済 (subsistence economy) やモラル・エコノミー (moral economy) と呼ばれるようになった。わたしたちの社会では，市場が前提となっているので，市場での稀少性が問題となり，交換利益の最大化や効率化を目指す経済行動が主流になる。しかし，市場を前提としない生業経済においては，経済は自然環境に依存した生存維持や共同体における社会的意味の実現のために行われる。極度の貧困を生きる人々にとっては，市場価値よりもリスクのなかで仲間と生き延びていくことの方が重視される場合もあることに注意しなければならない。

包括的アプローチ

　地域研究が経済について明らかにしてきたもう一つの点は，とりわけ途上国においては，経済が政治や社会や文化等の他の要素と深く結びついており，経済だけを取りだして論じることが難しいということである。地域を包括的に捉える地域研究では，ある地域に暮らす人間を，経済や政治や宗教や社会や文化といった専門領域の関心にそって切り刻んで部分的にみるのではなく，人間存在およびそれを取り巻く環境そのものをまるごと捉えるアプローチが採られることが多く，それは，「包括的アプローチ (holistic approach)」と呼ばれる。

　こうした潮流のなかで，現在の開発学では，主要な関心は，狭い

1　Leach, M. et al. 2010. *Dynamic Sustainabilities : Technology, Environment, Social Justice*. Earthscan.

意味での農業や経済からより広い意味での生計に移行しており，「持続可能な生計アプローチ（sustainable livelihood approach）」が提唱されるようになった[2]。それは，農村では，経済がすべてではなく自らの生存の持続性を維持するための多様な戦略がとられており，またその一方で，農業だけではなく，多様な経済活動が行われているからでもある。つまり，地域に生きる人間を，部分に分けて捉えるのではなく，それを取り巻く環境のネットワークを含めて，広い視野からまるごと捉えようとしてきたのが，地域研究による貧困削減へのアプローチであるといってよい。

文化は開発の阻害要因か？

　貧困削減と文化の関係についても触れておく必要がある。僻地住民がいつまでも貧困から抜け出せない原因が，村人の「怠惰な文化」や「保守的な文化」にあるという見解は，国連職員からも途上国の官僚からも耳にするいわば常套句である。この見解に立てば，貧困削減に最も有効なのは，こうした僻地住民を「啓発」して住民の意識を変革することだとされる。

　しかしながら，暮らしてみれば容易にわかるが，極度の貧困の現状は，先進国で「人並み」の暮らしを営む人間の想像を絶している。働けばよいといわれても収入源がなく，栄養改善をしろといわれても食料がなく，健康に留意せよといわれても医者がおらず，教育を受ければよいといわれても教師がいない。つまり，彼らは国家から周縁化され，取り残されてきた犠牲者なのである。それらの公共サービスを提供してこなかった怠慢はすべて棚に上げて，住民の文化にすべて責任転嫁したうえで，それを「啓発」によって意識改革

2　スクーンズ，イアン 2018『持続可能な暮らしと農村開発―アプローチの展開と新たな挑戦』ICAS 日本語シリーズ監修チーム監修，西川芳昭・西川小百合訳，明石書店．(Scoones, Ian 2015. *Sustainable Livelihoods and Rural Development*. Fernwood Pub.)

しようとする開発計画に，はたして意義があるだろうか？　このように貧困の原因を犠牲者側に転嫁する考え方は「犠牲者非難（blaming the victims)」と呼ばれる。

　筆者は，「怠惰」で「保守的」といわれてきたケニアの遊牧民サンブルの社会で過去30年以上にわたってフィールドワークを行ってきたが，極度の貧困状態にあった彼らは，市場経済を，学校教育を，情報技術革新を，熱狂的に受け入れてきた。家畜定期市が開設されれば出荷頭数は5倍に伸び，学校の近くに集落を遊動させて児童が通学しやすいように配慮し，携帯電話の文字盤の印刷が剥げ落ちても使い続けている。これが彼らの「伝統文化」の実情である。文化を開発の阻害要因と決めつけて村人の「啓発」に取り組む前に，まず変革しなければならないのは，途上国や先住民の文化に対するわたしたちの側の先入観や偏見である。

3　地域社会をいかに捉えるか
——地域をみる視点とわたしたちをみる視点

地域社会の捉え方

　国際協力が地域研究から学べることのうち最も基本的なことは，地域社会の捉え方であろう。まず，途上国の社会において，国際協力の対象やステイクホルダーとして地域を措定することは実は容易ではない。たとえば，「核家族」のような人類に普遍的と思われてきた社会集団ですら例外が存在する。たとえば，南インドのナヤール・カーストやイスラエルのキブツ（農業共同体）においては，子どもの養育は両親の核家族とは別の集団によって行われていた。国家や民族集団や居住地によって対象を区分しようとしても，必ずそこには複数の集団の重なり合いや境界事例が存在するため，人間集団を何らかの基準で囲い込むことは常に不自然な操作を伴わざるを得ない。民族のような伝統的な性質をもつと思われてきた集団も，それらが近代化の過程で形成されたものに過ぎないことが明らかにさ

れてきた。例えば，ケニアの「カレンジン」という民族カテゴリー
は，20世紀中頃に創り上げられたものに過ぎない。現在の地域研
究は，基本的に社会集団を流動的なグラデーションとしてみており，
あらかじめ明確な境界をもった集団としては捉えていない。

　確かに，地域研究においては，「村」や「コミュニティ」のよう
な小集団が研究単位として設定されやすい傾向がある。地域の事例
研究として特定の小集団を出発点とすること自体は間違ってはいな
い。ただし，村を閉じた体系としてみることは，地域研究では批判
されてきた。どのような村であっても，既に国民国家や市場経済に
包摂されており，気候変動や国際情勢などグローバルな要因にも影
響されている。先に述べた犠牲者非難は，外部をみない視野狭窄に
よって起こる。地域とは，地球規模の外部ネットワークと地域の内
部ネットワークとが複雑に絡み合いながら形成された一つの小宇宙
であり，そこには，たとえばジェンダーからエスニシティに至るま
での無限の差異とさまざまな葛藤がひしめいている。それゆえ，地
域は異文化理解や多文化主義の単純な処方箋が通用する場所として，
あらかじめ囲い込むことはできないのである。

オリエンタリズム批判と国際開発批判

　さて，地域社会をこのようにして捉えたとして，その次に考えな
ければならないのはどのような課題だろうか。それは，地域の側で
はなく，地域をみるわたしたちの社会の側の問題である。1960年
代にフーコーは，わたしたちが今や当たり前にもつ近代社会の通念
や常識を，それが形成されてきた系譜に遡って，「言説（discourse）」
として分析したが，それは地域研究にも開発学にも影響を与えた。
オリエントとは元々東洋を意味する言葉であり，サイードによれば，
オリエンタリズムとは，「オリエントを支配し再構成し威圧するた
めの西洋の様式」のことである[3]。ここで重要な点は，非西洋社会
の人間は自分で自分を代表することができず，誰かに代表してもら

わねばならない立場に追いやられるということである。サイードは「地域研究」をこのようなオリエンタリズムの系譜に位置付けており、地域研究はオリエンタリズムに代わる「不体裁な新造語」だと述べている。

さらに、こうした言説批判は、国際協力や国際開発にも向けられた。ともにフーコーの影響を受けながら、ファーガソンは「途上国」が、エスコバルは「第三世界」が、いかに言説として発明されてきたのかをそれぞれ明らかにした。1975年以降のレソトにおける世界銀行の開発プロジェクトを扱ったファーガソンは、結果的に、その多くが失敗に終わり目的は達成されなかったと述べている。彼は、開発プロジェクトは、貧困問題の解決を技術的な問題に矮小化し、それによって問題を脱政治化する一方で、結果的には官僚的な国家権力の僻地への拡大という政治的な効果をもたらしたことを明らかにした[4]。エスコバルもまた、エクアドルにおいて、1949年以降に世界銀行が介入してからの貧困削減・農村開発・栄養改善・ジェンダー・持続可能な開発等の開発プロジェクトを分析しながら、開発言説がいかにして官僚組織の浸透とともに、外部から一方的に開発をめぐる現実を今日の在り方に構成してきたのかを分析した[5]。

透明人間を超えて

さて、それではこうした批判を、地域研究や国際協力はどのように受けとめればよいのだろうか。まず、わたしたちは、途上国を扱

---

3 サイード，エドワード W. 1993『オリエンタリズム 上』今沢紀子訳，平凡社，(Said, Edward W. 1978. *Orientalism.* Georges Borchardt.) 21 頁.
4 ファーガソン，ジェームズ 2020『反政治機械―レソトにおける「開発」・脱政治化・官僚支配』石原美奈子ほか訳，水声社，(Ferguson, James 1990. *The Anti-Politics Machine : Development, Depoliticization, and Bureaucratic Power in Lesotho.* Cambridge University Press.)
5 エスコバル，アルトゥーロ 2022『開発との遭遇―第三世界の発明と解体』北野収訳，新評論．(Escobar, Arturo 2012 [1995]. *Encountering Development : The Making and Unmaking of the Third World.* Princeton University Press.)

72　1　国際協力を考える

う際に，無意識のうちに自らを優位な位置に置き，相手側のことを，問題を抱えた弱者と一方的に決めつけ，わたしたちの近代的な通念を押しつけてはいないだろうか？　本当は外部からもちこまれる知識や技術よりも地域のそれらの方が，むしろ彼らの生活には有意義であったかもしれないにもかかわらずである。スコットは，世界各地のトップダウン型の近代至上主義的開発計画の多くが，各地域に存在していた複雑な脈絡の意義を顧みず，単純化・画一化によって進められてきたことを指摘し，その結果いかに失敗してきたのかを分析している[6]。上記の諸研究が問題にするのは，わたしたちの無意識に染みこんだ前提であるが，その前提は西洋近代という――人類史からみれば――きわめて特殊な場所と時代において創られたものに過ぎない。

　また，上記の諸研究は，わたしたちは―研究者であれ実務家であれ―透明人間として振る舞い，すべてを一般論として片付けていくことなど，もはやできないことを示唆している。わたしたちは，自らの政治性や特殊性は棚に上げて，技術的問題や一般的問題にすり替えることで，透明人間のように振る舞おうとしてはいないだろうか？　わたしたちは，どのような立ち位置（positionality）から発言や実践を行っているのだろうか？　わたしたちは，途上国の人々が声を発する機会を封じてはいないだろうか？　そして，誰のための，何のための，地域研究であり国際協力なのだろうか？　これらは地域研究と国際協力の現場において，常に問い続けられねばならない重要な問いである。

6　Scott, James C. 1998. *Seeing Like a State : How Certain Schemes to Improve the Human Condition Have Failed.* Yale University Press.

4　地球環境をいかに捉えるか
　　──ナラティブを超えて

グローブとスフィア

　最後に地域研究の立場から地球環境の問題を考えてみよう。持続
可能な開発と地球環境の保護・保全は SDGs の主眼でもあり，今
日の国際開発や国際協力においてもきわめて重要な位置を占めてい
る。ここでインゴルドが示しているグローブとスフィアという考え
方が参考になる[7]。グローブ（globe）は，宇宙船に乗って地球の外
から地球を眺めるような地球環境に対する見方を指す。通常，自然
科学的な知見に基づいて地球を理解する際の地球は──気候変動で
あれ生物多様性の保護であれ──ほぼこのような客観的な観点に
立っている。それに対して，スフィア（sphere）は，地球上のある
地点に生きる人間がそのうえに立ち，そしてそこで生きる場所とし
ての地球環境を意味する。スフィアは特定の地域に生きる人間から
みた地球環境であり，そこでは地球環境はそこで暮らす人間の日々
の暮らしと不可分に結びついている。

　地球環境の保護のために上記のグローブの立場に立った多くの国
際協力や国際開発の取り組みが途上国で実施されてきたが，地域研
究において問題になってきたのは，それが途上国で暮らす地域住民
や先住民の生活，つまり上記のスフィアと葛藤を引き起こす場合で
ある。地球環境の保護のためには，住民は居住地から退出したり，
今の生業をやめたりするしかないのだろうか？　しかしながら，地
球環境の保護問題の多くは，地域住民や先住民に，彼らの「無知」
ゆえの環境破壊的な行動をやめさせることによって解決が可能な問
題ではない。たとえば，アフリカの遊牧民マーサイやサンブルは，

7　Ingold, Tim 2000. *The Perception of the Environment : Essays on Livelihood, Dwelling and Skill.* Routledge : 209-218.

しばしば過放牧や薪炭材の採取によって乾燥地や森林の植物資源を枯渇させていると非難され，なかには，居住地からの強制的な立ち退きを余儀なくされた人々もいる。しかし，彼らの居住地における環境破壊の原因の多くは，野生動物鑑賞用の自然保護区が設けられて，住民がそこから閉め出された結果，もっと狭い放牧地での放牧を余儀なくされたことや，政府の政策によって放牧地が細分化され，分散している牧草資源を臨機応変に利用できなくなったことや，外部の業者が無断で入り込んで高値で輸出できる木材を過剰伐採したことによる。ここでも「犠牲者非難」が行われている。

ナラティブの問題

　実情はわたしたちの思い込みとは逆で，世界各地の先住民の日々の営みによって，森林や草原の生態環境や生物多様性が保全されてきたことが明らかになっており，それは近年「生命の領土 (territories of life)」と呼ばれている。フェアヘッドとリーチは，サバンナと森林がモザイク状に組み合わさったギニアの景観は，西洋の植民者が考えていたように，もともとの熱帯林が住民の人為的活動によって破壊されてサバンナになったのではなく，むしろ，地域住民の人為的活動によってサバンナが森林になった結果形成されたものであることを明らかにしている[8]。

　このように途上国の人間と環境の相互作用についての無理解が起こるのは，あまりにも途上国の実情についての情報が乏しすぎるために，わたしたちが環境問題を考える際に，「先住民＝環境破壊」といった筋書に沿って頭のなかで問題を処理してしまうからである。開発学では，こうした筋書を「ナラティブ (narrative)」と呼ぶが[9]，

8　Fairhead, J. & M. Leach 1996. *Misreading the African Landscape : Society and Ecology in a Forest-savanna Mosaic*, Cambridge University Press.
9　Roe, Emery 1994. *Narrative Policy Analysis : Theory and Practice*. Duke University Press.

図4-1　ケニアの遊牧民にインタビューする大学生

わたしたちは，環境問題を考える際には，目の前にある現実よりも，既存のナラティブに従って問題を構成してしまいがちである。この背景には，「声なき人々」への無意識の暴力の問題がある。つまり，環境の問題も権力の問題と不可分である。こうした環境と政治権力や政治制度の関係を研究してきたのは「政治生態学 (political ecology)」と呼ばれる領域であり，近年の地域研究においても重要な位置を占めている。

エスノグラフィとフィールドワークの意義

　それでは，わたしたちは，どのようにすれば，こうした既存のナラティブを脱却して，途上国の地域社会をもっと現状に即して捉えることができるのだろうか。地域研究では，エスノグラフィやフィールドワークと呼ばれる手法がこのために用いられる。かつては，フィールドワークは「村」で行うことが一般的であったが，現

在では，都市はいうに及ばず，地球上の複数の地点を結んで行われる「複数地点の民族誌 (multi-sited ethnography)」や人間のみならず他の生物種も対象に含めた「複数種の民族誌 (multispecies ethnography)」も試みられている。

　しかしながら，地域研究においてフィールドワークが重視されるのは，現地に行きさえすれば，地域の現状がよりよく理解できるからではない。わたしたちが既存のナラティブから脱却せずに，自分自身が見たいものしか見なかったり，自分の主張に都合のよいデータだけ収集したりしていては，いくら現地に長期滞在しても，現地語を話せるようになったとしても，フィールドワークの本来の意義は果たされない。

　フィールドワークの本来の意義は，現地や地域住民から学ぶことを通じて，わたしたちが従来からもっている常識や偏見を覆したり，現地の人々とともに新しい現実を創り上げていったりすることにある。地域研究が国際協力の補助的な道具ではない理由もここにある。それは途上国住民を単なる研究対象として研究すること (studying of people) ではなく，研究対象となる人々とともに研究すること (studying with people) である[10]。それは，先進国の側の傲慢と思い上がりを脱して，途上国の知見と先進国の知見が入り交じった真の意味での地球規模の科学の在り方を，新しい関係性に基づいて創り出していくことでもある。

5　複数の世界のつなぎ直しとしての国際協力と地域研究

多文化主義を超えて

　「地球は一つである」。この考え方はわたしたちの基本認識でもあ

10　Ingold, Tim 2018. *Anthropology : Why It Matters*. Polity.

り，国際協力のスローガンにもなりやすい。また，その一方でわたしたちが途上国と接する際には，地球上の文化は多様でありそれを尊重することが必要だという多文化主義も強調される。しかし，存在論的転回（ontological turn）と呼ばれる近年の社会人類学の動向は，一つの地球と多様な文化という従来の前提を批判しており，地球上の他者をもっと真摯に受けとめることを促している。

　それは，いくら文化の多様性を強調していても，多文化主義においては，地球環境は一つであり普遍的なものであるという前提自体は疑われることがなかったからである。それはわたしたちが自然科学の絶対的正しさを微塵も疑ってこなかったからであるが，その自然科学を創り上げているのも世界の特定の場所で政治やお金に左右されながら生活している一人の人間に過ぎない。その一方で途上国の人々の自然や環境や心身とのつきあい方は真摯に検討されることはなく，迷信や誤謬として片付けられてきた。それらが現に彼らの生を形作っており，それを検討することなく国際協力を進めてよいはずがないにもかかわらずである。しかしながら，西洋近代の自然科学によって独占的に表象される一つの客観的な地球がまず存在し，各地の文化が一つの地球をそれぞれの「色眼鏡」で認識しているとみなしたり，「風変わりな」認識のラベルを貼り付けているとみなしたりすることには，近年疑問が呈されるようになってきた。

　むしろ，多種多様な地球環境と多種多様な社会文化が世界各地で相互作用することによって，複雑で動的な複数の地球環境が各地で成り立っていると考えてみよう。自然は一つであり，それに対する文化の側の認識が多様なのではなく，文化が多様であり，自然も多様であり，両者が織り成す関係性も—自然科学に限られず—また多様なのである。

複数の現代世界をつなぐ国際協力

　このように近年の社会人類学は，世界が単一であるとはみておら

ず，複数の世界から構成される世界の在り方を考えようとしている。本章のタイトルは「現代世界と国際協力」であるが，この「現代世界」は，本来，単数形ではなく複数形である。

　エスコバルは，こうした世界の複数性を，単一の普遍的な宇宙という意味での「ユニバース（universe）」に対置して，「プルーリバース（pluriverse：「多元的宇宙」の意）」と呼んでいる[11]。プルーリバースの考え方に立てば，もはやわたしたちは，西洋近代の主体の側に立って，専門家や透明人間の立場から，途上国の人々や地球環境を事業や研究の対象として扱い，西洋近代風に塗りつぶしていくことを国際協力や国際開発の主眼と考えることはできない。この意味で世界が一つであることを前提とした国際協力の時代は既に終わっている。

　それに代わって国際協力と地域研究にできることとは，取り残されてきた途上国の人々や地球環境と粘り強く対話することで，地域の複雑で多様な脈絡を真摯に受けとめ，それをもとにして，分断が進み，いびつにつながった複数の世界を少しずつつなぎ直していくことである。このようなアプローチを筆者たちは「関係／脈絡論アプローチ（relational and contextual approach）」と呼んでいる[12]。それはまた，途上国だけを一方的に変えることではなく，フィールドワークでの学びを通じてわたしたちの側を変えることでもあり，さらには，先進国と途上国の関係の在り方を水平的に変革していくことでもある。世界は一つではなく複数あるが，分断を乗り越えてそれらをつなぎ直すことは十分可能だ。国際協力と地域研究の協働によって展望される新しい国際協力の在り方は，そのような「複数の世界のつなぎ直し」によって切り拓かれていくことだろう。

11　Escobar, Arturo 2018. *Designs for the Pluriverse : Radical Interdependence, Autonomy, and the Making of Worlds*. Duke University Press.
12　Konaka, Shinya et al. eds. 2023. *Reconsidering Resilience in African Pastoralism : Towards a Relational and Contextual Approach*. Trans Pacific Press.

さらに深く学ぶために

リオール・ノラン 著／関根久雄・玉置泰明・鈴木紀・角田宇子 訳『開
発人類学－基本と実践』古今書院，2007 年（Nolan, Riall W. 2001.
Development Anthropology. Routledge.）
開発プロジェクトをどのように構想して評価するのかについて書かれた
教科書。

大村敬一・湖中真哉 編『「人新世」時代の文化人類学』NHK 出版，2020
年
人新世や SDGs を切り口として，近年の文化人類学の動向をまとめた教
科書。

Part 2
国際協力の
分野と組織

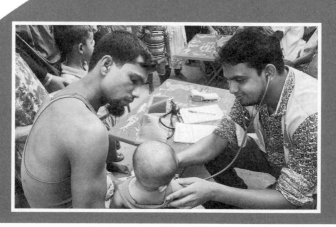

バングラデシュ：幼児に医療を届ける　（撮影：桑名恵）

世界には実に多様な問題が存在する。それらは複雑に絡み合っているが，国際協力では問題群をいくつかの分野あるいは領域に整理して「課題」として捉え，課題解決を目指す。多岐にわたる分野のうち，Part 2 では保健医療・ジェンダーと開発・食料危機・紛争と災害・貧困問題について掘り下げる。各章とも，それぞれの分野について概説したのち，実務経験のある執筆者たちが現場で取り組んできた実践例を紹介する。それぞれの分野特有の枠組みやアプローチとともに，組織・アクターがどう動いたかを意識して読み進め，国際協力というものを立体的に理解してほしい。

　第 5 章では，保健医療分野の世界的な潮流の変遷を振り返る。近年，目標設定の在り方の変化，新たな支援組織の出現などにより，援助の枠組みの見取り図は変化した。JICA と国立国際医療研究センター（NCGM）の連携による，保健医療分野でも 2 つの異なるアプローチの案件を取り上げる。

　第 6 章は，ジェンダーと開発の分野である。ジェンダーの視点はすべての開発や人道支援に必要なものであるが，本章では，国連開発計画（UNDP）が，ジェンダー平等と女性のエンパワーメントに真正面から取り組んだ例，さらに，紛争下で特に脅威にさらされる女性・女児の姿を描いている。

　第 7 章は，人口増加・パンデミック・気候変動・紛争に伴って増大する食料危機と，この課題に立ち向かう中心的組織である国連世界食糧計画（WFP）について詳述する。WFP の活動は，緊急支援のみならず，学校を通じた活動，将来的な食料支援を防ぐ活動など幅広い。

　第 8 章では，紛争と災害に対応する人道支援と，NGO による支援の特徴をまとめている。日本の NGO であるピースウィンズ・ジャパンのスタッフが，現場で格闘する様子が本章から読み取れるだろう。

　第 9 章では，国際協力における根源的な課題である貧困問題を検討する。貧困とは何か，どのようなアプローチがあるのか，日本のNGO と現地の NGO が連携して行った農家の貧困削減事業を振り返りながら考える。

Part 2 を通して，グローバル社会が直面している課題の大きさを感じていただきたい。そして，そもそも豊かさとは何か，貧困や人道危機はなぜ起きるのか，注目を集める人道危機と忘れられる地域があるのはなぜなのか，など想像力を膨らませて考えてほしい。

（杉田）

第5章　国際保健医療協力の世界
　　——NCGM と JICA の連携

明石秀親

　本章では，筆者が国立国際医療研究センター（NCGM）[1]で，30 年ほど国際保健医療協力に実際に関わってきた経験から保健医療分野の国際協力について述べてみたい。

1　保健医療協力に関する世界の潮流

　保健医療分野における国際協力のあり方は，この 30 年の間に大きく変わってきていると感じる。以下，その世界的な潮流の変遷と今後についていくつかの視点で述べてみたい。

「保健課題と目標設定」の変遷

　まず，保健課題とその目標設定の仕方についてである。それまでは，どちらかといえば大病院中心の建物や機材の供与，緊急援助，あるいはある特定疾患に絞った援助といったものが中心であったといえるかもしれない。しかしプライマリーヘルスケア（PHC）という概念が 1978 年のアルマ・アタ宣言で打ち出されたことは重要な転換点であった。アルマ・アタ宣言のなかで，「プライマリヘルスケアは，実用的で，科学的に有効でかつ社会的に受容できる方法や技術に基づいた必要不可欠な保健医療ケアです。自立と自決の精神

1　国立国際医療研究センターは，2025 年に国立感染症研究所と統合し，国立健康危機管理研究機構が設立される予定。

に則り，その発展の度合いに応じ地域社会や国が負担できる費用の範囲内で，地域内の個人や家族があまねく享受できるよう，十分な住民参加のもとで実施されるものです」（日本 WHO 協会訳）と規定されている。PHC では末端の小さな医療施設でも使える，下痢症に対する経口補水療法[2]（Oral Rehydration Therapy：ORT），呼吸器感染症などに対する安価な抗生剤による治療，ワクチンで予防可能な感染症に対する予防接種，母子の死亡率が高いことから「子どもを産む間隔を空けましょう（Birth Spacing[3]）」といった取り組みなどが要素に含まれている。

　また母子保健分野では，当初は伝統的産婆への産科研修，続いて正式な教育を受けた助産師への研修，緊急産科ケア[4]などが取り組まれてきた。さらに医療提供だけではなく，住民が自分たちの健康改善や生活改善に自ら取り組むヘルスプロモーションなどさまざまな取り組みが世界的に行われている。日本ならではの協力としては，従来，子どもについては予防接種歴などを記録する小児カードを国連児童基金（UNICEF）が，また母親カードを国連人口基金（UNFPA）がそれぞれ支援していたが，日本は，日本で使われている包括的なツールである母子健康手帳の導入支援を行ってきたほか，病院も含めて医療の質改善の取り組みなども行ってきた。

　さらに，感染症のなかでも死亡が多い，結核，マラリア，AIDS などに焦点をおき，たとえば結核であれば DOTS（直接服薬確認療法）[5]や，マラリアに対する蚊帳（殺虫剤を吸収させたものを推奨）の利用や予防・治療薬の投与，AIDS に対するコンドーム利用や治療薬の導入といった取り組みも行われてきた。もちろん，特定の感染症

2　食塩とブドウ糖，ミネラルを配合した経口補水液（ORS）を安全な水に混ぜて飲むことで，危険な脱水症状に対し簡単に水分補給を行う治療法。
3　ときに，家族計画 Family Planning という言い方をすることがある。
4　Emergency Obstetric Care：母子の死亡を減らすため緊急時に必要とされるケア。産科医，麻酔科医，看護師などの研修や機材整備を含む。
5　毎回，医療従事者等の目の前で抗結核薬を服薬して治癒まで経過観察する治療法。

疾患を地球上から消し去って後顧の憂を除こうとするアプローチも健在で，実際，天然痘根絶は成功し，その後，同様に小児麻痺（ポリオ）や麻疹などその他の感染症に力点を移している。

　一方，今度はそれらの影に隠れて忘れられがちとなった風土病，たとえばフィラリア（線虫）症や住血吸虫症などの「顧みられない熱帯病（Neglected Tropical Diseases）」，あるいは人間と動物の健康問題をあわせて扱うOne Health（人畜共通感染症や抗生剤の耐性菌問題なども含む）など，その時々のニーズに合わせて，世界的な健康課題の設定やそれに対応するさまざまなイニシアティブが作られてきた。

　2000年にさらに大きな枠組みができた。ミレニアム開発目標（Millennium Development Goals：MDGs）という目標設定である。このなかの2000〜2015年の15年間で達成すべき8つの目標(Goals)のうち3つが保健医療に関連するものであった。2015年にはMDGs後の15年間（2015〜2030年）で達成すべきものとしてSDGsの17の目標が設定され，その一つが保健医療に関するものである。目標は相互に関連した構造になっている。さらに最近では，気候変動に起因すると思われる自然災害や健康問題なども増えるなか，プラネタリーヘルスという考え方が提唱されている。米国の著名な医学雑誌や大学などが参加するプラネタリー・ヘルス・アライアンスは，プラネタリーヘルスについて「地球の自然システムに対する人間の干渉が，人間の健康や地球上のすべての生命に与える影響を分析し，対処することに焦点を当てた解決志向の学際的分野であり社会運動である」と定義している[6]。

6　Health and Global Policy Institute.「地球の健康（Planetary Health）推進プロジェクト『プラネタリーヘルス〜持続可能な地球環境を確立するために〜』アドバイザリーボード会合」
　https://hgpi.org/events/ph-abm-2022.html

「援助する側の枠組み」の変遷

　一方，援助する側の枠組みも変わっている。すなわち，これまで
は国連機関などの多国間援助か二国間援助（たとえば，日本政府がどこ
かの国に対して行う援助），あるいはNGOを通して，という枠組みが
一般的であった。もちろん，たとえばPHCの構想にあたっては，
世界保健機関（WHO）やUNICEFなどの国際機関のほか，NGOな
どもパートナーシップを組んで積極的に関わったわけであるが，
WHOは保健医療，UNICEFは子ども（の健康と教育），UNFPAは女
性と家族計画を含む人口問題といったように，そもそもの設立の経
緯もあり，分野ごとに特定の援助機関が主として所掌し，それぞれ
目標を立てて進捗をモニターするというような構造が多かった。

　そのなかで2000年頃を境に，世界銀行のような銀行系の国際機
関が保健医療援助に入ってきたほか，グローバルファンド（Global
Fund：GF）やGAVI（Global Alliance for Vaccines and Immunisation）
といった多組織の新たな協力枠組みができた。これらは従来の国際
機関や二国間援助のみならず，ビル・ゲイツと妻メリンダが創設し
たBill & Melinda Gates Foundationに代表されるような私的な財
団系の団体も参加している[7]。

　さらに私企業の立ち位置も変わっている。従来，私企業は政府開
発援助（ODA）の事業実施のための応札団体という位置付け[8]が主で
あった。しかしながら，企業の社会的責任（CSR）の一環としての
みならず，社会的課題の解決をミッションと位置付ける社会的企業
や，社会の大多数を占める低所得者層（Base of Pyramid：BOP）をビ
ジネスの対象と捉え，同時にその人たちの生活改善などにつなげよ

7　たとえばGFであれば，前述の結核とマラリアとHIV/AIDSの3つの感染症に対する支援枠
　組み，また，GAVIであればワクチン予防可能疾患への取り組みに関する枠組み，というよう
　に，目的を明確にしてさまざまな機関が出資し，その資金管理の仕組みや目標達成の評価方法
　なども導入するという援助の流れがみられるようになった。
8　たとえば，ODAで当該国に病院を建設することが決まったら，その建築業者として応札す
　るなど。

うとする BOP ビジネスのように，企業活動として"援助"に積極的に関わる姿勢も現れた。一方，国や援助機関も，私企業の活力やノウハウ，自主性を活用するという姿勢がみられるようになったといえよう[9]。

技術や資機材の変遷

　前述のように大きな援助の枠組みや課題などが変化するなかで，使われる技術や資機材も変わってきている。前述の ORT や殺虫剤を織り込んだ蚊帳の開発などのほか，たとえば，保健医療に直接関連する新たなワクチンや新薬，あるいはプランピーナッツなどの栄養補助食品の開発などもある。また，ワクチン接種一つをとってみても，コールドチェーンと呼ばれる中央から末端までワクチンを適切な温度でかつ安全に保管・輸送するシステムを支えるための，電気が切れてもある程度の期間保冷可能な冷蔵庫や太陽電池を使った冷蔵庫，あるいは注射器の再使用[10]を防ぐための注射器の開発・導入など，これまでにも多くの周辺技術の開発が行われてきた。また最近では，スマートフォンを画像表示デバイスとして使う超音波検査などの各種検査装置の小型化・簡便化，血液などの臨床検査を被験者の傍らの検体採取場所で簡単に行える簡易迅速検査（Point of Care and Testing：POCT）の開発など，いくつもの資機材の開発が行われている。

　一方，直接の保健医療関連機材ではなく一般機器の開発でも，世界的な潮流がみられる。たとえば今では当たり前であるが小型コンピュータの普及，衛星通信やインターネットの広がり，さらには携帯電話やスマートフォンの導入は，遠隔地との瞬時のコミュニケー

9　なお，私企業の動きや災害などへの緊急援助や難民などに関する枠組などについては，それぞれ別章で扱う。
10　同じ注射器を使って複数の人に接種を行うもの。麻薬の注射に使われたり，あるいは血液を介した感染症の蔓延の原因となったりする。

ションやそれらを使ったさまざまなサービス提供を可能にした。す
なわち，衛星測位システム GPS による位置確認，遠隔での問診，
迅速なデータのやり取り，検査結果の専門医による読影や診断，末
端の医療従事者に対する遠隔での研修や診療支援，電子決済などで
ある。これに前述の太陽電池などを使えば，電気の供給もモバイル
でできることになる。資金調達も，国といった枠組みや国際的なア
ライアンスといった大掛かりな仕組みがなくても，クラウドファン
ディングなどにより個人同士がつながることで可能な時代になった。
つまりは，移動，情報伝達とその共有，電気の供給，資金調達など
に，必ずしも大規模なシステムが必要ではなくなってきた，という
ことである。このような技術革新は，人工知能 AI や仮想現実 VR，
拡張現実 AR，ドローンやロボットの導入などにより，今後も進ん
でいくことが予想される。

2　途上国を中心とする疾病構造と保健医療システム

　2019 年の WHO 統計によれば，世界全体では，10 位までの死因
で，死亡者の 55% を占める。第 1 位から順に，①虚血性心疾患，
②脳血管障害，③慢性閉塞性肺疾患，④下気道感染症，⑤新生児疾
患，⑥呼吸器系癌，⑦認知症，⑧下痢性疾患，⑨糖尿病，⑩腎疾患
で，このうち，④と⑧は感染症に，⑤は母子分野に属する。それ以
外は，一般的に先進諸国に多いといわれる非感染性疾患（NCDs）の
範疇になる[11]。
　途上国といわれる国々では，やや異なる構造になっている。たと
えば，World Health Statistics 2022[12]によれば，世界的にみると死

11　日本 WHO 協会「死亡原因のトップ 10（2020 年 12 月 9 日）」https://japan-who.or.jp/
factsheets/factsheets_type/the-top-10-causes-of-death-2/
12　https://www.who.int/data/gho/publications/world-health-statistics

因に占める「感染症（感染症および寄生虫症，母体，周産期および栄養状態）：非感染性疾患：怪我」の割合は，2000 年で 30.7：60.8：8.5 だったのが，2019 年には 18.4：73.6：8 と，感染症の割合は低下した。一方，低所得国 LICs（Low Income Countries）での割合は，非感染性疾患が増えているのも確かであるが，2000 年に 65.4：26.6：8，2019 年でも 46.8：42.2：11 と，感染症の割合が相変わらず高いことがわかる。さらに，妊産婦死亡率・5 歳未満死亡率・新生児死亡率をみると，途上国の多いアフリカでは相変わらず母子関連の死亡率が高いことがわかる。

　一般的に保健医療システムは，だいたい，国―県（もしくは州）―市や郡―町村のレベルで構成されている[13]。医療施設は，首都にある国立の基幹病院（総合病院のことも専門病院のこともある）―県病院（州病院）―市立病院―郡病院―末端には保健センター，保健ポストなどが開設されているという構造の国が多い。それぞれの医療施設がどれほどの資機材や人員を擁しているかは国による。

　このような状況下で保健医療サービスはどのように提供されているかというと，バーティカル・プログラムといって，マラリアでも下痢症でも Birth Spacing でも，分野ごと，疾患ごとにドナー（援助機関）がついて中央から末端にまで縦に，物品も研修も情報も流れるという援助のアプローチが多い。この方式は，職員の研修や薬剤などの供給，モニタリングなどを行いやすく援助側も効果を確かめやすいという利点がある反面，いくつものプログラムが同時並行で動くため，末端の保健センターや保健ポストの保健医療職員が一人のみということも多く，同一の医師や看護師が複数のプログラムのそれぞれ異なる役割を兼務する結果，たとえば，プログラムごとに実施される研修会などへの参加のため職場を空けてサービス提供

13　いくつかの県（州）を統括する形で地域（リージョン）が設定されている国もあれば，市町村と同レベルかそれより小さな地域として保健管区のようなものを設定している国もある。

が疎かになったり，一人の職員が膨大な数のフォームのそれぞれに（ときには似たような）データを記入して上部に報告しなければならなかったり（報告を提出しなければ予算が切られてしまう，という不安もある）など弊害も多かった。また中間の県（州）や市町村などの担当職員もプログラムごとの担当者（リエゾン）に過ぎず，本来的な意味でその地方自治体の保健行政を行っているわけではない。このような弊害もあり，バーティカル・プログラムの方法，つまり，一つのプログラムをタテ割に強化する（多くの場合，どこかの援助機関に任せる形になる）のではなく，地域保健行政能力を統合的に強化しよう（ホリゾンタル・アプローチ）という，保健システム強化の取り組みも行われた。

3　日本による国際保健医療協力

日本の援助動向

　外務省によれば，日本の ODA 予算は，2022 年の統計では対 GNI 比 0.39％で，経済開発協力機構開発援助委員会（OECD・DAC）の平均 0.36％とほぼ同程度であり，DAC メンバー中で第 15 位である。しかし外務省は，「保健が『人間の安全保障（Human Security)』の実現にとって極めて重要な分野である」と位置付けている[14]。従来型の日本の保健医療分野の援助は，外務省の政策実施のための運営機関である JICA が主に全体枠組みを動かす組織として動く一方，厚生労働省管轄下の国立国際医療研究センター（NCGM）などが実際のプロジェクトに専門家を派遣することが多かった。しかしながら，日本国内でもコンサルタントや NGO など民間セクター等の力がついて，これらの組織が JICA から直接プロ

14　外務省「保健・医療 分野をめぐる国際潮流」https://www.mofa.go.jp/mofaj/gaiko/oda/bunya/health/index.html

ジェクトを受託するという構造も増えた。

　それでは，保健医療分野の援助は何のためにするのだろうか。これまで保健医療プロジェクトは，たとえば，途上国の健康状態が悪い人たちを助けたい，あるいは災害で被災した人たちを助けたいといった「人道」支援といった目的が多かったと思う。もっと大袈裟にいえば「世界の健康格差の解消に向けて」といえるかもしれない。これに 2000 年代になって加わったのは「外交」という要素だ。たとえば 1998 年の G 8 サミット（バーミンガム）で発表した「橋本イニシアティブ」で寄生虫疾患の対策の必要性を説き，2000 年 7 月の九州・沖縄サミットで「沖縄感染症対策イニシアティブ」を発表したことがきっかけになって GF ができたといわれている[15]。さらには，1961 年にいち早く国民皆保険を達成した経験を強みとして，2000 年代以降，世界に Universal Health Coverage（UHC[16]）の推進を訴えかけている。外務省は「『持続可能な開発のための 2030 年アジェンダ（SDGs）』に基づき，2013 年には『国際保健外交戦略』，2015 年には『平和と健康のための基本方針』を策定し，これらを相互補完的に用いながら，国際保健を外交の柱の一つとしてきた」[17]と述べている。

　これがさらに変わってきたのは，安倍晋三首相（当時）の提唱した「アベノミクス」以降と考えてよかろう。すなわち，国際保健医療の分野に「経済」という 3 つ目の要素が付加された。つまり，アベノミクスの「成長の鍵を握る重要テーマ」の一つとして「新たな市場の創出」の一つに「医療」が取り上げられたという点である。

　このような政治的な動きは，たとえば ODA の公的な運営機関で

15　外務省「沖縄感染症対策イニシアティブ（IDI）の背景―世界の感染症は今」https://www.mofa.go.jp/mofaj/gaiko/oda/shiryo/hyouka/kunibetu/gai/idi/jk03_01_0103.html
16　「すべての人が，適切な健康増進，予防，治療，機能回復に関するサービスを，支払い可能な費用で受けられる」ことをいう。（国際協力機構「ユニバーサル・ヘルス・カバレッジ（UHC）」https://www.jica.go.jp/about/organization/sdgs/UHC.html）
17　前掲，外務省「保健・医療 分野をめぐる国際潮流」

あるJICAの事業の方向性にも影響を及ぼした。これまで民間セクターとは一線を画してきた独立行政法人であるJICAが民間セクターとの連携に関する部署を設け，連携の枠組みを準備した。これによって民間連携事業も政府開発援助（ODA）の一つの形態であると位置付けられた。

　一方，JICAとは別に厚生労働省も，独自に相手国保健省と協力協定を直接結ぶ機会が増えた。しかし，当該途上国に支援する案件や予算が外務省―JICAの審査待ちということになることから，独自のスキームを作る必要が生じた。それが「医療技術等国際展開推進事業」と呼ばれるもので，事務局を国立国際医療研究センター内の国際医療協力局に置いて，民間企業や大学，医療機関，学会などが途上国で事業展開を行うための資金提供ができるようにした。これは，厚生労働省の意図を反映させつつも，あくまでも当該途上国の人材育成に資するものであり，結果として日本の関連企業の育成にも寄与するものとなっている[18]。少し遅れて経済産業省も似たような「医療国際展開推進事業」を設けたが，この趣旨は日本の保健医療関連企業の市場の獲得に力点があるようである[19]。

　さらに，もう一つ別に，世界的な「基準作り」に関わる必要性が明確になった。これには，政治的・外交的，そして経済的な意味がある。日本の基準がどれほど精緻でよいものであったとしても，世界標準にならなければ世界に浸透しない。日本基準で何か製品を作っても，それが世界基準に沿うものでなければ世界に売り出すことも簡単にはできないことになる。そのため，保健医療分野でも，積極的に，基準作りの枠組みや会合に参画すべき，ということである。

18　国立国際医療研究センター国際医療協力局「医療技術等国際展開推進事業」https://kyokuhp.ncgm.go.jp/activity/open/index.html
19　経済産業省「医療の国際展開とは」https://www.meti.go.jp/policy/mono_info_service/healthcare/iryou/about/index.html

日本による保健医療プロジェクトの実際（JICA-NCGM 連携の事例）

　JICA の事業は大きく有償のものと無償のものがあり，無償には建物や機材などを供与する無償資金協力と，途上国の人材育成やシステム作りを中心とする技術協力プロジェクトがある。国立国際医療研究センター（NCGM）は案件採択への助言やその実施などいくつかのスキームに関与しているが，事業主体はあくまでも JICA であり，案件実施団体はプロジェクトにその分野の専門家を派遣したり，研修を受け入れたりする，という構造である。以下では，筆者が NCGM で実際に関与した保健医療分野の JICA の技術協力プロジェクトの一部を概観してみよう。

(1)　病院協力：カンボジア

背景と問題意識　本プロジェクトまでは，無償資金協力で病院は建ったものの運営管理や臨床的な技術改善のためのてこ入れが必要となり，病院施設ができてから技術協力が始まるという場合が多かったが，本件では技術協力プロジェクトが始まってから無償資金協力で病院（カンボジア国立母子保健センター）が新築されるという，最初から両方の援助が計画されたことになる。開始時，建物は老朽化し，1970 年代後半のポル・ポト時代に多数の知識人が殺され，そのなかには多くの医師や教師なども含まれていたことから，指導的立場の医師たちの数は極端に少なかった。また同じ理由で基礎教育レベルも低く，臨床教育のレベルも低かったため，臨床のレベルも低かった。

活動内容とその際の注意事項　病院の運営管理や臨床技術の向上などの技術協力のほか，この病院の圧倒的な出産取扱い数[20]を活かして，研修施設として地方の助産師に出産に関する研修を行った。こ

20　プロジェクトを開始してから毎月 600〜700 例ほどの出産数に増加した。

れにより一つの病院だけでなく，全土に被益する技術協力の実践となる。さらに特徴として，一つは病院運営に必要な財政上の枠組みとして，カンボジアで最初の診療費制度を導入したことがある。現在では医療保険を含むUHCという仕組みを考えるところであろうが，UHC導入には国全体の制度設計や公的支出の承認が必要になるので当時は難しかった。しかも公的には無料のはずの診療費が非公式に医療従事者に支払われていたことから，料金を明確にし，その収入の一部を薬剤購入や低給与の職員の給与補填に充て，さらに貧困者の支払い免除制度を合わせて導入することによって，それは診療費徴収に伴う特に貧困者の経済的なバリアーをなくす方策でもあった[21]。もう一つは，カンボジアで初めての看護部の創設である。これにより看護部として医師から独立したマネジメントや判断，活動をできるようになり，看護師，助産師の自信につながった。

　また，技術協力プロジェクトの実施にあたって，「魚そのものを与えるよりも，魚の捕り方を伝える」ということが相手国の自立発展に不可欠である，とよくいわれる。これはある意味正しいが，実はそれだけでは不十分である。たとえば，せっかく内視鏡の技術をカウンターパート（当該施設の一緒に働く職員）に伝えても，個人が習得した技術を他の人たちに伝える機会やルートがない，あるいは技術を習得した途端，自分のクリニックを開業してしまい協力対象としていた施設に技術が残らない，あるいは他の援助機関が引き抜いてしまう，といったことが起こりうる。そうならないためには，技術を組織的に継承し，拡大するためのシステム作りも合わせて行う必要がある。そしてさらに，カウンターパートの意識改革が重要である。

21　Akashi H. et al. 2004. User fees at a public hospital in Cambodia : effects on hospital performance and provider attitude. *Social Science and Medicine.* 58(3) : 553-564.

⑵地域保健強化：ボリビア

背景と問題意識　本プロジェクトは，これまで日本が無償資金協力で日本病院を建設し，病院運営や臨床能力強化を行って技術協力してきたサンタクルス日本病院の力を借りながらも，そこから離れてサンタクルス県保健局をカウンターパートとして地域保健強化を行う技術協力プロジェクトであった。しかし，主たるカウンターパートである県保健局長は，政治任用によるためか，任期が非常に短く，平均して数か月という状況だった。このため，せっかく日本に研修に送っても，本邦研修で学んだ考え方や見聞をプロジェクト現場で実際に活かしてもらうことなく帰国後に別の部署に移ってしまうこともたびたびで，日本の援助が目指そうとしてきた人材育成が効果的にできないことになった。これでどのようにサンタクルス県の地域保健を強化するのか，に頭を悩ますことになった。

活動内容とその際の注意事項　JICA の技術協力プロジェクトは通常 3 つの要素，①専門家派遣，②本邦研修，③関連機材の供与，からなる。日本病院では人員は比較的定着しているのだが，行政組織では前述の如く別部署にすぐに移ってしまうため，実質的に，このままでは日本のプロジェクトの強みである人材育成ができないと危惧した。そして，「協力現場で替わらずにいる人たちは誰だろう」「プロジェクトで育成できるのは誰だろう」と考えて行き着いたのが「住民」だった。そこで住民を巻き込んで「自分たちの健康を守る活動を自分たちで」というヘルスプロモーション活動を始めた。実際には，PRECEDE-PROCEED モデル[22]を使い，地域を選んで住民たちと話し合う機会を設け，こちらの意図を理解してもらうことから始めた。しかし，住民と保健センター職員が，お互い相手に対して不信感をもっていたため，最初はお互いの非難の応酬であった。

22　住民が現状のアセスメント，活動の計画作りから実施，評価，そして次の活動へと自分たちで行うための企画・評価モデルである。

とはいえ，合同の会合を進めるなかで，お互いに「立ち向かうべき敵は誰なのだろうか」と問いかけ，共通の敵，すなわち，母子保健を中心とする村人の健康を脅かしている問題に取り組まなくてはいけないということに彼ら自身が気づいて，わだかまりも徐々に解消していき，一緒に地域の問題解決に向けて動き始めた。住民たちは自分たちでファンドレイジングの方法を考え，必要な薬剤を購入し，それらを保健センターとともに管理していくための方法を編み出した。こうして本来の住民の健康改善への取り組みに進んでいくことができた。

このような事例のほか，当該国の省庁レベル（たとえば，保健医療分野であれば"保健省"）に援助に入る場合もあり，そのためには，支援する側も日本の（あるいは国際的な）政策やその実現のための仕組み，省庁の役割などについて理解しておく必要がある。

4　新たな課題と今後，予想される展開

2002年から2003年にかけて中国に端を発した重症急性呼吸器症候群 SARS の流行や，2014年に西アフリカを中心に蔓延したエボラ出血熱も，なんとか世界的な蔓延は食い止めることができた。だが新型コロナウイルス感染症（COVID-19）の世界的な蔓延は，残念ながら食い止められなかった。中国由来という説が有力だが，そこからヨーロッパ諸国やアメリカ・日本など，すでに UHC を達成したとされている先進国に次々と蔓延してしまった。これらの経験を基に，日本も体制を再構築しつつあるが，世界はどう対処すべきかについては今後の検討課題である。

一方，世界的に平均寿命が伸びて高齢化も進み，非感染性疾患が今後も増えていくことが予想される。また，地球温暖化に伴う気候変動により災害も含めてさまざまな健康問題が起きてきているうえ，ウクライナ戦争も含め，戦争による直接的な意味での人間の死のみ

ならず，環境影響も計り知れないものがあるのではないかと危惧している。

　このような変化の時代に技術革新（イノベーション）は次々に起こってくるだろうし，グローバルヘルスや国際協力における課題もアプローチも変わっていくだろう。もちろん最終的に援助が不要になる世界が理想としても，我々人間が生きている限り，保健医療分野の国際協力のニーズは変わらずにあると思われる。

　そしてさらに強調すべきは，我々がサステナブルであることを目指す意義は，単に，漠然と「地球のために」ではなく，もっと直接的には「我々人類の存続のために」我々が模索すべきであるからであろう。そのためには保健医療分野に限らず様々な分野と協力して我々がやるべきことはたくさんあるのではなかろうか。

さらに深く学ぶために

日本国際保健医療学会 編『実践グローバルヘルス―現場における実践力向上をめざして』杏林書院，2022 年
グローバルヘルスを実践するために必要な基礎知識，実際の具体例などを盛り込んだ，世界の人々の健康問題に携わる研究者，援助関係者，学生向けの教科書的な本。

第6章　開発とジェンダー
——UNDP におけるジェンダーと未来

須崎彰子

人間開発は，ジェンダー問題が解決されない限り危機に瀕する。

(『人間開発報告書 1995』1 頁)

国連開発計画 UNDP は，国連組織のなかで開発を担当する機関として，世界の国々が開発目標である SDGs を達成するために重要な役割を担っている。世界の約 170 か国で貧困を撲滅し，不公平と排除を減らし，レジリエンスを向上することで国々が開発を進め，そして持続できるように努めている。たとえば対象国政府による開発計画の立案とその事業実施に対し，市民を含む幅広いステイクホルダーと連携しながら，だれ一人取り残すことのないよう開発へのさまざまな提案を行う。UNDP にとってジェンダーの平等[1] と女性のエンパワーメントは，ジェンダーに基づく暴力に終止符を打ち，政治の世界で女性のリーダーシップを前進させるなど，あらゆる活動に適用される基本理念となっている。この章では，筆者が UNDP 職員として各国の勤務時に接した例を紹介しながら，開発という未来作りの過程で，ジェンダー平等がどのような役割を果たし，未来のためにどのような一歩を踏み出しているのかを考えてみたい。

1　この章では，ジェンダーの平等とは男女同権を意味し，一人ひとりの人間が性別にかかわらず，平等に責任・権利・機会を分かち合い，あらゆる物事を一緒に決めることができること，ととらえている。

1 女性への暴力撲滅を社会全体で
──南太平洋ソロモン諸島国での協力

女性に対する暴力は構造的な性質も帯びている。つまり，偶発的に暴力を受けているのではなく，従属的集団というアイデンティティゆえに暴力を受けているという側面がある。

（『人間開発報告書 2014』84 頁）

　女性への暴力は男女平等の実現に大きな妨げとなる。2011 年から 2016 年のはじめまで筆者が勤務した南太平洋ソロモン諸島国では，2009 年時点で 15〜49 歳の女性の 64％が，物理的な暴力や性的な暴力を親密なパートナーから受けたことがあった[2]。この高い数値にもかかわらず，ソロモン諸島国では，それまでジェンダーに基づく暴力（Gender-based Violence : GBV）は，飲酒とそれに付随した家庭内あるいは個人的な問題とみなされていた。当時ソロモン諸島国には，GBV 被害女性を対象としたシェルターは，首都に一軒だけだった。教会のシスターたちが運営するこのシェルターに行くには，本道から細いわき道に入っていく必要があるが，その分岐点にシェルターの表示はない。表示を出すと暴力をふるったパートナーが女性を連れ戻しにくるから，書くことはできない，とシスターたちは言う。パートナーから暴力をふるわれ，裸足で家から逃げてきた女性たちは，シェルター滞在の間に，同じく滞在中の女性たちやシスターたちと話し合い今後の生き方を決めるのだという。
　GBV をなくすことを目指し，2015 年に国連女性機関（UN Women）の主導のもと，在ソロモン諸島国の UNDP を含む国連諸機関が共

2　The Secretariat of the Pacific Community 2009. Ministry of Women, Youth and Children's Affairs, Solomon Islands. *Solomon Islands Family Health and Safety Study 2009.* p. 76. https://pacific.unfpa.org/sites/default/files/pub-pdf/SolomonIslandsFamilyHealthandSafetyStudy.pdf（access 2024.1.23）

同プログラムを形成し，女性若者子ども省・保健省・教育省・警察・法務省などの官庁と連携し国連女性に対する暴力撤廃信託基金（UN Women と国連人口基金が出資）の資金協力を得て実施された。この共同プログラムは，それまで国際機関による GBV 撲滅へのキャンペーン，女性への暴力に関する国連特別報告者のソロモン諸島国訪問時の首相や政府高官との会見，ドナーによる GBV 撲滅イベントなど，散発的だった GBV 撲滅活動の，すべての関係者が一つにまとまる機会となった。これにより，GBV がもはや個人レベルの問題ではなく，ソロモン諸島の社会全体で対応し解決していかねばならない問題だと人々が認識し始め，その広がりは現地 NGO や宗教団体に及び，国内の強い関心事となった。

　このように，ソロモン諸島国は GBV のない未来への一歩を踏み出した。一方，GBV 撲滅を達成するには，女性のみならず男性を含む社会全体の意識変容と行動変容が必要で，これらの変容が後戻りせず持続できるものであるよう，時間をかけて見守る必要がある。

2　女性への経済支援と世帯内での協力
──ミャンマーのマイクロファイナンス

　ここではミャンマーにおける村落貧困対策のうち，女性向けマイクロファイナンスについて取り上げてみたい。マイクロファイナンスについては，日本の高校の教科書にも紹介されており，創始者であるバングラデシュのムハマド・ユヌスが 2006 年にノーベル平和賞を受賞したことから，耳にしたことがある方もあるかもしれない。この担保の要らない少額の現金融資システムは，貧困層の人々，特に女性が，経済活動を始めることで所得を得て貧困から抜け出すことを可能にした。この節では，筆者が 2002 年から 2006 年まで，UNDP ミャンマー事務所に勤務した折に接した現地の声を共有したい。

女性の所得増加とエンパワーメントを目指す

　ミャンマーは当時軍政下であったため，UNDP ミャンマー事務所は，村落の貧困削減事業の計画と実施の折には，政府を経由せず直接，対象の村落において活動を行った。対象村落は貧困地帯の農村から選定した。これらの村落のなかでは，それまで現金収入を得る機会がない，あるいは機会が限定されていた貧困世帯の女性を裨益対象者として，一人当たり 20〜30 米ドル相当の現地通貨を担保なしで貸し付け，裨益者の意思で小規模農業，養豚，小売業などを行うことで所得の向上を実現し，女性のエンパワーメント[3]を目指した。

導入時の男性の当惑

　裨益者の合計は 2006 年 3 月には 25 万人，うち女性は 96％だった[4]。事前講習に参加することを，借り入れを申し込んだ者全員に対して，義務付けている[5]。筆者が出張時にこの会合に参加すると，参加する女性たちは週 1 回 1 時間程度の会合なら負担にならないこと，この会合の間は子どもたちを夫や義母に任せることができること，さらには不在の間，夫が自ら台所で茶を沸かすことを覚えたことなどを笑い声とともに話してくれた。さらに，1 時間とはいえ義母と顔を合わせずにすむのでうれしい，という発言には同感の声が上がった。

　一方，妻がマイクロファイナンスの借り手になった夫たちの間では，何を妻が学んでくるのか，生活がどのように変わるのか，と当惑する人もいるという。結果，導入後，借り手世帯では最初の数か

3　ここでは，エンパワーメントとは「自身の人生をコントロールできること」(牧野百恵 2023 『ジェンダー格差』中公新書，43 頁) ととらえている。
4　UNDP Myanmar 2006. *Impact of the UNDP Human Development Initiative in Myanmar, 1994-2006.* p. 77. https://www.loc.gov/item/2012330513/ (access 2024.1.22)
5　布田朝子 2010『ミャンマー農村とマイクロファイナンス』風響社，23 頁.

月間は夫婦間の口論が増えたという。筆者が訪問した村の事前講習では，借り手の女性30人余りが会場であるお寺の本堂の前方に集まり，会合参加者は女性だけと聞いていたのに，本堂の後方には数人の男性の姿もある。聞いてみると，借り手の女性の夫たちだった。会合の最後に夫たちに，あなたの奥さんがマイクロファイナンスに参加することをどう思うか，と質問すると，小口融資には感謝しているが，今日は，妻が定期的に家を空けて出席する会合は，いったい何を行っているのか知りたくて見学にきた，という。スタッフに聞いてみると，他の村でも，借り手の夫たちが，マイクロファイナンスや毎週の講習について知りたがっているという。スタッフたちは，この経験をもとに，マイクロファイナンスを新しい地区に導入する折には，借り手の夫や男性家族への事前説明を行うことで，最初の数か月間の夫婦間の口論を減らし，借り手である女性の活動への理解を深めてもらったという。女性への支援を計画するときには，世帯内や地域の男性にも説明し理解と協力を得ることが必要なことを痛感した。

3　政治の不平等
　　——ソロモン諸島国における女性議員育成

背景
政治における女性の発言力を高めることによって，女性の一般的地位が大きく高まりうる。　　　　　　　（『人間開発報告書2014』83 - 84頁）

　次にソロモン諸島国における，女性国会議員育成プロジェクトについてみてみよう。ソロモン諸島国は人口60万人が300の島に分かれて暮らしている。国内経済は漁業や林業といった第一次産業に依存し，地方の村落は自給自足経済で成り立ち，若者は職を求めて首都へ向かう。国は9つの州から成り立っているが，島々とのアクセスが課題である。首都から州都へのフライトが天候次第で不定期

という州も多い。船による島への移動はさらに時間がかかる。

　定数 50 人のソロモン諸島国国会において 1978 年の独立以来 2014 年の選挙の前まで，女性の国会議員は 2 人しかいない。1997 年選挙の当選者の例と，2012 年に選挙違反で失格した議員の妻が，その補欠選挙に立候補し当選した例だけである。UNDP は，2014 年の国会議員選挙の公正な実施を支援するために選挙管理委員会機能強化プロジェクトを実施し，そのなかに女性議員育成の活動も組み入れた。2014 年の国会議員選挙に向けて行われた有権者登録では，登録した女性有権者が登録有権者全体の 48 ％を占めた一方，447 人の立候補者のうち女性は 26 人，投票率 89.3 ％だった選挙で当選した女性議員は 1 名のみだった[6]。ソロモン諸島国において，女性議員が少ないのはなぜなのか。政治参加におけるジェンダー平等を実現するためにはどうすればよいのだろうか。

女性の政治参加の問題点——男性優位の現地の価値観と関連性はあるのか

　ソロモン諸島国は男性優位の社会であるが，Regional Assistance Mission to Solomon Islands（RAMSI）による選挙 1 年前の 2013 年の調査では，91 ％の男女ソロモン人回答者が，女性はよいリーダーになると答え，89 ％が，国会に女性議員がいるべきと答えている[7]。さらに UN Women のレポートによると，この国の風土や伝統は 2014 年の選挙において投票の際の個人の意思決定に際立った役割は果たしていないため，女性議員が当選しない理由の説明にはならない[8]。さらに 2014 年の選挙で女性候補に投票した有権者のうち 45 ％は，現職の男性議員に不満があり女性の方がよい仕事をする

6　The Commonwealth 2014. Report of the Commonwealth Observer Group, Solomon Islands General Elections. p. 11. https://thecommonwealth.org/news/solomon-islands-general-elections（access 2024.1.19）

7　The Regional Assistance Mission to Solomon Islands（RAMSI）2013. *People's Survey 2013*（*summary*）p. 10. https://www.ramsi.org/resources/（access 2024.1.22）

だろうと考えて女性候補に投票している[9]。それでは，どうして女性の候補者は当選しないのか。

選挙権についての公民教育——有権者の考え

　2010年の国会議員選挙では同一人物による複数回投票等の不正行為が多く発覚し，市民が選挙の公平性に疑問を抱き，選挙結果発表時に暴動が起きた。このため2014年の選挙の準備として，UNDPと選挙管理委員会の公民教育キャンペーンで強調したのは，“一人一票”の原則を含む，選挙権行使についての意識の向上だった。テレビ放送のない当時はラジオで国会中継を聞く人も多かったので，公民教育を平易な言葉で行うラジオ番組を作った。では，2014年選挙では，有権者はどのように，どの候補に投票するかを決めていたのだろうか。選挙後の調査では，大多数の男女が自分の家族やコミュニティに最もリソースを与えてくれそうな候補に投票したと述べている[10]。これは，ソロモン諸島国では，候補者が有権者に対し，たとえば，投票してくれれば現金やソーラーパネルを渡すなどと約束することが往々にしてあり，さらに議員には，当選後，選挙区内で自分の裁量で使える地方開発予算があるためと思われる。また，2014年選挙で男性候補者に投票した女性有権者の26％は，投票する候補者は夫や父や長老の意見に従った，と答えている[11]。候補者からの金品受領は選挙違反であることをさらに公民教育で徹底するとともに，女性が自分の意志で，安心して，投票する人を選べる環境作りも必要になってくるだろう。

8　UN Women Fiji Multi-Country Office 2016. *The influence of Gender Attitudes and Norms on Voter Preferences in Solomon Islands*. p. 18. https://asiapacific.unwomen.org/en/digital-library/publications/2016/10/the-influence-of-gender-attitudes-and-norms-on-voter-preferences-in-solomon-islands （access 2024.1.22）

9　ibid. p. 25.

10　ibid. p. 21.

11　ibid. p. 24.

「権威ある地位に女性のロールモデルがいないことは明らかです」[12]
——候補者育成への道

　女性候補者に求められている資質は何なのだろうか。UNDP ソロモン諸島国事務所は 2011 年にソロモン諸島国の女性たちによる Young Women Parliamentary Group を結成した。若い世代を中心に，政治参加に興味をもつ，多岐にわたる職業と出身地の女性たちが集まった。活動は，女性に一時的に国会の議席を割り当てる臨時特別措置の議論から始まり，身近な問題では町のバス料金に疑問を投げかけもした。彼女らのイニシアティブでさまざまな会合が開かれたが，研究者はその活動を次のように評価している。「若い女性たちは，女性の政治参加とそのリーダーシップをさまざまなやり方で前進させようとしたが，このグループは国会で女性の議員を増加させることだけ，あるいは主にそれを目指していたわけではない」[13]。ロールモデルがいない国でのリーダーシップの育成には，育成時間に加えて，国外からのロールモデルによる刺激が必要だったのかもしれない。

　男女を問わず，候補者が当選するには何が必要か。当選するには選挙区のコミュニティとそのニーズに密接に対応し続けることが必要である（UN Women Fiji Multi-Country Office 2016, 30 頁）。状況把握のために選挙区視察を行い，じっくり選挙民と話し合い，選挙区民のニーズを把握し支持者の層を作り上げるには，まずは州の議員を目指し州議会で地方政治を学ぶことも必要になろう。時間がかかる

12　UN Press Release, 16 March 2012. *Rashida Manjoo UN Special Rapporteur on Violence against Women finalises country mission to Solomon Islands.* p. 2. https://www.ohchr.org/en/statements/2012/03/special-rapporteur-violence-against-women-finalises-country-mission-solomon（access 2024.1.22）

13　Spark, Ceridwen 2014. *Emerging Women Leaders in Solomon Islands: The Aims and Activities of the Young Women's Parliamentary Group,* Australian National University. p. 2. https://dpa.bellschool.anu.edu.au/sites/default/files/publications/attachments/2015-12/SSGM_IB_2014_21_REV_0.pdf（access 2024.1.22）

かもしれないが，選挙区で支持者の層を厚くすることは，国会議員選挙で当選するための長期的にみたオプションの可能性もある。ソロモン諸島国の政治への男女同権の道のりは遠くみえるが，「10年前より現在の方が，女性が国会議員になりやすい，と答えた男女の回答者が60％いた」[14] という2019年の調査結果をみると，これからも継続して10年単位，あるいは一世代を単位として，ソロモン諸島国のジェンダー平等への変容を，支援し続けていくことこそが開発であると考える。

4　紛争が女性や女児に及ぼした影響
　　——紛争下シリア

　強制婚や児童婚は，ジェンダー平等を目指すうえで大きな障害である。この節では2011年以来紛争が続いているシリアにおいて2016年から2019年まで勤務した経験のなかから，紛争下の女性や女児が直面した強制婚や児童婚についての独立国際調査委員会のレポートを紹介し，彼女らの身の上に何が起こっていたのかを紹介したい。

シリア紛争の背景

　シリア紛争の背景をまず書いてみたい。「アラブの春」と呼ばれる2010年12月にチュニジアで始まった動きがアラブ諸国に波及し，シリアでアサド政権に対して反体制派が立ち上がったのが2011年3月。これは日本の東日本大震災発生と同じ時期である。紛争初期には反体制側が優位に立ち，情勢の混乱に乗じて2014年に，イスラム国（IS）がシリア中部の一部を占領した。2015年に，シリアに

14　Women's Rights Action Movement and International Women's Development Agency 2019. *Public Perceptions of Women as Political Leaders.* p. 22. https://iwda.org.au/assets/files/Public-Perceptions-of-Women-as-Leaders-in-Solomon-Islands.pdf（access 2024.1.24）

対して歴史的に強い影響力をもつロシアがアサド政権を支持して参戦したことにより，紛争は一転してアサド政権優位となる。2017年にISが敗退しそのメンバーがシリア各地に分散する一方，シリアは，アサド政権下地域・反体制派地域・クルド民族主義地域・トルコ支配地など，さまざまな支配勢力に分断され，それぞれの軍や武装勢力によってコントロールされ，紛争開始から13年を経た2024年1月時点でも政治的解決は進んでいない。その結果，国外に逃れたシリア難民は約500万人，紛争のために家を追われた国内避難民は約700万人に上る。紛争開始前の2010年にはシリアは人間開発指数では世界で119位だったが，紛争の継続で2022年には149位に下落した。「10人のうち9人のシリア人が貧困」[15]と報告されたのは2021年3月だが，国民の生活はそれからさらに悪化している。

　社会の弱者である女性や女児はこの紛争でどのような影響を受けたのだろうか。国連人権高等弁務官事務所が発行したシリアに関しての独立国際調査委員会によるレポート[16]から，その影響を探ってみよう。

児童婚と強制婚

　紛争の影響でシリアでは児童婚と強制婚が増加した。紛争により経済的に困窮した家庭が，家計を好転させるため，また家屋を破壊され家を追われた人たちが，密集した住環境での性被害のリスクを減らし，性被害によって，家の名誉を損ずることのないよう，娘を

15　UN Press Release, SG/SM/20664, 30 March 2021. *As Plight of Syrians Worsens, Hunger Reaches Record High, International Community Must Fully Commit to ending Decade-Old War, Secretary-General Tells General Assembly.* https://press.un.org/en/2021/sgsm20664.doc.htm（access 2024.1.22）

16　UNOHCHR Independent International Commission of Inquiry on the Syrian Arab Republic 2023. *Gendered Impact of the Conflict in the Syrian Arab Republic on Women and Girls.* https://www.ohchr.org/sites/default/files/documents/hrbodies/hrcouncil/coisyria/policypapersieges29aywar/2023-06-12-Gendered-impact-women-girls-%20Syria.pdf（access 2024.1.22）

結婚させている[17]。これは花婿側から花嫁側に支払われる結婚準備金により、花嫁側の世帯が収入を得ることを目的とし、さらに結婚後は嫁ぎ先で家内労働力となることが期待されていること、花嫁側である貧困世帯の「口減らし」になること、なども理由である。シリアでは結婚最低年齢が18歳に引き上げられ、一見、児童婚はなくなったように思えるが、実際は、慣習的には18歳以下での結婚も認められている。結果、小学校未修了、あるいは小学校卒といった女児の児童婚も行われている。このため、教育の機会を失い結婚して家庭に入った女児の、復学の機会が必要となる。さらに、児童婚後、夫の戦死や行方不明などの理由により十代で寡婦となり、収入が途絶えるケースもある。

GBV の増加

　紛争中にあらゆる形での GBV がシリア国内で増えたといわれており、730万人が支援を要し、そのうち圧倒的多数は女性と女児である[18]。さらに国中で乳児が捨てられるケースが増えたといわれる。極度の貧困が原因の場合もあるが、そればかりではない。紛争中には、対立する勢力間で女性や女児を誘拐して性暴力の対象とすること、対象にすると脅迫することがあったと現地で聞いた。そうしたなかで誕生した子どもが婚外子の烙印を押され差別されること、その母親が、家の名誉を汚したとして名誉殺人の対象になることを避けるためでもある[19]。

武装戦闘員の妻と子どもたち

　武装戦闘員と結婚した、あるいは強制結婚させられた女性たちの

17　ibid. p. 2.
18　ibid. p. 3.
19　ibid. p. 8.

問題は続く。武装グループの支配下の地域で外国人の戦闘員と結婚した女性で，戦闘員がコードネームで活動し自分の本当の姓名を妻に伝えていないような場合，戦闘員の妻は，結婚を登録し子どもの出生届を提出することができず，子どもが無国籍となる[20]。また2024年1月の国境なき医師団のレポートによると，IS戦闘員家族が多く収容されているシリア北東部のAl-Holキャンプでは，収容者4万人のうち93％が女性と子どもで65％が18歳未満，51％が12歳未満であり，PTSD・うつ・不安を訴える人が多い[21]。さらにIS戦闘員の妻や子どもたちは，占領時の横暴を快く思わないシリア人国内避難者やイラク難民からのハラスメントの対象となるため，この2つのグループから離れてキャンプ生活を送らねばならないと聞く。一方，外国人戦闘員の母国政府とキャンプを運営する現地支配勢力の連携で，キャンプから，父親である戦闘員の母国への妻と子どもたちの送還が，少しずつ動きつつある。現状では，これらのキャンプには学校がなく医療施設も整っておらず，さらにキャンプ周辺にはIS戦闘員が姿を現し子どもたちにISの思想を教えようとしているため，一日も早くこれら家族を送還し，妻たちには人生の再出発，子どもたちには教育の機会を与えることが最善の解決法と思われる。

女性世帯主への就業支援とその子どもたちの支援

　紛争のため多くのシリア人は国を離れ難民となることを選んだ。特に徴兵年齢の男性が徴兵忌避の理由で国外に脱出し難民となるケースが多い。さまざまな理由で夫が行方不明のケースもある。このため，紛争以前に比べて，シリアでは女性が世帯主となるケース

20　ibid.p. 14.
21　Médecins Sans Frontières 2024. *Invisible scars : Unveiling the mental health crisis at Al-Hol Camp in Northeast Syria.* https://prezly.msf.org.uk/invisible-scars-unveiling-the-mental-health-crisis-at-al-hol-camp-in-northeast-syria（access 2024.1.19）

が増えた。アラブ社会は男系で，夫が，妻や子どもを経済的に保護する役割を担っているため，男性世帯主を失った女性世帯主は働き先を見つけなければならないが，経済の悪化に伴う失業者の増加もあり，手に職のない女性世帯主が仕事を見つけるのは容易ではない。女性世帯主世帯では，生活に必要なものを充足できない世帯数が，男性世帯主世帯の倍[22] とも報告されている。このため就業支援を行い，女性世帯主が自立して生活し，子どもの養育ができるよう目指す必要がある。UNDP シリア事務所では，女性世帯主を対象に，たとえば縫製工房や靴工場で技術を習得し経済的自立を目指す事業を実施してきた。ミシンを使ったことのない女性が，研修を受け，数年後には工房のスーパーバイザーになったケースもある。児童婚により教育の機会を失った女性や，児童婚後寡婦になり就業支援が必要な女性に対して，技能研修の前に成人向け初等教育のクラスを設けるなど配慮している NGO もある。

　このように，長期化するシリア紛争下では，紛争がなければ通常の暮らしができたであろう女性や女児が，一日一日を暮らすために多様な保護が必要となっている。紛争の政治解決へ道筋がまだみえないなかで，生活に窮し現行の社会規範からはじかれてしまう女性と女児に対し，生き延びるための経済的支援や，心の傷をいやす心理サポートを行い，将来への展望をもつことができるようにするとともに，シリア社会が彼女らを受け入れ，国際社会がこれらの女性や女児の再出発支援に協働することも必要となろう。

5　だれ一人取り残さないために

　ジェンダーの平等な社会を作り上げるためには，男性と女性が既

22　UNOHCHR 2023. p. 2.

存の役割分担を見直し，対話を重ねていく過程が重要である。そのためには，時間をかけて個人の気づきを行動変容に導き，男性・女性ともに社会の意識変容を促し，その変容を持続できるものにしていく必要がある。これまでに紹介したように，筆者がそれぞれの現場で出会ったジェンダー平等への課題は，各地の価値観や背景の映し鏡としてさまざまであり，関連するアクターとの，社会的解決を目指す対話の形もそれぞれ異なっている。また時や場所，さらに文脈によってその解決法は変わり，一つではない。多様な解決法を社会が受け入れるスペースを作ることは，人間開発という長期的な取り組みにおける一過程であり，より多様性に寛容な未来作りであると考える。

さらに深く学ぶために

UNDP『人間開発報告書1995　ジェンダーと人間開発』1995年
1995年に発行された報告書だが，世界各国の情勢を分析して行ったさまざまな問題提起は，今なお有効である。問題をいまだ解決できない理由を考えさせる名著。

布田朝子『ミャンマー農村とマイクロファイナンス―貧困層によりそう金融プロジェクト』風響社，2010年
UNDPの，マイクロファイナンスをはじめとした，ミャンマーの農村での聞き取り調査の結果と分析が豊富に掲載され，農村女性のエンパワーメントの実例として読むこともできる。

牧野百恵『ジェンダー格差―実証経済学は何を語るか』中公新書，2023年
実証経済学を通して，エビデンスを示しつつ，ジェンダーに対する思い込みをさまざまなテーマから問い直している。ジェンダー差別について考えてみたい人におすすめ。

第7章　食料危機への対応
——世界食糧計画（WFP）の役割

堀江正伸

1　食料危機とは

　国際連合は，2022年に世界中で6億9100万人から7億8300万人が飢餓に直面しており，中間値で2019年より1億2200万人増加していると警鐘を鳴らしている[1]。また，国際通貨基金（IMF）も，既に深刻な食料危機にみまわれた国々への財政的な支援を呼びかけている[2]。

　食料危機の要因としてまず挙げられることが多いのは，2019年末からの新型コロナウイルス感染症の蔓延である。2020年3月31日，国連食糧農業機関（FAO），世界保健機関（WHO），世界貿易機関（WTO）は，「各国は貿易関連措置が食料サプライチェーンを混乱させないようにするべきだ」とする声明を発表した[3]。食料入手の不確実性は相次ぐ輸出制限につながり，世界市場で食料不足が生じる可能性への危機感からの声明である。

1　FAO, IFAD, UNICEF, WFP, WHO 2023. *The State of Food Security and Nutrition in the World 2023.*

2　IMF 2022『世界的な食料危機—人々への支援や開かれた貿易，農作物の現地生産がますます重要に』https://www.imf.org/ja/Blogs/Articles/2022/09/30/global-food-crisis-demands-support-for-people-open-trade-bigger-local-harvests（2023.12.12閲覧）

3　FAO, WHO, WTO 2020. *Mitigating impacts of COVID-19 on food trade and markets : Joint Statement by QU Dongyu, Tedros Adhanom Ghebreyesus and Roberto Azevedo, Directors-General of FAO, WHO and WTO," 31 March 2020.* https://www.fao.org/newsroom/detail/Mitigating-impacts-of-COVID-19-on-food-trade-and-markets/en（2024.3.27閲覧）

さらに追い打ちをかけたのは，言うまでもなく 2022 年 2 月のロシアによるウクライナへの軍事侵攻である。両国がそれぞれ世界有数の穀物生産国であることから，全世界の穀物の供給量が減少することが予想されたからである。

　さらに地球温暖化や，人口増加，食料のバイオ燃料への転化，さらにはロシアの隣国ベラルーシが高いシェアをもつ化学肥料の争奪合戦なども食料危機の原因となっている[4]。もちろん自然災害や紛争が起こす食料危機も深刻な問題であり続けている。

　しかし危機の原因は何であれ，人間が健康的に生きていくために食料は必須であることは共通している。また，今日の食料がなければ，食料危機にみまわれた人々が先のことを考えるのも難しいだろう。それを供給することを任務としているのが国連世界食糧計画（World Food Programme：WFP）である。その活動は緊急時の食料配布に留まらず，予防活動，復興活動をも含んでいる。しかし，WFP の支援は，経済や政治といった「上流」でではなく，社会や人々に直接行われており，国連機関のなかで最も現場主義が強い機関の一つである。

2　国連世界食糧計画とは

　2022 年，WFP は 480 万トンあまりの食料支援をした[5]。食料支援には，行政が行うもの，近隣の助け合いのようなもの，また好意で集められた食料が配られるものなど多くの形態がある。よって，世界中でどのくらいの食料支援が行われたかというデータはないが，大きな自然災害や紛争地で食料を配布するには，運送手段，倉庫な

4　阮蔚 2022『世界食料危機』日経 BP 日本経済新聞出版．
5　WFP 2022. *Annual Performance Report for 2021*. WFP が 2022 年に 480 万トンの食料を配布したのは 1 億 790 万人であり，食料支援を必要としている人口の 14％である。

どの運用，受益者の情報管理などが必要となるため，長年の経験で培ったノウハウをもち，またドナー国から直接出資を受けて運営されている WFP が配布する食料支援が圧倒的な割合を占めているであろう。

これに加え，WFP は食料配布以外の活動も行っている。WFP の 2022 年活動報告書には，一般的な食料配布のほかに，栄養失調を防止する活動，学校を通しての活動，また，公共施設の建設や小規模農家の支援も紹介されている[6]

3　WFP の設立と発展

WFP は，1961 年 12 月第 16 回国連総会での決議 1714（XVI）「世界食糧計画」[7]にて設立が決定され現在まで 60 年以上活動を続けてきた。同決議は，国連の専門機関である FAO が 1960 年から発展途上国で食料や栄養に関する教育や実際の活動を目指して展開していた「飢餓からの自由キャンペーン」のためのものであり，WFP は FAO と国連が行う実験的な組織としてスタートした[8]。

WFP 設立決定決議で興味深いのは，食料支援が人道支援と位置付けられておらず，飢餓撲滅が経済社会開発の基礎と捉えられていた点と，余剰食料を支援に利用しようとした点である。しかし予定されていた活動は，①緊急事態における食料支援と長期的な栄養失調に対する世界的な支援体制を築くこと，②乳幼児のための施設や学校で給食を行うこと，③経済社会開発のために労働集約的で非都市部の人々の厚生に関するプロジェクトを行うことのように人道主義的要素はみて取れるが，「人道支援」や「開発支援」という分類

6　WFP 2023. *Annual Review 2022.*
7　UN 1961. General Assembly Resolution 1714 (XVI). World Food Programme.
8　WFP の歴史については www.wfp.org を参考にしている（2023.8.31 閲覧）。

が国連にまだなかったことがわかる。

　実験期間は 3 年間であったが，その間にイラン北部での地震（1962 年 9 月），タイに上陸した台風（1962 年 10 月）といった事態が立て続けに起こり，支援を展開した。また復興支援にも着手し，スーダンでの開発プロジェクトやトーゴでの学校給食などを次々に開始した。このような実績により，1965 年には事実上，活動期間が限定されない独立した国連機関となった。

　続く 1970 年代，80 年代には，多発する食料危機への対応でWFP の活動基盤は強固なものとなった。特にサハラ砂漠南縁のサヘル地方で起こった旱魃や 1984 年にエチオピアで起きた飢饉で活躍，1989 年には今日の南スーダンにおいて他の国連機関と共同という形態での支援も展開し，人道支援物資の運搬や管理，また他機関との協働という面でも経験を積んでいった。

　1990 年代にも，ルワンダでの紛争やユーゴスラビア崩壊など，人々が緊急食料支援を必要とする事態が頻発し WFP は支援を続けた。と同時に，食料不足を引き起こしている問題への対応が必要という認識が広がり，WFP は開発支援にいっそう力を入れることとなった。そのような活動には，多くのパートナーが必要なため，非政府組織（NGO）など人道・開発支援で活動する他機関との連携関係も積極的に構築していった。

　2000 年 9 月，国連ミレニアム・サミットにて「ミレニアム開発目標（MDGs）」が設定され，2015 年までに極度の貧困は軽減され，多くの国々の政府の能力が向上した。しかし，スーダンなどでの内戦により国内避難民が急増し，2004 年にはインドネシアを中心に被害を与えた津波，2010 年にはハイチでの地震など甚大な自然災害もあり，そのなかで，WFP は緊急時の食料支援のみならず長期的な成果を目指すようになった。また従来のように食料を使った支援に加え，現金や物品引換券（バウチャー）による支援も行うようになった。

4 WFPの活動

緊急支援

　前節ではWFPがどのように活動の幅を広げてきたかを紹介したが，多くの読者がWFPから想像することは，やはり緊急支援ではなかろうか。

　緊急支援でまず行われるのは，生きるための食料を配布することである。通常，主食（穀類），豆（タンパク質），砂糖，塩，食用油が提供される。穀類や食用油には，ビタミンやミネラルといった微量栄養素が加えられていることもある。その他，食料に比べて短時間で配布できる高栄養ビスケットが先行して配られることもある。

　緊急時の支援は，食料支援に留まらない。緊急時には，乳幼児や妊娠中や授乳中の母親，高齢者などは特に脆弱な立場に置かれる。WFPはそうした人々に対して，通常の食料配布に加えて栄養補助食も配布している。

　食料支援を行うためには，調達元からの運搬，中継地でのハンドリング，配布する国のなかでの運搬，そして最終目的地においても倉庫の準備，配布体制の確立，受益者の登録など多くの作業が必要となる。たとえばアフリカの内陸部などになれば，港からトラックで10日以上を要する場所もある。そのため，ロジスティックはWFPにとって重要な部門である。

　緊急支援には事前の準備も必要となるが，WFPは早期にリスクを把握する活動を行っている。早期警戒システムと呼ばれるもので，紛争や自然災害，また経済的危機に関する分析を行い，準備と資源の配分を行っている。また，それらの情報を地理情報システムと組み合わせることにより，自然災害が発生した際の被災者数や，経済社会活動への影響の把握に努めている。

　緊急時に活動する職員も重要である。緊急事態が発生すると，通

常，その国や地域で勤務していない職員を即座に集めチームを編成する。そのために，職員の緊急事態での勤務履歴や緊急事態下で職務を行う意思を把握しており，緊急事態での活動に関する研修もひんぱんに開催されている。

　もちろん物資の供給網を整備しておくことも非常に大切である。日頃より関係する機関との連携を強化し，食料など物品の配送に掛かる時間を短縮，またコストを抑える活動を行っている。物資の運搬に加え，人材の輸送や，緊急事態が起きている場所での情報・通信網も必要となる。そのため WFP は緊急時に活動する職員を輸送する航空機の運用や，緊急事態発生地における情報網の整備なども行っている。

　緊急支援は食料によるものだけではない。近年では，現金や引換券なども配布されている。WFP は先ほど紹介したような食料を配布するが，人はそれだけで生きていけるだろうか。新鮮な野菜や卵・肉・魚なども必要になろう。しかし，WFP はそれらを運搬し，配布することはできない。そこで，そのようなものが現地にあり，さらに流通網が機能している場合には，緊急事態をある程度脱した後，現金や引換券を配布する方がよい場合もある。

　現金や引換券が配布されれば，被災地の流通，商業機能も復興してくる。WFP は地元の流通状態も分析し，小売店へのアドバイスなども行っている。また，キャッシュカードやデビッドカードなども支援に用いられる。受益者がカードを使って現金を引き出したり，また買い物したりできるようになれば，食料を配布場所までとりに行く手間も省ける。緊急事態の影響を受けている人々，たとえば災害の被害により避難している人々，難民，国内避難民の特徴の一つは生活の場所を変えることがあるということではなかろうか。カードや電子取引を用いた支援により，移動しても支援を受けられるというメリットもある。

栄養支援

　飢餓をなくすために必要なのは，食料だけではない。健康を保つ
ためには，十分な食料を摂取するだけではなく，適切なタイミング
で適切な栄養を摂取することが大切である。WFP が，単に食料を
届けるだけではなく，栄養面からのサポートを行っているのはその
ためである。

　MDGs に対する取り組みが行われていた 2000 年から 2015 年ま
での間に，全世界の栄養失調の人の割合は 18.3％から 12.9％と改
善した。しかしながら，2022 年には 1 億 4800 万人の 5 歳以下の子
どもが発育阻害，4500 万人が死の危険に直面している[9]。栄養失調
は経済活動にも影響を及ぼしており，アフリカとアジアでは，栄養
不良による人々の生産性の低下や生産年齢人口の減少などによって，
毎年，GDP の 11％を損失しているとの報告もある[10]。

　WFP の栄養支援は補助食を支給する形式で行われるが，予防と
治療の 2 種類に整理される。まず予防は，全急性栄養不良（Global
Acute Malnutrition: GAM）[11]が 15％以上の地域や，災害や紛争で食料
が不足し栄養失調の懸念が高まった場所で，2 歳未満の乳幼児と妊
娠しているか授乳中の母親の全員に対して行われる。ビタミンやミ
ネラルが豊富に含まれた栄養補助食を用いるもので，全員に配られ
るためブランケット（一面）栄養支援と呼ばれる。災害などが発生
した際，子どもや妊娠，授乳中の母親と同様に脆弱な立場に置かれ
る高齢者に対しても行われることがある。

　治療は，危機的状況は脱したが災害や紛争による影響が長引く地
域で，中程度の急性栄養失調と診断された 5 歳未満の子どもと妊

9　FAO, IFAD, UNICEF, WHO 2023.

10　International Food Policy Research Institute 2017. *Global Nutrition Report 2016*.

11　急性栄養不良は，食事量の減少および／または突然の体重減少や水腫をもたらす病気によっ
て引き起こされる低栄養の一形態。急性栄養不良の子どもは身長に対して体重が軽く，飢餓浮
腫およびその他の関連する病理学的臨床徴候がある場合もある。GAM は重度と中度の急性栄
養不良を合わせたもの。

娠・授乳中の母親に対して行われる。予防では対象者全員に栄養補助食が配布されるのに対して、治療は診断により対象者を選定することからターゲッテド（Targeted）栄養支援と呼ばれている。

　WFPの栄養支援は、補助食を配布するだけに留まらない。支援する国家の栄養改善に対する政策立案の補助や、保健所などを運営している場所においては地方の保健所、特に母子の栄養に関する組織の運営サポートなども行っている。つまり、単に一過性の支援を行うだけではなく、WFPがなくとも栄養に対する取り組みが継続されるような道筋を作ることもWFPが行う支援なのである。

学校を拠点とした支援

　先にWFPの設立が決定された国連総会決議のなかの3つの支援策に、学校を拠点とした食料支援が含まれていたことを紹介した。つまり、学校を拠点とした支援は、WFPの支援のなかでも最も伝統があるものであり、すべての学齢期の子どもたちが学校給食にアクセスでき、健康で学ぶ環境を整えるために政府を支援することを目的としている。

　学校に通っていたとしても空腹の状態にあっては集中力や学習能力に負の影響が出る。2000年から2019年に小学校就業率は83％から89％と向上した[12]。しかし、まだ小学校にも通っていない子どもがいることも事実で、理由としては自宅の近くにないなどの理由から学校そのものにアクセスできないこと以外に、仕事や家事を手伝う必要があるというものがある。また、紛争の影響下にある国の子どもの小学校就学率は21％と低く[13]、そのような国では女子の非就学率が男子に対して2.5倍高い[14]。学校給食プログラムは、こ

12　World Bank（小学校就学率について）
　　https://data.worldbank.org/indicator/SE.PRM.NENR（access 2023.8.31）
13　World Bank（紛争下の小学校就学率について）
　　https://data.worldbank.org/indicator/SE.PRE.ENRR?locations=F1（access 2023.12.12）

のような課題を解決しようとするものであり，単に食料を提供する
ものではなく，教育・健康・栄養といった多分野において状況を好
転させようとするものである。

　現在までに政府との協力のもと100か国以上で継続的な全国給食
プログラムが立ち上げられ，完全に政府だけで運営されている国も
48に及ぶ。2022年だけでも，WFPは59か国の政府と協力し学校
を拠点とした支援を展開，2000万人の子どもたちを支援した。そ
れに加えWFPは政府が運営する国家給食も支援しており，1億700
万人の子どもたちを支援した。

　学校給食に関してエピソードを紹介したい。WFPは激化した
スーダンのダルフール紛争により国内避難民となった200万人以上
に2003年から緊急食料支援や栄養支援を行い，筆者もWFP職員
として携わった。一部の場所では，学校給食プログラムも行われた
が，それは国内避難民たちが，WFPが他国で学校給食を展開して
いることを知って要請したものであった。実はその頃，国内避難民
としての生活が5年を過ぎ家族構成が変化した家庭が多かった。つ
まり，WFPの受益者登録に入っていない避難中に産まれた子ども
たちが学校へ行く時期だったのである。国内避難民たちは，そうし
た子どもが学校で1食でも食べてきてくれれば，家計が助かると考
えたわけである。

　しかし，いざ学校給食を始めるとなると，水道施設の延長や調理
でコミュニティに参加をお願いすることが多くなる。筆者は緊急食
料支援を受け続けている人々にそれは難しいと考えたが，国内避難
民たちは手際よく分担を決定し，学校給食実施の準備を済ませた。
父親たちはNGOが作った簡易水道を学校へ延長したり，簡単な食
料倉庫を小学校に作ったりして協力した。母親たちはグループを

14　UNICEF 2017. *Education Uprooted.*

図7-1　スーダン・ダルフールの国内避難民キャンプでの学校給食

作って調理にあたった。また，国内避難民たちは，子どもたちに家庭でも不足しがちな薪を学校へ1本ずつ持たせたり，WFPが配布しないイモやタマネギを持たせたりするということも開始したのである。このようなコミュニティの参加は，最初は学校給食の実施には懐疑的であった筆者に，受益者たちの「子どもに教育を受けさせたい」という気持ちをひしひしと感じさせた。

　また男女間で小中学校の就学率に差があるイエメンでは，女子が学校に通うと毎月家庭に小麦粉と食用油を持ち帰れるという支援を行い，保護者に女子を学校へ通わせることを促した[15]。学校での食料配布を利用して，教育のジェンダー差を少なくしようという取り組みである。このように，計画しだいで食料配布だけでなく他分野の目的を組み込めるのも学校を拠点とした支援の特徴である。

15　何かを行うことを条件に行われる支援は条件付き支援／譲渡（Conditional Assistance/ Transfer）と呼ばれる。

飢餓の原因に対応するための支援

　食料支援や栄養支援を受けることとなった人々の多くは，気候変動によって起こる災害の被害を受けやすく，脆弱な環境に住んでいることが多い。そこでWFPはコミュニティで施設を建設し，食料支援を受けた地域の自立を促す支援も行っている。言い換えれば，支援を卒業するための支援である。

　そのような活動は資産構築（Asset Creation）支援と呼ばれている。簡単に説明すれば，災害の影響を少なくしたり，食料増産のための施設建設に従事した人々を支援したりするものである。多くの場合，参加者の労働の対価として食料や現金を受け取り当座の食料を確保することを目的としており，食料や現金を受け取るため「労働の対価としての食料支援（Food For Work）」「労働の対価としての現金支援（Cash For Work）」と呼ばれている。いずれも労働に従事することが求められるため，条件付きの支援である。

　2013年以来，50か国以上で資産構築支援が行われ，毎年1000万から1500万人の住民が，荒廃した土地を生産的な利用に戻したり，森林を再生したり，多数の井戸・池・給水施設を建設したりしてきた。また生計と農業の実践についての訓練が並行して行われる場合もある。

　資産構築支援の目的は多様であるが，まず参加者に食料などが配布されるため，当座の食料不足を和らげるということがある。さらに参加者が暮らすコミュニティでは，自然環境が再生されたり保護されたりすることを通して気候変動から受けるリスクの軽減，食料生産性の向上，災害に対する回復力（レジリエンス）が強化される。また，女性特有のニーズを盛り込み，女性の参加を促すプロジェクトを計画することで，ジェンダー格差の軽減にも貢献できる。

　さらに大がかりな資産構築の例を紹介しておきたい。エジプト北部では，男子が独立する度に伝統的に農地が分配されてきた。しかし，分配されるたびに一家族あたりの農地は狭くなり，また農地を

仕切る盛土のために全体としての農地面積も減少し食料不足につながるようになっていた。さらに，それらの農地に水を行き渡らせるために作られていた用水路は土を掘っただけのものであり，水が土に吸収され非効率的なものとなっていた。

そこでWFPは，政府との協力のもと既にあった農業者組合とパートナーシップを結び，改善に乗り出した。具体的には，農地を仕切るのではなく全体を共同で使用し収穫時に面積に応じて作物を分配するというシステムの構築と，セメントで覆った効率のよい用水路の建設である。WFPが支給したのは食料でも現金でもなく，用水路を作るセメントなどの材料と，種子や肥料だった。また年数を重ねるごとに支援を減らし，最終的には完全に撤退する予定だという。

資産構築支援を持続可能な開発目標（SDGs）に当てはめてみると，目標2「飢餓を終わらせ，食料安全保障及び栄養改善を実現し，持続可能な農業を促進する」以外にも，男女平等に関する目標5，水と衛生に関係する目標6，責任ある消費と生産に関する目標12，気候変動対策に関する目標13，陸における生態系の保護・回復や森林の保護，砂漠化などに関する目標15などと多様な目標をカバーしていることがわかる。

5　人道支援全体への貢献
　　　──クラスター・アプローチでの役割

　2005年，国連は人道危機が増加するなかで支援をより効率的に行うためクラスター・アプローチを導入した。それ以前は，各人道支援機関が個別に計画策定や支援を行っていたため，支援場所が偏ったり，支援が重複したりして非効率な場合があった。クラスター・アプローチでは，支援分野を見直し再編し，各分野の責任機関を決めて分野内の調整を行おうとするものである。そして，異なるクラスター間の調整を行うために，人道問題調整事務所（OCHA）

も設置された。クラスターは，食料・健康・水をはじめ全部で11ある。WFPは，そのうち食料・緊急通信・輸送の3つのクラスターで責任機関を務めている。

　WFPは元来，自然災害や紛争の影響を受けた場所を活動現場としてきた。そのような場所では，無線を使って職員の安全を確認しながら支援を展開したり，また食料が備蓄してあるセンターに出荷を依頼したりすることもあった。よって，人道支援現場に無線設備を設置することは，支援と並行して最初に行われる。現在では，無線も重要な通信手段であるが，インターネットを介したコミュニケーションが主流となっている。WFPは，民間のインターネットサービスがない場所でも衛星を使ってインターネットが使用できる環境を整備し，職員は大抵の場合メールやオンライン・システムを使用して業務を行っている。WFPが緊急通信クラスターの責任機関となった現在では，UNICEFや国連難民高等弁務官事務所（UNHCR）といった国連機関に加えて，NGO等の機関もWFPの構築した通信手段を用いて人道支援活動を展開しているのである。

　もう一つ，従来WFPが行っているものに運輸がある。食料を，ときに100万人単位の人々に届けるような支援を展開してきたWFPは，物資の輸送手段を保有している。また，トラック・船舶といった輸送手段に加えて，物流には欠かせないテント式の倉庫なども保有している。さらに忘れてはならないのは，それらを運用する能力である。クラスター・アプローチの開始に伴って，WFP以外の人道支援機関もそれらのサービスを使うことができるようになったことは，人道支援全般に大きなインパクトを与えている。

　国連は，災害が起きやすい地域へのアクセスを考慮したうえ世界の5か所に人道支援のための備蓄庫を設置している。国連人道支援物資備蓄庫（United Nations Humanitarian Response Depot）と呼ばれるが，国連人道支援機関はもとより，NGOやASEANといった地域国際機構も使用することができる。WFPはその管理・運営も

図 7-2　WFP が運営する人道支援のための備蓄庫
(© WFP／Elio Rujano)

　行っており，使用機関の要請に基づき 48 時間以内に物資を発送で
きる体制を整えている。
　さらに人道支援を行ううえで欠かせないのが，現場で働く職員で
あるが，WFP は国連人道支援航空サービス (United Nations Humani-
tarian Air Service) の運営も行っており，まさに人道支援全般に関
わっているといっても過言ではない。
　WFP は食料，緊急通信，輸送といったクラスターで責任機関を
務めているが，既述のとおり栄養支援も行っているため，栄養クラ
スターのメンバーとしても活動している[16]。このように，WFP は，
人道支援において「食料支援機関」以上の存在感を示しているので
ある。

16　栄養クラスターの責任機関は，重篤な急性栄養失調を担当している UNICEF である。

6 直面する課題

　本章では，WFP の活動について紹介してきた。WFP の活動は，メディアなどに取り上げられるような緊急食料支援のほかに，輸送分野・通信分野での調整役としての活動，教育と食料をリンクさせた活動，食料不足の原因を取り除く活動，将来的な食料支援を防ぐ活動などと幅広い。最後にこのような幅広い活動を行う WFP が直面する課題について述べておきたい。

　本章を執筆するにあたり行った WFP 職員の方々にインタビューのなかで挙げられた課題の一つは，全体的な資金不足である。これは筆者の 13 年間の WFP 勤務においても，常に経験してきたことである。WFP の活動資金は，ドナー国政府などから任意に拠出され，国連本部などのように分担金，つまり加盟国に割り当てられて徴収されるものではない。2022 年に WFP の活動に寄せられた資金は 141 億ドルであったが，必要額の 3 分の 2 程度であった。

　次に目的を柔軟に設定できる資金の割合である。WFP の判断で柔軟に使える資金は，上記 141 億ドルのうち 13 億円程度で，全資金の 9.2％に過ぎない。これは，国際的に大々的に報じられる災害や紛争の被害者への支援と比べて，計画的に行われる支援に対しては資金が集まりにくいということを示している。しかし，本章でWFP の活動を通じて述べたように，食料危機に対する対応は緊急人道支援においてのみ求められるわけではない。その活動には，人道支援が必要となった原因を取り除いたり，将来的に人道支援が必要になることを防いだりする活動も含まれている。グローバリゼーションの高まりにより瞬時に広がる感染症への懸念や，気候変動と自然災害の甚大化に対応するためのレジリエンス強化の必要性が増す今日，緊急時はもとより，平時におけるよりいっそうの国際協力が求められているのである。

さらに深く学ぶために

湖中真哉・太田至・孫暁剛 編『地域研究からみた人道支援―アフリカ遊牧民の現場から問い直す』昭和堂，2018 年
危機的状況に置かれた人々への食料支援は，国際的に理解を得やすい。しかし，支援される場所は，ローカルな文化や価値観をもつ。本書は，食料支援が「ローカル」に及ぼした影響を紹介し，受益者と支援者の協働の重要性を検討している。

堀江正伸『人道支援は誰のためか―スーダン・ダルフールの国内避難民社会に見る人道支援政策と実践の交差』晃洋書房，2018 年
2005 年に当時「史上最悪の人道危機」と称されたスーダン・ダルフール紛争下の国内避難民キャンプでの食料支援の記録。3 年間のフィールドワークより，食料支援がローカルレベルで及ぼした社会変容を分析している。

第8章　紛争と災害への対応
——NGO の挑戦

山本理夏

　本章では，紛争や災害の現場で活動する NGO の活動に焦点をしぼる。筆者は NGO ピースウィンズ・ジャパン（以下ピースウィンズ）のスタッフとして 20 年以上現場と関わってきた。これらの経験を踏まえ，紛争や災害の現場での実際の NGO の動きを元に本章を進める。

1　紛争と災害

注目が集まるウクライナ危機

　2022 年 2 月にロシアがウクライナに侵攻し，より安全な場所を求めて多くのウクライナ人が国内外に避難した。このことは日本でも多くのメディアに取り上げられ，日本国内でもウクライナの情勢やウクライナからの避難者に注目が集まった。日本に逃れてくるウクライナ人に対しての支援も，公的な支援ばかりでなく企業や市民からの支援が多く寄せられた。2023 年 9 月時点で，ウクライナ国内で避難生活を送る人は 500 万人，国外へ逃れた難民の数は 600 万人となっている（UNHCR）。

　紛争から逃れてきた人たちに対して，支援団体などが食料や医療や住居へのアクセス，あるいは物資のサポートなどを提供することは急務である。筆者が向かったウクライナと国境を接するモルドバの町では，ロシアの侵攻から数日後には臨時のテントが並び，パンや紅茶などが逃げてきた人たちに提供され，極寒の季節だったので

暖かい防寒着や衛生用品なども無料配布されていた。避難してきた多くの人たちに加えて市民団体やNGOが支援のためにかけつけ、心配している親戚や家族も含め、国境の小さな町は受け入れで大混乱だった。テントの前にはドイツやポーランドなど行き先別の大型バスが並び、難民の人たちはそれぞれのバスに乗り込んでいた。

長期化する危機と長期化する支援とNGOの役割

　最初のロシアの侵攻から1年半以上たっても、ウクライナでの紛争は終結の見込みがたたず、紛争を逃れてきた人たちに対する支援やウクライナ国内に留まっている人への支援は長期化していった。安定して住める環境を確保することは、難民となった人たちにとって重要であるが、長期的に住める設備の整った家に落ち着き、食料や生活用品などを難民自身だけで確保することは非常に困難である。ウクライナの隣国モルドバの首都キシナウ市では、地域住民が隣国からの難民を温かく迎え入れ、自宅にウクライナ人家族を泊めたり、自主的に毛布や食べ物を提供したりする動きが多くみられ、隣人の危機になんとか役に立ちたいという想いがあふれていた。ウクライナ国内でも同様で、戦闘の激しい地域から避難してきた人々を、戦闘地域から離れた地域に住む市民が温かく迎え入れ、食事や寝る場所を提供する活動が多くあったと聞く。しかし、このような善意は長くは続かない。地元の住民が、仕事を休んだままボランティアで支援を提供し続けていくことには無理がある。政府や自治体により、一時的に住める住居や必要な物資を提供するなどの対策がとられているものの、難民を受け入れている国とその住民だけで対応できることではない。

　大きな紛争の際、あるいは紛争が長期化した場合、国連や国際社会が政府を助ける形でさまざまな支援を提供する。と同時に、NGOも、国連や政府あるいは地元の住民と一緒になって活動する。NGOの活動は、政府や国連の支援と異なり、市民目線にたって、

柔軟かつ迅速であることが特徴だ。方法や手続きにこだわることなく革新的なアプローチなどを試すことも可能である。また国際NGOは，国連専門機関のように紛争地での経験や専門的な知識をもって関わっているスタッフも多く，プロフェッショナルな集団ともいえる。現場では，地元の自治体や市民と国際NGOや国連などが，日々調整しながら支援活動を展開している。

紛争による避難者は年々増加

　ウクライナだけが紛争の現場ではない。アフガニスタンやシリア，ソマリアなどの国々では武力衝突に終わりはみえず，人々の生活は困窮をきわめている。2022年末時点で，紛争や迫害により故郷を追われた人は1億840万人となった（「グローバル・トレンズ・レポート2022」UNHCR）。この数字は年々増加し続けている。世界の人口が2022年11月の時点で80億人（『世界人口白書2023』）であることを考えると，世界では80人に1人が紛争などにより避難を強いられているといえる。

多発する自然災害

　さらには，自然災害が世界各地で増加し，特に近年は気候変動による大規模な洪水や旱魃，猛暑や豪雨等の災害が甚大化している。日本は以前から地震国といわれているが，地震以外の災害，特に最近は豪雨災害による被害が多く発生し，酷暑や豪雪による被害も増えている。世界では，毎年約1億6000万人が自然災害によって被災し，約10万人の命が失われている（「世界の自然災害の状況」内閣府）。とりわけアジアでは，災害による被害が年々大きくなっている。災害による犠牲者の大半はアジアのなかでも低所得国，中低所得国に集中しており，災害と貧困の悪循環も課題となっている。たとえば2022年6月から10月にかけて，パキスタンは国土のほぼ3分の1を水没させる壊滅的な洪水に見舞われた。約1700人の死者が出て，

約3300万人が避難を余儀なくされた。洪水が建物を押し流し，地区全体が内陸の海のようになり，100万棟以上の家屋が損壊・倒壊したうえに農地の大部分も水没した[1]。筆者は現地の支援団体を通じて，この洪水は，ラニーニャ現象により雨期に激しい雨が降ったことに加えて，ヒマラヤ氷河の融解など複数の要因が重なったことが大惨事を招いたのだと聞いた。蒸し暑いパキスタン南部で発生した洪水被害の原因の一つとして，氷河の融解があることにとても驚いた。気候変動は，実際の村の生活に大きな影響を与えているのだ。

紛争と災害から逃れてきた人々のために

　このような，紛争や災害に直面し被災から逃れようとしている人びとに対する支援は，地域住民や当事国だけでは十分にできず，諸外国政府や国連を含む国際機関，国際NGOなども加わって行われる。特に支援の初期段階は，迅速にかつ大規模に展開する必要があることから，さまざまな機関や組織が関わる。政府や軍などの組織から，地元の消防・警察・病院や各国のレスキュー隊などの専門機関，地元の自治会や市民団体，国連や国際機関，そして国際NGOなどである。もちろん被災したコミュニティの人々や国内外の企業やメディア，関心を寄せる一般市民なども関係者である。異なる多くの組織をまとめて支援内容を調整するのは，準備期間が数日あるいは数時間しかないため困難をきわめる。そのような状況でも，紛争や災害から逃れてきた人たちが少しでも人間らしい生活を送ることができるよう，さまざまなアクターが活動しているのが緊急支援の現場である。

1　UNOCHA Pakistan : Floods Jul 2022.
　https://reliefweb.int/disaster/fl-2022-000254-pak（access 2023.8.30）

2　NGO と人道支援

日本の NGO

　国内外で多発する紛争や災害に対する支援には，日本の NGO も
多く活躍している。日本の NGO の数は外務省によると 400 以上
（「国際協力と NGO」外務省）といわれ，世界の貧困や環境，人権など
さまざまな社会課題に取り組んでおり，紛争や災害に対応し人道支
援を実施する団体も含まれる。では，紛争や災害時に支援に取り組
む日本の NGO はどの程度の数でどのような規模のものがあるのか。
日本独自の紛争や自然災害に特化した仕組みとして，NGO・経済
界・政府の連携による人道支援の土台であるジャパン・プラット
フォーム（JPF）があり，加盟している NGO 数は 2024 年 2 月時点
で 48 団体[2]である（実際の動きについては第 4 節に詳述）。JPF は，「個
人・企業・NGO・政府が対等なパートナーシップのもとに協働し，
日本の支援を届ける仕組み」で，平時より，それぞれが「強みや資
源を生かして連携」し，「国内外の自然災害による被災者，紛争に
よる難民・国内避難民に，迅速かつ効果的に」支援を届けている。
2000 年に設立されてから 68 の国や地域での支援を実施してきた
（「はじめての方へ」）。JPF に加盟している 48 の NGO の 1 年間の総
事業費は合わせて 350 億円を超える[3]。424 団体を対象（ただし有効回
答は 216 団体）とした『NGO データブック 2021』によると，日本の
NGO 全体の資金規模が 556 億円となっている。これと比較すると，
人道支援を実施している NGO は規模の大きな団体だといえる。た
だし世界の NGO と比較すると，たとえば 2023 年に NGO の資金

2　JPF　加盟 NGO 一覧
　https://www.japanplatform.org/about/ngo/index.html（2024.3.21 閲覧）
3　会計報告を HP 掲載している 42 団体から計算。

規模で世界3位のフランスの人道支援団体・国境なき医師団(MSF)は，年間資金規模19億ユーロ（約3002億円）となっている[4]。この1団体で日本のすべてのNGOの資金の合計額をはるかに超えており，世界的には日本のNGOはまだまだ小規模でその差は歴然としている。

人道支援とは

　紛争や災害で提供される支援を人道支援という。人道支援は，主要な国際機関等により「緊急事態またはその直後における，人命救助，苦痛の軽減，人間の尊厳の維持及び保護のための支援」と定義され（外務省「人道支援に関する国際的取組」[5]），緊急事態への対応だけでなく，災害予防・救援，復旧・復興支援等も含まれる。人道支援の内容は定まったものはないが，命の危機にある人々に対して，まずは命をつなぐための医療や食料，住居などの支援，さらには心のケアや教育あるいは生計手段の回復などの自立に向けた支援も必要とされる。災害に強いコミュニティ作りや和平や平和構築なども必要となるだろう。これら一連の支援は，すべて人道支援といってよい。

人道支援の原則

　人道支援は，中立的な立場を保ちながら，最も脆弱な人々に対してできる限り公平に支援を提供することを原則とし，「人道」「公平」「中立」「独立」の4つを柱とする[6]。

<u>人道</u>　人道原則は人道支援における基本となる考え方で，人々の苦

---

4 thedotgood. THE World 200 Top SGOs 2023. https://thedotgood.net/ranking/2023-world-200-sgos/ （access 2023.8.30）

5 https://www.mofa.go.jp/mofaj/gaiko/jindo/index.html （2023.8.30 閲覧）

6 CHSアライアンス，グループURD，スフィア・プロジェクト 2016『人道支援の必須基準』https://corehumanitarianstandard.org/files/files/CHS_Japanese_ver2.pdf （2023.8.30 閲覧）

しみは，どのような状況にあっても対処されなければならないとする。人道支援は，国あるいは家族や特定のグループではなく，個々の人間の生命や健康を保護し，人としての尊厳を確保することを目的としている。

公平　人道支援における公平原則とは，国籍や人種，ジェンダー，宗教や政治的信条などによる差別なく，助けを必要とする人のニーズに応じて，最も必要とする人々を優先することである。たとえば内戦が続く国で，政府支配地域と反政府側の支配地域，どちらの人々に対しても分け隔てなく，一番必要としている人に支援を届けることである。

中立　中立原則は，どのような争いでも，政治的，人種的，宗教的，思想的な対立の一方に与しない立場をとることである。当事者のいずれの側にもつかないことで，現実的な支援が可能となることは多い。紛争中の国や地域であっても，NGO や国連機関のみが中立原則をとり，政権への支援ではなく人々に直接支援を届け，支えることができる。

独立　独立原則は，人々の支援の必要性について自主的に判断し，政治・経済・軍事・宗教などの権力や影響力から独立していることである。支援を実施する組織や団体は，自分たちで必要性を見極めたうえで，独自の判断で活動することができ，特定の外部者からの影響を排除する立場を確保する必要がある。このような独立性を保つことで支援の中立が保障され，紛争地や混乱している社会のなかで人々の信頼を得ることができる。

NGO による支援だから可能となること

　紛争や災害で，NGO の果たす役割は大きい。国として紛争や災害で人道支援を提供する場合，支援対象国との外交関係が影響するため，国としての支援が提供しづらい，あるいは正式な支援要請や調整に時間を要することがある。これに対して NGO は「非政府組

織」という立場であることから政府間の調整や交渉に左右されることが比較的少ない。また，人道原則にのっとった支援を展開することによって，誰にでも支援を提供し公平で平等であるという立場が明らかとなり，紛争地のように複雑に関係者が絡み合っていたとしても，受け入れてもらえることが多い。

　たとえば，アフガニスタンなどの紛争国において，NGO からの支援は，支援対象国政府の政治的な立場にかかわらず，支援を必要としている人に届けられている。アフガニスタンでは，1970 年代より断続的に紛争が続き，政治は安定せず情勢不安が続いている。長引く旱魃，物価の高騰，失業などにより，人口のおよそ半分の約 2400 万人が支援を必要としている。しかしながら，2021 年に政権を握ったタリバンの女性の就労禁止や教育の禁止といった政策が国際社会から問題視されているため，他国政府からの支援は十分ではない。一方 NGO は，ときの政権がタリバン政権・旧政権のいずれであるかを問わず，市民を支援する立場を崩していない。政権が国際社会から承認を受けていない国で，海外の団体が支援を実施することに課題は多い。経済制裁下にある国への送金のためには手続きも煩雑となり時間もかかる。また治安もよくならず，現地に渡航することが難しい。さらには政権から発せられる，女性の就労禁止やスタッフ情報の提供の要求などの急な政策の変更などにも柔軟に対応していかなければならない。これらの課題を一つひとつ丁寧に乗り越えることで，ようやく現地での支援が可能となっている。

3　NGO の支援の特徴

支援の質の標準化

　NGO は活動の規模がさまざまであり，また，支援の現場では，多くの NGO に加えて行政や国連機関も活動する。どのように支援内容を決めるのか。どの程度の食料や水や医療や住居を支援すれば，

十分な支援となるか。それぞれの NGO が専門性を活かしつつ，必要とされる支援にその都度対応するだけでよいのだろうか。

　難民や被災者に対する人道援助の最低基準を定める目的で，NGO と国際赤十字・赤新月社連盟 (IFRC) によって議論され定められた基準[7]がある。これは，被災した人々が，人として尊厳をもって生存するために，あるべき人道支援について最低基準を整理し，「人道憲章，権利保護の原則，人道支援の必須基準 (CHS)，行動規範」の 4 つの共通の土台と，「⑴給水，衛生および衛生促進 (WASH)，⑵食料安全保障と栄養，⑶避難所および避難先の居住地，⑷保健医療」の 4 分野における技術的基準を定めたものである[8]。実際の支援の現場では，これらの基準を参照しながら，支援を必要としている人々の文化的社会的背景なども取り入れて支援の内容を決め，できる限り支援のばらつきや偏りがないように調整が行われている。

　多くの関係者が協力して支援を提供するような紛争地や災害現場では，国際機関・行政・NGO のいずれも，基準を守って支援を実施することで支援内容を標準化するのである。これらの基準を関係者が理解し，そのとおりに支援内容が調整できることが理想であるが，現実はなかなかそうではない。特に多くの支援が必要な大規模災害になると，こちらの村と隣の村で配布物資の内容や量に明らかに差があると苦情が出たり，全員に行き渡るための必要量が確保できないために物資配付が遅れたりすることもある。

　住居の支援や給水や衛生分野の支援でも，できる限り統一した基準での支援を届けることが目指されるが，完全に同じ内容の支援パッケージを準備することは難しい。ときには個別の事情に応じて柔軟な変更が求められることもある。このような現場でのきめ細かな調整は，NGO が得意としている支援である。スタッフが実際に

7　「スフィア・プロジェクト」Sphere. http://spherestandards.org/（2023.8.30 最終閲覧）
8　『スフィアハンドブック 2018』https://jqan.info/sphere_handbook_2018/（2023.8.30 閲覧）

話を聞き，支援調整の会議では確認されていなかったニーズや個別の要請を聞き出し，迅速に変更して対応することができるからである。災害発生前にできる限り準備をしつつ，実際の災害時には整えられたメカニズムどおりには進まないところを十分理解し，起きた問題に対して柔軟に対応する必要があるのである。

支援内容の調整——クラスター制度

　支援の調整メカニズムにも国際的な基準が設けられ，国連と国際NGOを中心にクラスター制度という形で整理されている。これは，人道支援活動の現地で国連やNGOや政府が別々に活動するのではなく，保健医療や食料・水衛生などのクラスターごとにリード役の団体をあらかじめ指定し，緊急支援の現場では，そのリード役の調整を経ることで支援ギャップに対応し，かつ支援活動の効果を高めるというものだ。具体的には，現地での活動に際し，まずクラスターの調整メカニズムに届をだし，それぞれの団体がどこでどのような支援を実施したのかを報告し共有することで，支援の偏りを軽減する。食料を準備して村まで運んだら地元の若者有志や企業の厚意で，すでに弁当や暖かいスープが配布されていた，約束した生活物資を届けに行ったら別の団体が前日に似たような物資を配っていた，というような支援の重なりを少しでも減らし，限りある支援をできる限り多くの必要としている人に届けるため，さまざまな工夫がされている。

国境を超えて連携

　NGOは，必要とあれば国や立場を超えて連携することが容易である。紛争中のウクライナへの支援は，ウクライナ国内の市民組織や現地のNGOが国際NGOなどと連携し，すみやかに実施した好事例である。

　ロシアの侵攻開始後，ウクライナ国内では現地NGOだけではな

く多くの市民が自発的に団体を立ち上げて支援活動を開始した。海外のNGOは，そのような市民団体とパートナーシップを組むことで，戦時下での支援をただちに開始することが可能であった。しかし，にわかにできた市民団体とオンラインでミーティングを重ね，メールで事業計画や会計報告を行うのは，対面より時間を要する。現地団体は日々変化する状況に合わせて支援を展開したい。一方，海外NGOにとって戦闘状況の把握は難しく，また戦時下ではオンラインでの打ち合わせも制限され，急な変更や追加ばかりになる。武力衝突の現場に近い場所で活動している現地団体，オンラインでしか活動を知ることができない海外NGO，双方に葛藤があった。それでも，連携が成立したのは，少しでも人々のためになりたいという共通の想いがあったからである。

草の根レベルで住民に寄り添う

　NGOは，政府機関や国連などとは異なり，草の根の活動で結果を出すことができる。政府による物資支援は，物資を首都の空港などで相手国政府に引き渡した時点で完了となることが多い。また，国連機関は現地支援の調整役であって，実際に支援を届けるということは少ない。しかし，NGOの物資支援は現地に根差した形で実施されるので，必要としている人や家族に支援物資を直接手渡す場合など，草の根レベルであることが特徴である。さらには，草の根の活動であるため，政府や国連に比べて意思決定が速く，現地のニーズに迅速に対応し，社会状況の変化に柔軟に応じるなどきめ細かい活動を行うことができる。また現地でスタッフを雇用し物資調達を行うことが多いため，コスト削減にもつながり援助効率も高い。

4 NGO による支援の実際

トルコ・シリア地震

2023 年 2 月 6 日にトルコ南東部を震源としてマグニチュード 7.8 の大きな地震が発生した。トルコ南部と南隣のシリアにかけて大きな被害が出ており、両国の死者数は計 5 万 6000 人以上にのぼる。倒壊建物がトルコ国内で 21 万棟以上、シリアは 1 万棟以上、2000 万人以上が被災し（トルコで 1300 万人以上、シリアで 880 万人以上）[9]、多くの住民が避難生活を送っている。JPF の支援は、図 8−1 のように展開される。トルコ・シリア地震支援では、発災 2 日後にはプログラム立ち上げを決め、24 時間以内に複数の団体から対応を開始する意向が伝えられている。緊急対応から 1 か月もしないうちに、50 社を超える企業からの寄付と政府からの資金拠出を受け、地震発生の同月中に 5 団体が現地での活動を開始している。

発災と出動

JPF に加盟している NGO の対応はどうか。災害の一報を受けると、それぞれの団体は災害対応するかどうかを決める。筆者の所属するピースウィンズは、トルコ・シリア地震発生時は、すぐに出動を決め、ただちに派遣するスタッフについて調整を開始した。何人を派遣するか、どのような役割のスタッフを派遣するかなど細かく決めていく。スタッフは普段の担当業務を離れて緊急対応に従事することになるので、業務を引き受けるスタッフとの連絡や決まっていた予定のキャンセルなどやることは多い。また、派遣されることが決まったスタッフは、自分の荷造りをして空港まで移動するので、

---

9 NHK NEWS WEB「トルコ・シリア大地震から半年 被災地域ではいまも厳しい生活」（2023 年 8 月 6 日）

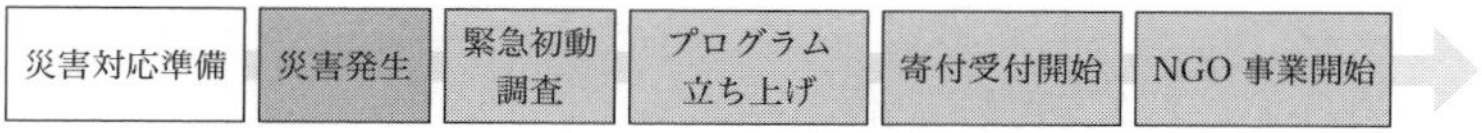

災害対応準備	災害発生	緊急初動調査	プログラム立ち上げ	寄付受付開始	NGO 事業開始

図8-1　ジャパン・プラットフォームの緊急支援開始の仕組み

それ以外の多くのスタッフが，現地への持参荷物（医療機器など）の準備，フライト手配，現金を持参するならその準備，現地での移動手段や宿泊場所，さらには最初どこを訪問するかや現地通訳の確保などを手分けして行う。派遣されるスタッフ以外のスタッフも巻き込んで，事務所内は慌ただしくなる。同時に広報対応もある。ホームページに緊急対応について掲載し，寄付などの支援を募るのだ。

現場の格闘

　現地に到着した後，トルコ派遣スタッフは被災現場に近づくための手段の確保に苦労した。まずは被災地に行く車両の確保に苦労し，また通訳を務めてもらうため現地語を話すスタッフを探すのも大変だった。国境に近い被災地域にはトルコ語ではない言語を母語とする住民もおり，住民とのコミュニケーションに複数の通訳に入ってもらうこともあった。余震が続いている被災地で宿泊することは難しく，宿泊できる場所を探すことも大変で，初期には宿泊場所から活動場所まで片道5時間をかけて移動していた。往復の移動のみで一日のほとんどが終わってしまう。トルコ国中の市民から多くの支援が集まっていても，政府による支援調整はまだ機能しておらず，被災地は大混乱していた。食料や水・生活物資の提供は，発災初期は被災した住民が知人や親戚を頼って避難したり，余震を恐れて隣の地域に移動していたりするので，支援調整は困難をきわめる。どの場所で食料や水・物資が提供されているか，どこに被災者が多くいるのか，どのような物資が足りていないかなど情報が錯綜し，支援が届いている地域と届いていない地域に大きな開きがみられた。500世帯がいるという情報を元に準備した生活物資に，実際の配布

図8-2　トルコの村落での生活物資配付
（写真提供　ピースウィンズ・ジャパン）

ではそれ以上の人が受け取りにきて混乱した，というようなことも
起こりうる。

自立して生活ができるようになるまで

　紛争や災害に直面している人々には，まずは生きていくための医
療や食料，住居の確保が必要となる。しかしそれだけではない。倒
壊した家屋あるいは病院や学校といった施設の建て直し，仕事を
失った人のための生計手段の確保，子どもたちの教育など，復興し
ていくためには多くの分野での中長期的な支援が必要となる。さら
には，災害に強いまちづくりや地域ぐるみの防災など，次の災害が
起こったときに被害が少しでも小さくなるような強靱な社会を形成
していくことも必要だ。紛争地であれば，住民同士の和解や融和を
促進し，異なるグループ間の平和構築を丁寧に形成しなければ，紛
争状態に逆戻りしてしまう可能性もある。緊急支援のNGOがこれ
らを手がけることもあるが，職業訓練や防災教育を専門とする

NGO, 教育 NGO や平和構築の NGO などがこの段階から加わり, 被災したコミュニティの人々と手を取り合って活動することも多い。あるいは地元の人々が自ら NGO を立ち上げて活動していくこともありうるだろう。住民目線で動くことができるさまざまな NGO による活動が続いていくことが必要だ。

注目を集める人道危機と忘れられる人道危機

　紛争による避難民や自然災害の脅威は増し続けている。ウクライナ危機のように人々の注目を集め大きな支援が提供されるような人道危機と, 忘れられた／顧みられない危機といわれ, 長期化しているにもかかわらず支援が十分ではない人道危機との間の格差が開いているように感じる。関心を集める人道危機について現地でしっかり活動を展開することは大切であるが, まったく注目を集めない危機であっても, そこには人々の暮らしがあったのであるから, NGO として等しく支援を提供できるような仕組みや体制を整えていく必要があるだろう。どのような人道危機に対しても, 迅速にかつ柔軟に展開し, 人々に寄り添いつつ支援を提供していきたい。テレビなどのマスメディアで発信されていないからこそ, 現地で活動する NGO が発信を続け衆目を喚起し続けることが, NGO だからこそできる重要な活動の柱の一つに違いないのだから。

さらに深く学ぶために

メアリー・B・アンダーソン 著／大平剛 訳『諸刃の援助―紛争地での
援助の二面性』明石書店，2006 年
支援を提供することによって紛争を助長しない，という当たり前のよう
に思えることを，実際の現場で徹底するのはとても難しい。実務者を目
指す人にはぜひ読んでほしい。

Sphere Association 編／スフィア・アソシエーション著作権／東北大
学・福島県立医科大学「コンダクター型災害保健医療人材の養成」プロ
グラム，特定非営利活動法人ジャパン・プラットフォーム翻訳協力『ス
フィアハンドブック―人道憲章と人道支援における最低基準〔日本語版
第 4 版〕』支援の質とアカウンタビリティ向上ネットワーク，2019 年
世界中の支援の実務者が議論し整理して，支援の基本となる考え方と標
準化の基準をまとめたもの。数年に一度見直し作業が行われている。実
務者にとっての基本マニュアル。

第9章　貧困への対応
——現地 NGO とともに

米倉雪子

1　貧困とは何か

　日本でも貧困問題が報道されることが増えた。いま日本で貧困状態にあるとされるのは 6 人に 1 人（15.4％，2021 年），17 歳以下の子どもでは 9 人に 1 人（11.5％，同上）である（『2022（令和 4）年 国民生活基礎調査の概況』厚生労働省）。これは，経済協力開発機構（OECD）の基準に基づいて算出される貧困線を下回る人の割合（貧困率）で，2021 年の日本の貧困線[1]は 127 万円であった。なお，このように算出される貧困線は相対的貧困で，国・地域ごとに異なる国別貧困線である。

　これに対し，世界で極度に貧困，すなわち衣食住など生活に必要な最低限の基準が満たされない状態を指す絶対的貧困は，国際貧困線を基準にしている。国際貧困線は，1990 年には 1 日 1 ドル[2]とされていたが，その後，より正確に貧困層の数を把握するため，物価の変動を反映し最貧国での購買力の実質的価値に見合うよう，世界銀行は，国際貧困線を，2005 年に 1 日 1.25 ドル，2019 年に 1 日 1.90 ドル，2022 年に 1 日 2.15 ドルに改定した[3]。

1　貧困線とは，等価可処分所得を世帯人員の平方根で割って調整した所得の中央値の半分の額をいう。可処分所得とは，いわゆる手取り収入で，世帯の収入から税金・社会保険料等を除いた額。
2　本章で，「ドル」は「米ドル」を意味する。
3　「極度の貧困人口，コロナ禍で 7000 万人増　世銀試算」『日本経済新聞　電子版』2022 年 10 月 6 日.

このように，貧困は，一般的に金銭的指標（所得や消費を基準として貧困をとらえる指標）で表される。しかし，実際に貧困を減らすには金銭の面での改善だけでは不十分である。金銭的指標以外に，教育や健康寿命など複数の指標を組み合わせた指標が提唱されている。たとえば国連開発計画（UNDP）は，「健康長寿，知識，人間らしい生活水準という，人間開発の3つの基本的次元における平均的成果を測定する総合指数」として1990年に「人間開発指数（HDI）」を提唱した。そして2010年には，健康，教育，生活水準に基づく「多次元貧困指数」を提唱した[4]（『人間開発報告書』）。さらにまた，金銭的指標では表せない人間らしい生活とは何かを考えるうえで，well-being（健康，福祉，幸せ）[5]という概念も注目されている。

　HDIは「豊かさ」の基本的側面についての包括的な経済社会指標である。0と1の間の数値で表され，1に近いほど高水準にあることを示す。2021年のHDI世界第1位はスイスで0.962，日本は第19位で0.925，最も数値が小さいのは191位の南スーダンで0.385である。1人当たりの国内総生産（GDP）の世界順位は高くても，所得がどのように国民の教育や健康などのために使われ分配されているかは異なり，HDIの順位も異なる。2021年の1人当たりGDPの世界第1位はルクセンブルクで，スイスは第3位，日本は第20位であった（『人間開発報告書2021/2022』ほか）。

　さらに，貧困問題に取り組むうえで重要なのは，それぞれの国・地域に存在する格差の状況を認識することである。1人当たりのGDPという平均値だけでは，富裕層と貧困層の格差，また都市部と農村部の格差などはわからない。UNDPも，貧困層が各国内に

4　「多次元貧困指数」は「多次元貧困状態にある人口の割合（％）を欠乏度によって調整したもの」である。計算方法は "Technical note 1-6" http://hdr.undp.org/sites/default/files/hdr2022_technical_notes.pdf 参照。

5　WHO憲章に，広い意味での健康の定義として「身体的，精神的，社会的に完全に良好で満たされた状態（well-being）」と記されている（前野隆司・前野マドカ 2022『ウェルビーイング』日経文庫）。

存在し，都市にも貧困層はいるが，貧困層の 84 ％が農村部にいる
と報告している（UNDP, *Global Multidimensional Poverty Index 2023*）。

2　貧困削減について

　貧困を削減するという目標は，「ミレニアム開発目標（MDGs）」
でも「持続可能な開発目標（SDGs）」でも第一目標にかかげられて
いる。MDGs は 2000 年に 189 か国が採択した「国連ミレニアム宣
言」をもとに 2015 年までに達成すべき目標としてまとめられた。
その目標 1「極度の貧困と飢餓の撲滅」は，1990 年を基準にして，
1 日 1.25 ドル未満で生活する人口の割合を半減させること，飢餓
に苦しむ人口の割合を半減させることを目指し，ほぼ実現した。し
かし，地域やジェンダーによる格差が課題として残された。極度に
貧困な人々の 8 割，低体重児の 9 割が，南アジアあるいはサハラ以
南アフリカに暮らす。また女性は男性に比べて賃金が低く，資産の
所有は限られ，貧困に陥りやすい。
　SDGs の目標 1 に示された「あらゆる場所のあらゆる形態の貧
困」「あらゆる次元の貧困状態」を終わらせるには，金銭的指標だ
けでなく，前述した人間開発指数，多次元貧困指数にみるように，
教育や健康寿命など多面的に複数の指標を組み合わせて貧困をとら
える必要がある。収入だけでなく，well-being をよりよくするとい
うことは，何を指すのだろうか。それは SDGs 決議時の国連 2015
アジェンダ「我々のビジョン」の「7．目指すべき世界像」に具体
的に示されている。すなわち，すべての人が貧困・飢餓・病気・欠
乏・恐怖と暴力から自由で，身体的・精神的・社会的福祉が保障さ
れ，安全な飲料水と衛生・十分で安全で栄養ある食料・安価で信頼
できる持続可能なエネルギーが入手でき，安全で強靱で持続可能な
住居に住み，質の高い教育・保健医療・社会保護に公平かつ普遍的
にアクセスできることである。目標 1 の 7 つのターゲットは他の

16 の目標とも関連しており，同時に取り組むことが重要である。

3　カンボジアの貧困状況

　カンボジアは近年，経済成長を続け，所得を基準にしてみた場合，貧困は減少した。1970 年代には内戦が悪化，1975〜1979 年にクメール・ルージュ政権下で人口の 3 割にあたる 170 万人が虐殺・飢餓・疾病により死亡，貨幣は廃止された。1980 年代の社会主義時代には西側の援助はなかったが，1991 年パリ和平協定が締結されると，西側援助が増えた。1993 年に新憲法が制定され，複数政党制民主主義と資本主義，市場経済も導入され，2004〜2007 年に経済は年 10 ％以上成長し，リーマン・ショックによる世界不況後の，2011〜2019 年は年 7 ％の成長を続けた。1 人当たりの GDP も 2000 年の 300 ドルから 2021 年の 1680 ドルへと増えた（IMF "GDP per capita, current prices: Cambodia" 2023）。

　しかし都市部と農村部の格差が課題である。2008 年の国勢調査によると，貧困線以下の人口は 3 人に 1 人でその 9 割が農村に住んでいた（National Institute of Statistics "General Population Census of Cambodia 2008"）。2019〜2020 年には貧困線以下の人口は 18 ％に減った（*Phnom Penh Post.* 2021.11.18）が，貧困線以下の人口は，首都 4 ％，農村 23 ％と，農村に多い。UNDP によると，カンボジアの多次元貧困指数は 2005 年の 52 ％から 2021/22 年の 21 ％に減った（『人間開発報告書』2011，2021/2022）。2018 年の多次元貧困指数によると，人口の 35 ％が貧困で，都市部は 7 ％だが，農村は 40 ％であった（*Phnom Penh Post.* 2018.9.26）。そしてカンボジアの人間開発指数は，1993 年には 0.325 で 174 か国・地域中第 156 位，2021 年には 0.593 と改善したものの，191 か国・地域中第 146 位と，東南アジア諸国のなかでも最も低いレベルに留まっている（『人間開発報告書』1996，2021/2022）。カンボジアでは過去 30 年で 5 歳未満児死亡

率（出生 1000 人中の 5 歳未満児死亡数）が下がり，2021 年に 25 人と SDGs の目標に達した。しかし 5 歳未満児の 30 ％は中・重度の発育阻害，10 ％は中・重度の消耗症（2020 年）で，東南アジアで最も悪いレベルである（UNICEF "The State of the World's Children" 2023）。

このように，カンボジアは国全体としては経済成長を続け，所得を基準とした場合の貧困は全国平均では減少した。しかし，都市と農村の格差は残り，若者は出稼ぎに行き[6]，農村では働き手が減っている。

あらゆる場所のあらゆる形態の貧困，特に貧困層が多いとされる農村の貧困を終わらせるには，どのような取り組みが必要なのだろうか。

4　カンボジア農村での貧困削減をはばむのは

筆者がカンボジアの農村で関わった貧困削減事業と栄養・健康・生計改善事業を事例に，なぜ多次元的に貧困削減に取り組む必要性があるのか，課題は何か，について考察する。

筆者は 1993 年にカンボジアを初めて訪れ，2001〜2008 年に日本の NGO に所属し，現地に駐在した。当初は，有機農業研修により化学肥料や農薬を買わず経費をかけずに農産物を栽培すれば，農家の生活はよくなると考えていた。離任後 2009 年以降は，毎年，カンボジアを訪れ，カンボジア人による NGO「カンボジア農業研究開発センター（CEDAC）」と協働し，有機農業普及と農家の栄養・生計改善活動を行い，そのなかで，さらなる課題もみえてきた。

6　2021 年末，カンボジアから国外への正規の移住労働者数は 130 万人（*Phnom Penh Post*. 2022.2.13）。非正規もおり，実際はこれより多い。

貧困削減事業

CEDAC が 2005〜2007 年に実施した「最貧困農家の生計向上と子どもたちが初等教育を受けること」を目指した事業について考察する[7]。この事業を助成した日本の篤志家は，子どもが学校に行くことが将来をよくするが，就学のためには親が貧困から抜け出す必要があると考えた。そこで，有機農業研修で成果をあげていた CEDAC に，創立当初から筆者が知っていたこともあり，協働をもちかけた。CEDAC の主な戦略は，エコロジカルで革新的な有機農業技術（家庭菜園，野菜・果物・香草の栽培方法，堆肥・自然除虫剤の作り方，養鶏・魚の養殖の方法，家畜のえさの改善など）を農家に研修し，生計を改善することであった。

事業期間 2 年間の予算は 10 万 9000 ドル，対象は 538 家族で，対象一家族当たり年 101 ドルであった。この事業の第一目的は子どもを学校に通わせることであり，貧困削減以外に教育の重要性を親子と教員に普及する活動も含んだ。事業の終了時には，実施前に比べ，多くの子どもが，より定期的に通学するようになっていた。

最貧困農家の貧困削減

筆者は事業終了後 2 年を経た 2009 年に事後評価を実施した。事業が終わった後も最貧困家族が生計改善の取り組みを続けているかどうかを確認するためであった。事後評価は，筆者が生計面に焦点をあわせたため，教育面については評価しなかった。調査の結果，対象家族の自家農園での農業生産と農産物販売による収入，さらに農業以外の収入も著しく改善したことがわかった。対象家族の現金収入（平均）は，3 つの収入源，1）自家農園，2）村のなかの自家農園以外，3）村の外への出稼ぎ，のすべてで増えていた。CEDAC

7　米倉雪子 2010「貧困削減支援—カンボジア NGO を事例とした一考察」『學苑』835.

図 9-1　最貧困農家が始めた家庭菜園

の活動のうち，対象家族の生計向上に最も関連がある自家農園から
の総収入の平均は 2005 年の 69 ドルから 2009 年の 189 ドルへ 2.8
倍になった。2005 年から 2009 年に，平均で，籾（もみ）の年収穫量は 3.4
倍，自家用の池からの漁獲量は 3.3 倍，川からの漁獲量は 2 倍に
なった。対象家族のほとんどが，新たに学んだ有機農業技術（野菜
作り・養鶏・堆肥・家畜・稲作の収量を増やす幼苗一本植え）を実践し，生
産を改善していた。

　CEDAC による生計改善活動の方法で，有効だったと思われる要
素は主に 3 つある。第一に，対象村に住んでいて過去に CEDAC が
研修した有機農業技術を実践して成功した農家がファシリテーター
として協力し，月 2 回ほど各対象家族を訪れ，励まし，農業技術だ
けでなく，自助努力の重要性を説明し，自立や自助努力を動機付け
た点である。第二に，対象家族は，村内のファシリテーターの模範
的な農園をいつでも見学できたことである。第三に，対象家族にグ

図9-2　最貧困農家に教える篤農家ファシリテーター

ループとして相互協力・協働を促し，他村の対象グループや農民協
会を相互訪問し，啓発したことである。対象家族への精神的，社会
的な支えが功を奏したといえる。

残された課題

　生計が改善した対象家族もあったが，一方で，医療費・食費・化
学肥料代による負担が大きいため高金利の借金が増え，低賃金で過
酷な出稼ぎ労働に就いているなど，課題も明らかになった。借金が
ある家族の割合は2005年の93％から2009年の76％へと減ったが，
一家族当たりの借金の額の平均は，2005年の72.4ドルから2009
年の189.3ドルへと2.6倍になった。借金の利子の平均は，2009
年には月3.3％，年39.6％と高い。借金の理由は，回答の多い順に，
医療・家の建築・化学肥料購入・米購入であった。また，家計の支
出は，額の多い順に，食料・医療費・化学肥料であった。借金は必

ずしも投資や収益の増加につながらず，借金返済のために田畑を売り，さらに貧しくなっている対象家族もみられた。

　対象家族のうち62％では，誰かが出稼ぎに出て家計を助けているが，出稼ぎ労働者の半分は，低賃金で労働環境が悪い建設労働に就いている。対象家族の親の学歴は国勢調査による農村部の平均より低く，賃金が低く過酷な出稼ぎ労働に就いている者がほとんどである。

栄養・健康・生計改善事業

　借金をして資金を調達しても，投資や収益の増加につなげることができないという課題を踏まえれば，農家自身が生計を記録して収支を確認することが必要であり，また医療費を減らすために栄養・健康改善が必要だ。栄養状態の把握について，乳幼児の体重測定ならば，農家自身が簡単にでき栄養の重要性に関心をもってもらえると考えた筆者は，CEDACと協働して農村で「栄養・健康・生計アクション・リサーチ」[8]を，2011〜2014年度に南部4村で，2016〜2018年度に南部6村で，実施した。栄養・健康活動では，農家自身が乳幼児の体重測定を行い，発育が順調な乳幼児と困難な乳幼児の食生活・栄養について把握し改善策を実践する行動変容を目指した。生計記録活動は，農家自身が生計を記録することで生計管理が意識化され改善策を実践する行動変容を目指した。農家自身が農産物の生産と生計記録を行い，さらには有機農業に関する知識を得ることで，改善策を実践して農業生産・生計の変化に結びつくのかを検証することを目指した。

8　米倉雪子 2018「カンボジア農村女性の出稼ぎによる生計と乳幼児の栄養・成長への影響に関する一考察―現状と課題」『農村計画学会誌』37（1）；2011「農業開発協力と保健医療協力をつなぐ試み―カンボジア農村の貧困と保健医療費問題」『學苑』847；2013「カンボジア農家が主体的に行う生計記録による生計改善の試み― Participatory Learning and Action (PLA)（主体的参加型学習と行動）の事例として」『學苑』871.

明らかになった課題

　2011〜2014年度の栄養・健康活動では，乳幼児は生後4〜5か月頃までは7〜8割が平均体重以上だったが，生後6か月以降は徐々に下がり，2歳半から3歳までに9割が平均体重以下となっていたことが明らかになった。主な理由は生後6か月以降の母乳に代わる離乳食の栄養不足で，栄養と離乳食についての知識不足もあると思われた。2016〜2018年度の栄養・健康活動では，体重が順調に増えていない乳幼児を家庭訪問して調査するなかで，母親が村外へ働きに出ている乳幼児は，母親が出稼ぎに出ていない乳幼児よりも低体重である場合が多いことが明らかになった。母親が村外へ働きに出ていない乳幼児では，24人のうち21人（87.5％）が平均体重，3人（12.5％）が低体重で，極度の低体重児は1人もいなかった。しかし，母親が村外へ働きに出ている乳幼児では，25人のうち15人（60％）が平均体重，9人（36％）が低体重，1人（4％）が極度の低体重児だった。

　2011〜2014年度の生計記録活動では，対象4村で10人前後が1年間生計記録を継続し，そのうち農業収支（1年間の農業収入から農業支出・投資を引いた残額）が黒字の有機農家は，10軒中9軒であった。農業収入が非農業収入を上回る有機農家も2軒みられた。有機農業を実践しているので化学肥料や農薬を買う支出が少なく，農産物は自給しているので食費も少ない。有機農業による貧困削減の可能性が見出された。2016〜2018年度の生計記録活動においては，2017年の記録では，農業収支が黒字の有機農家は16軒中13軒あり，農業収入が非農業収入を上回る有機農家は4軒あった。生計記録をつけ続けた有機農家のなかには，農業収入が工場労働者の最低賃金より多い農家も5軒あった。

　栄養・健康・生計記録活動の結果，主に2つの課題がみえてきた。第一に，母親が出稼ぎに出ている乳幼児の低栄養は，収入が不足して，食料が買えないためとは限らず，養育者（主に祖母と母親）の栄

養と離乳食に関する知識不足とも考えられた。収入増加が，必ずしも栄養・健康改善にはつながっておらず，生後6か月以降に成長が順調でないのは離乳食の栄養についての知識不足も関係していると考えられるからである。第二に，有機農家で工場労働者の最低賃金より収入が多い篤農家がいることが確認できた。それにもかかわらず，なぜ出稼ぎに出る農家が多いのか，その理由の究明が必要だった。

農家が農業で生計を立てられるようになるには

　2019～2021年に，筆者は，若者はなぜ出稼ぎに行くのか，農業をやりたいか，農家が農業で生計を立てることをはばむ要因は何か，現地の研究協力者に調査を依頼した[9]。調査の結果，対象村の若者（18～35歳）について，主に2点が明らかになった。第一に，若者の70％が村外で働き，その90％が縫製工場労働者，10％が建設労働者として働いていた。約5～10％は国外に働きに出ていた。農村世帯の90％が借金をしており，出稼ぎの主な理由の一つは借金返済である。金利は高く，マイクロファイナンス組織では月1.5～2％，民間の金貸しでは月5％，コミュニティ貯金グループでは月2％である。第二に，調査したそれぞれのコミューン[10]で30～60人の若者が，ふるさとの村で農業をして生計を立てることや家族の面倒をみることに関心があり，農業が好きで，農業を適切に行うことができれば農業から収入を得る多くの機会があるとみていた。

　さらに，農業で生計を立てることをはばむ問題は主に2つあることが明らかになった。第一に，農家は野菜の品種を多様化したいが，そのためには新品種の栽培を試す必要があり，知識・農業技術情報

9　米倉雪子 2022「カンボジア農家の移住労働に代わる生計改善策に関する一考察」『国際開発研究』31(1).
10　複数の村で構成される行政区。

や研修へのアクセスが必要である。生産計画を立てること・その技術（知識）や市場への供給のための野菜農家の間の協力も不足している。第二に，飲み水と農業用水灌漑施設が必要であり，さらに肥料と農産物輸送費用がかかるため資本が不足している。農業で黒字経営を実現するには，一般的なマイクロファイナンスの金利より低利[11]のローンが必要である。そもそも地元の農産物は地域市場であまり売られていない。というのも，農家が地域市場で農産物を販売するためには，毎日，定期的かつ確実に，野菜を供給する必要があるが，農家は需要に応じるだけの野菜を生産できないのである。消費者は地域の農家は化学肥料や農薬の使用が少なく安全だと考え，地域の野菜を買うことを好む。地域市場のほぼすべての取引業者は地元産の野菜を売りたい。しかし，地域農家は必要な種類の野菜を育てられず，取引業者は，定期的な野菜の供給が不足するため，ベトナムや地域外から買わざるを得ない。

5　多次元的な貧困削減支援策の実施を

　農家の貧困削減の課題を踏まえると，農業，栄養・健康，生計改善など，複数の分野に同時に取り組む多次元的で包括的なアプローチが有効と考えられる。農家がふるさとの村で家族と暮らし，農業で生計を立てられるようになるためには，具体的で包括的な支援が必要である。たとえば，農家の生産能力強化と農業マーケティング研修，野菜栽培・生産者グループづくり，農業投資のための低利子ローン，政府から支援を得られるよう生産者グループと州農業局をつなぐ手助け，などである。そして，同時に栄養や健康改善について研修することで，農家の支出と借金に占める医療費と食費が減り，

11　たとえば月利 1 ％以下のローン。

出稼ぎする母親の乳幼児の低栄養の課題も，改善される可能性がある。金銭的指標では表されない健康や福祉，好きな農業をし，家族と暮らす幸福感，well-being を促進できるのではないだろうか。

　国際協力による具体的かつ多次元的な貧困削減支援策の実施を期待したい。

さらに深く学ぶために

大森佐和・西村幹子 編『よくわかる開発学』ミネルヴァ書房，2022 年
国際開発協力に関連する基本項目がわかりやすく解説されている。

国連開発計画（UNDP）『人間開発報告書』
金銭的指標だけでなく，教育や健康を含めた生活水準を表す「人間開発指数（HDI）」を 1990 年から提唱し，毎年，発表してきた基本的な報告書。

国際連合児童基金（UNICEF）『世界子供白書』
各国の乳幼児・子どもの栄養・健康・教育指標を，毎年，発表してきた基本的な報告書。

Part 3
国際協力の
新しい挑戦

マラウイ：井戸に集まる子どもたち　（撮影：杉田映理）

Part 3 では，数あるグローバルイシューのなかでも，近年，課題が地球規模で深刻化し対応が差し迫っている，気候変動・水資源・紛争に関わる国際協力に焦点を絞り，従来の枠組みを超えて対応が模索されている新しい挑戦の可能性と課題を掘り下げる。遠くで起こっている危機ではなく，わたくしたち自身のこととととらえ，地球で暮らす一員として，国際社会全体で目指すべき方向性を考えながら，一人ひとりの意識や行動の可能性に思いをめぐらせながら読み進めてほしい。

　第 10 章で取り上げる気候変動は，環境の問題であるのみではなく，経済・平和・福祉などの課題と連動し，地球全体に深刻かつ複雑な影響を与えている。国際的な枠組みや政策の進化，イノベーションや市場メカニズムの活用などの対応の工夫を紹介し，さらに既存の社会システムを前提とした対応を見直し，革新的な転換を促す国際協力の必要性を提唱している。

　第 11 章では，気候変動によって増長される水問題を詳述する。また，対策として，エネルギー効率化・節水・無収水対策などの気候変動そのものを食い止める緩和と，水害対策・水源の開発と維持管理などの気候変動による影響を防止・軽減する適応を取り上げる。さらに，COVID-19 のパンデミック下で改めて着目されるようになった石鹸による手洗いや月経衛生対処などにも触れ，水問題の多面的なアプローチの必要性を強調する。

　第 12 章は，武力紛争などの危機状況における国際教育協力の重要性について論じる。教育が，紛争を抑止し平和で持続的な未来を実現するために重要な役割を果たすことを指摘し，教育危機に直面している子どもたちの現状や，紛争前，紛争終結への移行期，復興期における教育の役割について分析する。国際教育協力を強化するために，幅広い組織や人が連携し，国際的な教育資金の調達やネットワーク構築を行い，包括的で公正な学習機会を提供することの重要性も提示する。

　深刻化する課題への新しい国際協力の形は多様であり，多国間の協力，企業・地域コミュニティ・個々の市民らが参加する多層的なアプローチや，テクノロジーの活用など工夫を凝らすことで対応の可能性は広げられる。一方で，大きく複雑な課題が残されており，社会システム全体を見通したさらなる挑戦が求められている。

（桑名）

第10章　気候変動と国際協力の変革（トランスフォーメーション）

桑名　恵

1　気候変動から気候危機へ

　近年の急激な気候変動は，「気候危機」へと深刻化している。2023年，国連のグテーレス事務総長は，地球温暖化の時代は終わり，「地球沸騰の時代」が来たと，警鐘を鳴らした[1]。2021年の世界経済フォーラムによる「グローバルリスク報告書」では，「異常気象」が発生確率の高いリスクで第1位に，「気候変動緩和・適応の失敗」が，影響の大きいグローバルリスクと発生確率の高いリスクの両方の項目で第2位に挙げられている（『第16回グローバルリスク報告書2021年版』）。

　気候変動は，数十年以上の長い期間持続する，気候状態の変化を指す。一方，地球温暖化は，人間活動によって大気中に放出される二酸化炭素・メタン・フロンなどの温室効果ガス（Greenhouse Gas：GHG）によって地球が温められる現象である。地球温暖化によって生ずる気候変動は，大陸と海洋に急速な変化を引き起こし，わたしたちの生活の多岐にわたる領域に悪影響をもたらしている。

　気候変動に関する政府間パネル（Intergovernmental Panel on Climate Change：IPCC）[2]が2022年に発表した「第6次評価報告書」[3]は，

1　United Nations 2023. *Press Conference by Secretary-General António Guterres at United Nations Headquarters* (*SG/SM/21893, 27 JULY/2023*).
　https://press.un.org/en/2023/sgsm21893.doc.htm（access 2023.8.25）

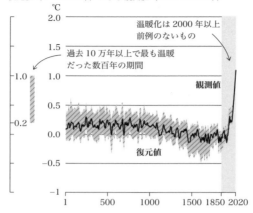

世界平均気温（10年平均）の変化
復元値（1～2000年）および観測値（1850～2020年）

図10-1　1850～1900年を基準とした世界平均気温の変化
（IPCC 2022 AR6 WG1 報告書「政策決定者向け要約（SPM）
暫定訳（2022年12月22日版）」p. 6 より作成）

　地球の平均気温は，産業革命前から1.09℃上昇し，特に1850～2020年の温暖化は，前例のないスピードで進行していることを明らかにしている（図10-1参照）。温暖化は，化石燃料の大量消費などによって人間が引き起こしたものであることに「疑う余地がない」としている。そして，地球温暖化削減等のための国際枠組みである「パリ協定」では，産業革命前からの平均気温上昇を「1.5℃に抑える努力」を長期目標に掲げ，各国政府にその実現を求めている。1.5℃という閾値を超えると，人間のコントロールが及ばず，

2　IPCCは，1988年に国連環境計画（UNEP）と世界気象機関（WMO）が，人間活動に起因する気候変動とその影響，適応，緩和策について，科学的・技術的，社会科学的な観点から評価を行う目的で設立された政府間機関である。
3　IPCC 2022 AR6 WG1報告書「政策決定者向け要約（SPM）　暫定訳（2022年12月22日版）」https://www.data.jma.go.jp/cpdinfo/ipcc/ar6/IPCC_AR6_WGI_SPM_JP.pdf（2023.8.25閲覧）

気候システムが後戻りできない大規模な変化を起こすといわれているからだ。IPCCは，このままでは最良推定値であっても，2040年までに1.5℃に達する勢いであると警告しており，次の10年間の世界の選択や行動が1000年先まで影響を及ぼすとしている[4]。

このように，気候変動は，人類が共通して直面する切迫した課題であり，これまでの対応では早晩行き詰まる。気候危機を乗り越えるには，政府，企業，市民を含む世界のすべての関係者による，かつてない緊密な国際協力と，社会・経済のシステム，技術の大転換が求められている。筆者が実践や研究で関わってきたアジア・アフリカ地域での災害対応や難民支

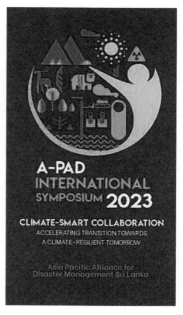

図10-2　アジアの災害対応の国際組織
Asia Pacific Alliance for Disaster Management の気候変動をテーマとした国際会議のバナー

援などの人道支援の分野も，気候変動の影響を大きく受け，気候変動対策と関連付けて人道支援の変革を模索する会議や戦略の策定が近年顕著になっている。どのような対応や変革がありうるのだろうか。

2　気候変動の影響

　気候変動により，陸・海の生態系，水資源，農業・食料，居住環境やインフラ，健康・福祉，貧困・生計等のさまざまな面で，複数のハザードが同時に発生し，相互に作用を及ぼしあっている。世界気象機関（WMO）によると，暴風雨や洪水，旱魃などの気象災害の発生件数は1970年から2019年の50年間で5倍近くに増加しているという。これらのインパクトは，社会経済が十分発展していない地域でより大きく，世界の人口の4割以上が気候変動に対応できずに脆弱な状況にあることが指摘されている。たとえば，アフリカでは農産物被害や栄養不良，感染症増加など，アジアでは洪水・暴風雨被害や栄養不良などと，気候変動の関係性が高い[5]。

　また，国際社会では，気候変動は安全保障問題としても認識されている。異常気象や自然災害の脅威に加え，気候変動が遠因となって紛争や暴動が発生するリスクが明らかになっているからである。G7外相の委託により作成された報告書「平和のための新たな気候（A new climate for peace）」では，気候変動を平和への課題，すなわち国家と社会の安定に対する深刻な脅威と位置付け，資源をめぐる争いの発生や，移住者の増加，不安定な食料供給などのリスクを挙げている[6]。

　紛争や長引く危機を経験している地域は，気候変動に対して脆弱性が高い。そして，さらなる気候変動が内戦リスクを増大させる[7]。

5　肱岡靖明 2021『気候変動への「適応」を考える―不確実な未来への備え』丸善出版.

6　Lukas Rüttinger, Dan Smith, Gerald Stang, Dennis Tänzler, and Janani Vivekananda 2015. *A New climate for Peace : Taking Action on Climate and Fragility Risks, An Independent Report Commissioned by the G7 members.* https://climate-diplomacy.org/sites/default/files/2020-11/NewClimateForPeace_FullReport_small_0.pdf（access 2023.8.25）

7　関山健 2023『気候安全保障の論理―気候変動の地政学リスク』日本経済新聞出版.

国際赤十字・赤新月社連盟（IFRC）の悲観的なシナリオでは，気候関連の災害による人道支援[8]の必要がある人々の数は，2050年までに倍増すると予測されている[9]。

　こうしたなかでは，気候変動によって生まれる不平等な状況を考慮することが極めて重要だ。気候変動の影響や，負担，利益を公平・公正に共有し，弱者の権利を保護する人権的な視点は，気候正義（Climate Justice）として着目されている。

　第一に，1人当たりの温室効果ガス排出量が小さいグローバルサウス（資本主義のグローバル化によって被害を受けている国々や人々を指す）が，1人当たりの温室効果ガス排出量が大きい先進国の人々よりも被害を受けるという点である[10]。大量生産・大量消費型の資本主義を基盤にした先進国の生活が，グローバルサウスや自然環境に負荷を転嫁し，一人ひとりが真の費用を不払いにすることで不公正に気候危機に加担している側面がある。気候正義を実現するために，格差社会や気候変動の根本原因である，「資本主義」を見直す必要性を指摘する研究者もいる[11]。

　第二に，気候変動は，女性，子どもなどの弱者を真っ先に直撃することだ。たとえば，国連難民高等弁務官事務所（UNHCR）によると，女性や子どもは気候変動に起因する災害で死亡する可能性が男性の14倍以上になる[12]。にもかかわらず，気候変動に関する意思決定に関わることのできる女性や子どもは限られている。

　第三に，未来の世代が大きな被害を受けるということである。若

8　人道支援の詳細は第8章を参照。
9　IFRC 2019 *The Cost of Doing Nothing : The Humanitarian Price of Climate Change and How it can be Avoided*　https://www.redcross.org.au/globalassets/cms-assets/documents/news/red-cross-the-cost-of-doing-nothing.pdf（access 2023.8.25）
10　温室効果ガス排出トップ10の国だけで，世界の排出量の7割に相当し，世界人口の10％に当たる裕福な人々が，個人消費による温室効果ガスの半分を排出している（Oxfam）。
11　斎藤幸平 2020『人新世の「資本論」』集英社新書など.
12　UNHCR 2022 *Gender, Displacement and Climate Change*
　　https://www.unhcr.org/sites/default/files/legacy-pdf/5f21565b4.pdf（access 2023.8.25）

い世代の気候変動抑止への関心は高く，行動も広がっている。たとえば2018年8月，スウェーデンの環境活動家グレタ・トゥーンベリ（当時15歳）が議会前に一人で座り込み，「気候のための学校ストライキ」を行ったことをきっかけに，若者たち中心のフライデー・フォー・フューチャーという世界的な環境保護運動が広まった。またアメリカでは，若者たちによる気候変動運動と，黒人差別に抗議するブラック・ライブズ・マター運動の連帯が存在感をみせた。気候，人権，ジェンダー，格差など多くの社会課題がつながっていることが浮き彫りになり，その対応には社会システム全体の変革が必要ということがわかる。

3　気候変動への2つの対策
——緩和と適応

　気候変動への対応には大きく分けて，「緩和 (mitigation)」と「適応 (adaptation)」の2つのアプローチがある。気候変動そのものを食い止めようとする「緩和」は，温室効果ガスの排出量削減または植林などによってCO_2の吸収量を増加させることが重要な対策となる。一方，既に起こっている気候変動による影響を防止・軽減したり，気候変動による影響を有効に活用したりすることを「適応」という。緩和と適応の相乗効果を活かし，ともに実施するプロセスが必要である。

　適応には，将来の影響に対して既存の制度や状況に追加的に備える増分型と，制度や状況を大きく変えて影響に備える変革型の2種類がある[13]。気候変動の深刻さが進んでいる今，既存のシステムに基づく増分型適応だけでは追いつかず，トランスフォーメーションを伴う変革型適応が必要になる。

13　肱岡靖明 2021.

4　気候変動への国際的な取り組み

気候変動枠組条約（UNFCCC）

　気候変動対応の国際的枠組みの基盤となっているのが，「気候変動枠組条約（UNFCCC）」である。IPCC が 1990 年に発行した第一次報告書により，国際的取り組みの重要性についての認識が高まったことを受け，大気中の温室効果ガスの濃度を安定させることを目的に 1992 年に採択され，1994 年に発効した。毎年 COP（Conference of the Parties：締約国会合）が開催され，温室効果ガス削減に向けた取り組みが行われている。UNFCCC には，「共通だが差異のある責任」，すなわち「地球温暖化への責任は世界各国に共通するが，過去の排出量などを考慮し，先進国と発展途上国の責任には差異がある」という重要な概念が盛り込まれている。

　1997 年に開催された COP 3 では，先進国の排出削減について法的拘束力のある数値目標を定めた「京都議定書」が採択された。温室効果ガスを国ごとに管理し削減していく仕組みを作り，先進国に削減義務を課したという点で，歴史的な合意となった。2008～2012 年の「第 1 約束期間」に先進国全体で 1990 年比 5 ％削減を達成するという目標を定めたほか，先進国間で排出枠を売買する「排出量取引」などを導入した。しかし，米国が 2001 年に離脱し，排出量が多い中国やインドが途上国の扱いのため削減義務を負わないといった点で限界があった。

　2015 年に開催された COP21 では，2020 年以降の温室効果ガス排出削減等の国際枠組みであるパリ協定が採択された。「世界の平均気温上昇を産業革命前と比べて 2 ℃より十分低く保ち，1.5℃に抑える努力をする」ことを目標に掲げている。京都議定書が先進国だけを削減義務の対象としたのに対し，パリ協定はすべての国と地域を対象としている。また，京都議定書の目標には法的拘束力があ

るのに対し，パリ協定では各国の自主的な取り組みを促す方法が採用され，先進国・途上国を問わずすべての国がそれぞれの事情を加味して，5 年ごとに「国が決定する貢献（Nationally Determined Contribution：NDC）」と呼ばれる削減目標を作成・提出することが義務となっている。ここでは，各国が削減目標を国際的に誓約（プレッジ）し，目標の達成状況について第三者による検証（レビュー）を受けるという，プレッジ＆レビュー方式が採用されている。また世界全体の進捗を 2023 年から 5 年ごとに確認する「グローバル・ストックテイク」の仕組みも設けられている。その他，革新的なイノベーションを起こすことの重要性や，排出削減量を国際的に移転する市場メカニズムの活用が盛り込まれていることも特徴である[14]。一方で，数値目標は各国の「言い値」となり，目標達成に十分なものではないという課題がある。世界全体で設定した目標に向けての取り組みを強化する国際協力体制が求められる。

2050 年カーボンニュートラル

　IPCC は 2018 年に「1.5℃特別報告書」を公表し，地球温暖化を 1.5℃に抑えることによって多くの気候変動の影響が回避できることを明らかにし，世界全体の人為起源の CO_2 の正味排出量を 2030 年までに 2010 年水準から約 45 ％減少し，2050 年前後に正味ゼロに達することが必要という見解を示した。

　そのため，「2050 年カーボンニュートラル」が世界の共通目標として意識されるようになった。カーボンニュートラルとは，CO_2 の排出を完全にゼロに抑えることが難しいため，排出せざるを得なかった分を，植林や技術を用いて，「吸収」または「除去」することで差し引きゼロ（ネットゼロ）を目指すものである[15]。2021 年 11

14　外務省「気候変動 2020 年以降の枠組み：パリ協定」.
　　https://www.mofa.go.jp/mofaj/ic/ch/page1w_000119.html（2023 年 8 月 25 日閲覧）

月時点で，154か国・1地域が年限を区切ったカーボンニュートラルの実現を表明している（『エネルギー白書』2022）。このような動向に伴って，ESG投資（Environment（環境）Social（社会）Governance（企業統治）に対する企業の取り組みを評価基準として投資先を選ぶ投資方法）が拡大し，投資先・融資先の脱炭素を求める投資家・金融機関が増加する傾向もみられる（詳しくは，第14, 15章参照）。

日本では，2021年5月，「2050年カーボンニュートラル」を基本理念とした地球温暖化対策推進法の改正案が成立し，2021年4月には，2030年までに2013年度比で46％削減するという高い目標を発表した（『エネルギー白書』2022年）。また，2022年12月には，「グリーントランスフォーメーション（GX）実現に向けた基本方針」がまとめられ，省エネの主力電源や，原子力の活用，製造業の構造転換，経済成長と脱炭素を同時に達成するための投資促進策や，成長志向型カーボンプライシング構想が打ち出されている[16]。一方で，日本の対応は，他国と比較して，緊急事態としての位置付けや，社会の総力を上げるという要素が不足しており，原発を活用する姿勢など現状維持の方向性が主流となり，新しいビジョンやテクノロジーが生まれにくいという課題も指摘されている[17]。

カーボンプライシング

カーボンニュートラルを実現する手法として注目を集めているのが，カーボンプライシングである。排出される炭素への価格付けを

15　水素技術や，排出されたCO_2を回収し地下に貯留するCCS（Carbon dioxide Capture and Storage），貯留したものをさらに有効利用する技術であるCCUS（Carbon dioxide Capture, Utilization and Storage）の開発等，技術イノベーションと経済社会システムの変革に向けて，政府や企業の取り組みが加速化している。

16　経済産業省 2023「GX実現に向けた基本方針の概要」
　　https://www.meti.go.jp/press/2022/02/20230210002/20230210002_2.pdf（2023.8.25閲覧）

17　山本良一 2020『気候危機』岩波ブックレット；森川潤 2021『グリーン・ジャイアント─脱炭素ビジネスが世界経済を動かす』文春新書.

通じて，排出者の脱炭素への行動変容を促す経済的政策手法の一つである[18]。

　世界銀行の報告書によると，世界で炭素税や排出量取引制度などのカーボンプライシングを導入している国や地域はあわせて 64 あり，世界全体の温室効果ガス排出量の約 23 ％ をカバーしている（*State and Trends of Carbon Pricing 2021*）。排出量取引制度については，2005 年から EU が開始し，取引量は EU 域内の CO_2 排出量の推計 4 割以上を占める[19]。日本では，自治体レベル（東京都，埼玉県など）で導入されているのみである。炭素税については，「地球温暖化対策のための税」が 2012 年から導入されているが，他国と比較して小規模である。

　カーボンプライシングには，CO_2 排出量を可視化し，消費者や企業の行動の変革を促すメリットがある。一方で CO_2 排出のコストが増えれば，国際競争力の低下や，規制が厳しくない国・地域への生産拠点の移動が起こり，排出量自体が減らないなどの懸念もある。

5　気候変動と人道支援の変革

　気候変動に関わる変革型適応の事例として，筆者がこれまで実践や研究で関わってきた人道支援の近年の改革の動向を紹介する（第 8 章参照）。緊急事態または危機の長期化や気候変動などの影響も受けて，人道支援のニーズは年々飛躍的に増えているが，実際の支援

18　企業などが燃料や電気を使用して排出した CO_2 に対して課税する「炭素税」，企業ごとに排出量の上限を決め，それを超過する企業と下回る企業との間で CO_2 の排出量を取引する「排出量取引制度」や，CO_2 の削減を「価値」と見なして証書化し，売買取引を行う「クレジット取引」などがある。

19　経済産業省資源エネルギー庁 2023「脱炭素に向けて各国が取り組む『カーボンプライシング』とは？」
　　https://www.enecho.meti.go.jp/about/special/johoteikyo/carbon_pricing.html（2023.8.25 閲覧）

額との差が拡大している。資金難が深刻になるなか，これまでの人道支援では限界に直面し，気候変動とも関連させた変革が模索されている。

レジリエンスの促進

気候変動への適応，人道支援の領域の戦略として近年頻繁に取り入れられているのが，「レジリエンス」の概念である[20]。「レジリエンス」は，国連の定義によると「個人，世帯，コミュニティ，都市，機関，システム，社会が，予防，抵抗，吸収，適応，対応，回復を積極的，効率的に行う能力」である[21]。

従来の人道支援は，社会のネットワークから隔絶された難民キャンプでの支援にみられるように，国連やNGOを中心とした外部からの支援が，一時的な「つなぎ」として平時とは別の対応システムのなかで行われることが多かった。その結果，現地アクターがその仕組みの外に置かれる傾向があった。一方，ヒルホーストが指摘する「レジリエンス・パラダイム」は，人道危機を平時の社会構造から引き起こされる「新しい日常（ニューノーマル）」と捉え，危機のなかにある人々や社会は，危機をばねにして立ち直り，困難に適合できる能力があるという考えに基づいた対応である[22]。たとえば，キャンプ外で暮らす都市難民の増加には，現地アクターを中心にして中長期を見据えたレジリエンスの強化に基づく対応が重要性をも

---

20 「持続可能な開発目標（SDGs）」「仙台防災枠組」，気候変動に関する「パリ協定」，世界人道サミットの「グランドバーゲン」など，2015年以降の主要な枠組みで取り上げられている。
21 United Nations 2020. *United Nations Common Guidance on Helping Build Resilient Societies*.
　https://unsdg.un.org/sites/default/files/2021-09/UN-Resilience-Guidance-Exec-Summ-Sept.pdf（access 2023.8.25）
22 Hilhorst, Dorothea 2018 'Classical humanitarianism and resilience humanitarianism: making sense of two brands of humanitarian action', *Journal of International Humanitarian Action*. 3:15 https://jhumanitarianaction.springeropen.com/articles/10.1186/s41018-018-0043-6（access 2023.8.25）

つ。

　地球温暖化に伴い頻発する気象現象は，今やニューノーマルに近い状況である。危機が起こってから，外部組織による介入により緊急的に実施される人道支援だけでは，ニューノーマル化した危機への対応には適さない。現地社会の自律的な社会のあり方や問題解決能力を重視して，課題の多次元性に対処するために，社会システム全体を意識した，長期の統合的なアプローチへの転換をレジリエンスの促進によって強化することができる。

先行的行動の強化

　人道支援の資金が十分に確保できていないなか，予測される危機に先立って行動し，深刻な人道的影響が拡大する前に，未然に防止または軽減する「先行的行動」への注目が高まっている[23]。国連の分析によると，少なくとも 55％の人道危機は予測可能とされている。「先行的行動」が推進されれば，早期の対応を確実にし，大きな被害を軽減することができる。しかしながら，現状としては，90％の資金が危機の発生後の支援に拠出され，先行的な対応については 1 ％以下，準備においては 3.8％しか拠出されていない[24]。

　今後は，災害の影響を予測し，それに基づいて災害発生前に現地社会に支援を提供する方針への転換が，2022 年の G 7 外相会合声明などで提唱されている[25]。国連機関や IFRC での取り組みも始まり，人工知能（AI）やドローンなどの最新技術の活用も後押しに

23　先行的行動の具体的なプロセスは，事前にパートナーや活動を特定し，事前合意された計画，信頼できる早期警報情報を基に同意済みのトリガー値に達した際に，資金を予測可能な形で，迅速に提供するというイメージである。

24　Weingartner, Lena & Spencer, Alexandra 2019. *Financial flows mapping : the potential for a risk finance facility for civil society*, ODI.

25　OCHA 2022 *G7 Foreign Ministers' statement on strengthening anticipatory action in humanitarian assistance* 2022. https://reliefweb.int/report/world/g7-foreign-ministers-statement-strengthening-anticipatory-action-humanitarian（access 2023.8.25）

なっている。しかし，全体的にみると先行的行動の主流化には至っておらず，今後は制度，資金の流れの改革，技術との連携や能力強化を強力に推進する必要がある。

一人ひとりの市民からの変革の重要性

　このように，気候変動は気候危機へと深刻化し，単なる環境問題ではなく，経済・金融・平和などの安全保障に関わる重大な課題となっている。規制や法律，目標達成の義務付けによる規制的手法や，経済や金融等による市場を介した手法に加え，最新技術を組み合わせることや，レジリエンス・早期行動などの新しい対応の捉え直しによる工夫と実践が，各国政府・国際機関・企業・市民社会などにより進められていることを示した。

　しかし，まだ多くの適応の取り組みは，短期的な気候リスクの低減を優先しており，変革的な適応の機会を減らしていることが指摘されている[26]。気候変動が不可逆的に進行する破壊的な転換点を迎えることを阻止するため，既存の社会システムを前提とした対応を見直し，複数の組織，セクターが協働する体制の強化や，気候変動と他の活動領域を統合する取り組みが求められている。

　既存の仕組みを超えていくためには，現状維持への動機が強いトップダウンによる政策や法律，制度に頼りすぎる対応を批判的に検証し，市民の主体性を育み，市民の意見が国家に反映されるプロセスを強化することが必要である。我々一人ひとりが気候変動によって起こる問題の当事者であり，気候変動を引き起こしている当事者であることを認識し，誰かに任せるのではなく，知り，考え，行動することが重要になる。そのなかで，政府・企業・投資家・メディア・研究機関・市民社会が，複数の領域で，トップダウンとボ

26　IPCC 2022 AR 6　WG2 報告書「政策決定者向け要約（SPM）（2022 年 2 月 27 日）」https://www.env.go.jp/earth/ipcc/6th/ar6wg2_spm_0318.pdf（2023.8.25 閲覧）

トムアップの動きを交差させ，相互作用を生むことができれば，社会構造の変革にもつながる政治・経済的領域を拡張していくことができる。気候危機の時代の今こそ，革新的なトランスフォーメーションを創出する機会が開かれているはずである。

さらに深く学ぶために

斎藤幸平『人新世の「資本論」』集英社新書，2020 年
人類の経済活動が地球を破壊する「人新世」＝環境危機の時代における本質的な課題を明らかにし，危機への解決策を示している。

肱岡靖明『気候変動への「適応」を考える―不確実な未来への備え』丸善出版，2021 年
気候変動の「適応」の取り組みについて，プラスの影響を利用した都市開発やビジネス例を含め，地方自治体や企業で進む施策を知ることができる。

第11章　水問題

――気候変動で増長する問題と古くて新しい対応策

杉田映理

1　気候変動の「水」への影響

　前章でみた気候変動は，地球上に存在する水にもたらす影響が特に大きく，「水問題」となって人々の日々の暮らしや生命に多大なる影響を及ぼしている。気候変動は，大気の気温の上昇という現象に留まらない。地球温暖化によって気温が1度上昇すると，空気中の飽和水蒸気量が7％増加するという。大気の流れや水循環が変化し，降雨量や雨の降り方がこれまでと異なってくるのである。すべての地域で降雨量が増えるわけではなく，一部の地域で豪雨が降り，洪水が起きる可能性が増大する一方，別の地域では，皮肉なことに降雨量はむしろ減り，気温上昇による土壌水分の蒸発量増加もあいまって，旱魃(かんばつ)が深刻化することが指摘されている。雨季と乾季のある地域では，季節間の雨量の差が拡大するともいわれている[1]。

　日本でも，「異常気象」「観測史上初」「100年に1度の」…といった言葉がニュースで頻繁に流れ，聞き慣れた感さえある。しかし，これはただ画面の向こうで起こっていることなのではなく，わたしたち自身も，台風の早すぎる到来，集中豪雨や酷暑日などの頻発を，生活実感として感じているのではないだろうか。

　また，北極海の海氷は，面積と厚さの両方ともが明らかに減少し

1　IPCC (Intergovernmental Panel on Climate Change) 2021. *Climate Change* 2021 : *The Physical Science Basis.* Cambridge University Press.

173

ており，北極域の生態系に影響を及ぼすと指摘されている。氷河の減少も多くの地域で既に観測されている。海面水位も多くの海岸線で上昇しており，沿岸部の高潮による浸水の影響を増大させている[2]。

　地球は，水の惑星と表現されることがあるが，地球規模で起きている気候変動は，まさしく水問題と直結しているのである。

2　水問題の三分類

　大雨，洪水，旱魃，海氷や氷河の融解，海面上昇…と気候変動によって増長される水問題について述べたが，水問題を大きく3つに分類する考え方がある。Too much water problem, too little water problem, too polluted water problem である（表11-1）。水は生活のあらゆる面で必要であるが，多すぎても少なすぎても問題なのである。

Too much water problem

　まず，too much water problem（水が多すぎる問題）からみていこう。洪水や高潮など，日本語で水害と呼ばれるものがこれにあたる。台風（同じ気象現象でも発生地域によってサイクロン，ハリケーンと称される）や低気圧，停滞前線などによって大雨が集中的に降り，洪水や河川の氾濫が起きる。たとえば川の堤防が決壊したり，決壊せずとも水が溢れ出したりして，浸水が起これば，生活ばかりか命まで脅かされてしまう。台風時には気圧の低下や強風で高潮となり，沿岸部ではさらに水害は起きやすくなる。残念ながら，近年の日本や世界の状況を振り返っただけでも，河川が氾濫して地域一帯が茶

2　IPCC 2021.

too much water problem	too little water problem	too polluted water problem
大雨・集中豪雨・ 洪水・氷河湖決壊洪水 高潮 海面上昇	水需要の増大による水不足 安全な水へのアクセスの不 足 旱魃	工業廃水 化学肥料による汚染 生活排水 不適切なトイレ・野外排泄

表11-1　水問題の三分類

色の水で覆われた光景を映したニュースを思い出すことができるだろう。世界では，洪水の被害にあった子どもの数が，2022年だけでも2700万人に及ぶとUNICEFは推定している[3]。

　また，豪雨によって地盤が緩み土石流やがけ崩れなどが発生することもある。筆者がフィールドワークで通うウガンダ東部の地域の一つブドゥダ県は，エルゴン山という標高4320メートルを超える山の麓にあり，起伏が大きい山間地域である。緑が多く，コーヒーの産地でもあり，一見平和な地域であるが，たびたび土砂災害に見舞われている。雨季のはじめに大雨が降り，山肌が削られて土砂崩れが起きて家屋や農作物や人までも呑み込む災害が数年に1度は起きている。災害孤児たちを支援し，彼らが通いやすい学校を設立するために，地域の人々が団体（Community-based Organization：CBO）を立ち上げているケースもみられる。

　さらに，too much water problem として，雪解け水の増加による融雪洪水や，氷河湖決壊洪水が挙げられる。氷河湖とは，氷河が融けてできた水が天然ダムで堰き止められている湖である。決壊して大量の湖水が一挙に流れ出ると，下流域の人命や財産に甚大な被害を起こすことになる。ヒマラヤ山脈やアンデス山脈の周辺国など

3　UNICEF 2022. Over 27 million children at risk as devastating floods set records across the world. https://www.unicef.org/press-releases/over-27-million-children-risk-devastating-floods-set-records-across-world（access 2023.9.1）

でそのリスクが高い。

Too little water problem

　水害で甚大な被害が出ている地域がある一方で，世界には水不足に直面している国や地域は多い。水の時間的・空間的な偏在が気候変動によって強まっていることが一因である。

　まず，水不足の話に入る前に，水と水利用について整理しておきたい。第一に，地球上の水は，淡水（真水）と塩水（海水）に大きく分けられる。淡水は，塩分濃度の非常に低い水を指し，河川水・湖沼水・地下水などに加え，氷河が淡水を擁している。塩水は，海や，乾燥地帯で水が蒸発して塩分濃度が高くなった塩湖に存在する。地球上の水のおよそ97.5％は塩水で，淡水はわずか2.5％である。さらに，その大部分は氷河や地下深くの帯水層に眠っており，人間が今利用可能な水の量は淡水の約0.4％だといわれる[4]。地球全体の水が，1リットルのペットボトル1本分だとすると，人間が利用できる淡水は0.1ミリリットル，つまりわずか2，3滴ということになる。

　第二に，水利用の用途に応じて，農業用水・工業用水・生活用水と3分類されるが，いずれも淡水利用を前提としている。人間をはじめとするほとんどの陸上生物は，淡水しか摂取できない。農作物を育てるにも畜産にも淡水が必要で，たとえば，もし畑に塩水がかかれば，作物は枯れてしまい「塩害」が起こる。工業用水（工場等での原料用水・洗浄用水・ボイラー用水・冷却用水など）にも，生活用水（調理・洗濯・掃除・入浴の水，飲料水など）にも，淡水が必要である。世界の淡水の使用割合をみると約7割が農業用水，2割が工業用水，1割が生活用水である。

4　環境省 2010『図で見る環境白書—循環型社会白書／生物多様性白書』.

水不足は，基本的には水利用に必要とされる水量（需要）に，アクセス可能な水量（供給）が追い付いていないために生じる。人口増加による食料需要の増加，工業化，生活様式の近代化は，いずれも水需要を増大させる。2011 年に 70 億人だった世界人口は，2023 年までの 10 年強で 80 億人に達しているので当然ながら水需要も急速に伸びている。一方，地域における供給側の問題，すなわち給水施設のキャパシティが不足していたり，旱魃が起きてその地域の水資源そのものが減少したりして，水不足の状態に陥るのである。

　Too little water problem のなかでも，特に大きな課題になっているのは，飲み水へのアクセスである。飲み水は，「安全」であることが求められ，その確保は人間の生命の維持に直結している。SDGs の目標 6 は「安全な水とトイレを世界中に」であるが，2022 年時点でもおよそ 4.1 億人の人々が，表流水（川や池の水）や安全の確保されていない給水施設の水にしかアクセスがない[5]。また，家の近くに給水源がないと，水汲み労働が日々発生することになる。多くの地域で水汲みを担うのは女性と子どもである。水へのアクセスが困難なことは，ジェンダー問題にも強く影響しているのだ。

Too polluted water problem

　端的にいえば，too polluted water problem は水汚染（水質汚濁）の問題である。工業廃水が未処理のまま川や湖に垂れ流されることが，そのわかりやすい例だろう。日本では高度成長期に公害病が社会問題化したが，「四大公害病」といわれるもののうち，3 つが水汚染に由来する。イタイイタイ病（鉱山の製錬に伴うカドミウム由来），水俣病と新潟水俣病（化学工場から排出されたメチル水銀由来）である。その後，日本では法律などによって排水の基準が定められ規制される

5　WHO & UNICEF 2023 Sanitation.
　https://washdata.org/monitoring/sanitation（access 2023.6.17）

ようになったが，現在でも，国によっては，経済成長が優先される
あまり，法的にも技術的にも介入が不十分で，水汚染につながって
いる。

　農業分野も水質悪化に強く関連する。化学肥料（主成分は窒素・リ
ン・カリウム）が農地で多用されることにより，それらの成分が川や
地下水，海水にも流入し，富栄養化を起こして赤潮などを引き起こ
している。リンと窒素は地球の環境容量の限界値（プラネタリー・バ
ウンダリー（地球の限界））を既に大幅に超えているという[6]。

　また，人々の暮らしから出る生活排水も，大きな汚染源となって
いる。アフリカを含め，発展途上国では人口増加と都市化が進んで
いるが，下水施設や屎尿処理施設が未整備な状態だと，都市部の水
環境が悪化することは明らかであろう。都市部においてゴミなどの
廃棄物が適切に処理されないことも，水汚染の原因になっており，
近年注目されている海洋プラスチック問題にもつながっていく。

　都市部においても農村部においても，汚染源として放置すること
が危険なのが，人間の排泄物，特に大便である。SDGs の目標 6 の
標語に「安全な水と<u>トイレ</u>を世界中に」として，トイレが掲げられ
ていることがその重要性を示している。2022 年時点で 4.2 億人，
世界人口の 5 ％以上の人々が野外排泄（Open Defecation : OD）をし
ているとされる。アフリカに限定すればその割合は 15.9 ％に及ぶ[7]。
野外排泄撲滅が SDGs 6 のターゲットの一つに含まれるのは，単に，
屎尿の悪臭で生活環境が悪化するからではない。便中の病原菌に
よって感染する病気は，下痢症・コレラ・腸チフス・赤痢・A 型肝
炎をはじめ実に多いが[8]，これらは水系感染症（水が介する感染症）の

6　ロックストローム, J., M. クルム 2018『小さな地球の大きな世界―プラネタリー・バウンダ
　　リーと持続可能な開発』武内和彦・石井菜穂子監修，谷淳也ほか訳，丸善出版．(Rockström,
　　Johan & Mattias Klum 2015. *Big World Small Planet : Abundance within Planetary
　　Boundaries*.)
7　WHO & UNICEF 2023 Sanitation.

なかでも糞口感染症に分類される。つまり，便で汚染された水源の水を飲むことで結果的に病原体が人の体内に取り込まれるのである。下痢症は，いまだに5歳未満児の死亡要因の第2位で，1年におよそ45万人の子どもが5歳の誕生日を迎えられずに下痢症で命を落としているという（UNICEF 2024）。筆者がフィールドワークで暮らしていたウガンダの農村では，当時，実に多くの子どもが頻繁に下痢に罹っていた。定期的に訪問していた世帯の1歳の息子も，「あれ，痩せたな」と思って間もなく，命を落とした。下痢症による脱水症状が原因だった。水資源が汚染されることで，安全な水がさらに入手困難になる，すなわち too poluted water problem が too little water problem に拍車をかけている例である。

　一方で，too much water problem が，水汚染を引き起こす場合も多い。浸水被害によって，生活排水やトイレの排泄物なども混じるからである。また，地球温暖化の影響による海面上昇によって，海水が地下水面に浸透し，地下水が塩水化して生活用水や農業用水として利用できなくなる現象も世界中で起きている。海水そのものは汚染水ではないが，農作物や飲み水には使えないのである。「水，水，至る所に水はあれど，飲める水は一滴もなし」[9]という詩の一部を彷彿させる状況が世界の各地で起きている。

3　水問題への対策と国際協力

　ここまで，水をめぐる問題ばかりを挙げてきた。気候変動でますます増長する水問題が喫緊の課題であることは確かだが，幸いにも，対策や行動が状況を変え得ると考えられる。気候変動への対策とし

8　杉田映理 2022「水・衛生（WASH）の緊急人道支援―命と尊厳のための基本的ニーズ」内海成治ほか編『緊急人道支援の世紀―紛争・災害・危機への新たな対応』ナカニシヤ出版.
9　イギリスのロマン派詩人 Samuel Taylor Coleridge の "The Rime of the Ancient Mariner" より。

て「緩和策（mitigation）」と「適応策（adaptation）」に整理できることが第10章で説明されたが、ここでは、この枠組みを用いて、水問題への対策をみていきたい。

緩和策──エネルギー効率化、節水、無収水対策

　世界の地球温暖化ガス排出量の5%近くは水分野において排出されていると推定されており、今後の水需要の増加を踏まえると、可能な緩和策を推進しないという選択肢はないと考えられる。まず、浄水場や給水施設、衛生処理施設のエネルギー効率を改善する必要がある。エネルギー源として、太陽光などの再生可能なエネルギーを選択する可能性をさらに検討できるだろう。老朽化したポンプなどの機材を省エネタイプに刷新することも、方法の一つだ。また、海水の淡水化は、水不足を解消する手段として将来性が期待される一方で、膨大なエネルギーを消費するうえ、残った濃い塩水を海に戻すことで生態系に影響が出ることが懸念されている。さらなる技術の進展が待たれている。

　緩和の手段として、消費水量そのものを抑制する節水技術や、雑排水の再利用、雨水利用の促進などが有効である。節水や水の再利用については、多様なイノベーションとともに、わたしたち生活者の「水がもったいない」という節水意識と行動変容が特に必要であろう。点滴灌漑と呼ばれる比較的シンプルな技術は、畑に配水用チューブを張り巡らせ、作物の根本に直接水やりができるもので、大幅な節水を可能にしたイノベーションの一例である。

　一方、多くの都市の水道網では「水がもったいない」状況が起きている。水道管が老朽化したため地中で漏水したり、違法な配水管の接続による盗水があったり、水道メーターの不具合のために料金請求ができないといった事態が存在し、無収水（non-revenue water：NRM）問題と称される。発展途上国の水道事業体における無収水率は平均40〜50%、国によっては70%もあり、これを改善す

る技術協力や資金協力がJICAなどによって実施されている[10]。無収水対策は，水資源の有効利用に加えて水道事業体の運営改善にも寄与している。

適応策——水害対策，水源の開発と維持管理

　地球温暖化によって水問題が増長されており，「適応策」が急がれる。ただし，ここで言明しておきたいのは，水問題への対策は気候変動が叫ばれる前から行われており，国際協力の事例には多くの蓄積があるということだ。そもそも水問題は古くからあり，水資源の管理技術は人類の歴史とともに発展してきたといっても過言ではないだろう。多様な適応策があるなかで，ここでは①水害対策と，②水源の開発・維持管理について触れることとする。

　日本は，災害大国といわれるが，その分，治水や防災についての経験が豊富で，国際協力を実施するにあたっては強みのある分野となっている。水害を回避あるいは軽減するには，堤防の建設や雨水を溜める貯留槽の整備，グリーンインフラの導入などハード面の支援がある。ただ，ハード面だけでは限界があることは以前から指摘されている。防災計画の策定，ハザードマップの作成や早期警戒システムの普及，防災に関する教育・啓発など，水害時に命を守るためのソフト面での国際協力の果たす役割は大きく，政府や研究機関・NGOなど多様なレベルで支援が行われている。また，こうしたグローバルな課題に対応するために国際的な枠組みが設定されることは多いが，近年では，第3回国連防災世界会議で「仙台防災枠組」(2015)が採択され，2030年までに災害による被害を減らす具体的な目標が掲げられた。

　一方，too little water problemへの対応としては，新たな水源

10　JICA・日本工営・横浜ウォーター 2020『プロジェクト研究「無収水対策プロジェクトの案件発掘・形成／実施監理上の留意事項」最終報告書』国際協力機構.

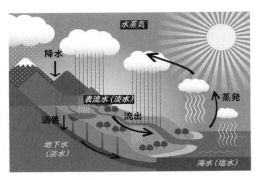

図11-1　水循環
(*Encyclopedia Britannica*, "water cycle" 2024 を参考に作成)

を確保するための井戸の掘削や浄水場・給水施設の建設・維持管理が必要となる。ここでも，単にハード面の整備だけでは不十分で，維持管理に関する技術移転や住民もまきこんだ仕組みを構築する必要がある。また，過剰揚水にならないように，地下水位や取水量のモニタリングの技術指導や取水基準に関する規制の策定もソフト面での重要な対策であろう。地下水位はふだんの生活では目に見えないので，地域の人々が気づかないうちに過剰揚水によって地下水位が低下し，既存のポンプの深さでは取水できなくなることがある。たとえば，インドでは，富農が動力式のポンプで過剰揚水した結果，地下水位が低下し，さらに深い井戸を掘れる富農は水を使い続けたが，その資金がない貧農は農業が継続できなくなったことが社会問題化した。

水循環総合水資源管理

　水問題には too much, too little, too polluted の３つがあると第２節で説明した。これらの課題に対応するうえで理解しておくべきことは，マクロな視点でみれば，図11-1のように，水資源そのものは循環している（水循環）ということだ[11]。つまり，ローカルな

水不足は生じても，水資源は，石油などの化石燃料のように完全に枯渇することはない。さらに，水資源が循環していることは，3つの水問題が相互に関連しているということである。

この水循環を踏まえ，治水・水利用・水汚染，そして生態系のための水の確保について，総合的に考え，中央政府・地方政府・民間セクター・NGO・住民などあらゆるレベルの利害関係者を巻き込んで，水資源を管理することを目指すアプローチを「総合水資源管理（Integrated Water Resources Management：IWRM）」という[12]。IWRMの考え方自体は，1992年のリオの地球サミットで既に提唱されており，SDGsのターゲット6.5になっている。国際河川の流域管理を関係諸国が共同で行うことも推奨されており，水紛争を回避するうえでもIWRMの重要性は増していると考えられる。

4 コロナ禍からの教訓
——石鹼による手洗いの重要性

新型コロナウイルス感染症（以下COVID-19）は，まさしくパンデミックとなって世界中に脅威をもたらした。感染症の種類こそ違え，今後もこうしたパンデミックが起こる可能性は十分にある。気候変動によって有害なウイルスや細菌をもつ生物が移動し，感染症の分布が変化する可能性が指摘されている。コロナ禍の経験から学ぶべきことは多いが，水分野に関連して1点に絞って言及したい。

COVID-19の予防策として，石鹼による手洗いやアルコール消毒による手指衛生が推進された。途上国に対する支援においても，UNICEFや国際NGO，二国間援助機関によって，「正しい手洗いの方法」についての啓発活動や，簡易手洗い器の配布，一部では手

---

11 沖・姜編 2017『知っておきたい水問題』九州大学出版会.
12 髙橋裕 2009「水資源の統合管理の概念整理」資源調査分科会（第20回）配付資料2
　　https://www.mext.go.jp/b_menu/shingi/gijyutu/gijyutu3/shiryo/attach/1286923.htm
　　（2023.9.6閲覧）

洗い場の建設などが実施された（図11-2）。

石鹸による手洗いは，COVID-19のみならず，非常に多くの感染症の予防策となる。手は，人間の活動において不可欠ともいえる機能をもつが，実に多くのものを触り，触ったものに付着した病原体を口や鼻などから体内に取り込ませる媒体にもなってしまっているのである。下痢症などの糞口感染症は，飲み水ばかりでなく手指も感染経路となるため，トイレの後・調理前・食事前の石鹸による

図11-2　コロナ禍で配布された簡易手洗い器

手洗いが非常に重要となる。石鹸による手洗いによって下痢症疾患は42〜47％減少するという研究もある[13]。5歳未満児死亡のもう一つの主要要因である急性呼吸器感染症にも，石鹸による手洗いは予防効果がある。今後，どのような新興感染症が襲来するかは未知数だが，いずれにせよ，石鹸による手洗いは公衆衛生の基礎であり，そのことが広く認識されるようになったのは，コロナ禍の数少ないプラスの遺産だと考えてよい。

石鹸による手洗いという，安価で，個人の手の届くところにある感染症対策は，個人の行動変容が主軸になるためか，国際開発の課題として打ち出されたのは，2008年の国際衛生年になってからだった。この年に10月15日が「世界手洗いの日」と定められた。その後，公衆衛生分野の専門家の研究や政策提言（アドボカシー）の蓄積

13　Curtis, V. & S. Cairncross 2003. Effect of washing hands with soap on diarrhoea risk in the community : a systematic review. *Lancet Infectious Diseases.* 3 (5) : 275-281.

	指標
世帯	世帯の敷地内に水と石鹸が利用可能な手洗い設備があること
学校	学校に水と石鹸が利用可能な手洗い設備があること
保健医療施設	水と石鹸が利用可能な手洗い設備もしくはアルコール消毒剤が，診療の場およびトイレから5m以内にあること

表11-2　SDGsにおける衛生行動（石鹸による手洗い）の指標
(State of the World's Hand Hygiene: A grobal call to action to make hand hygiene a priority in policy and practice. UNICEF&WHO 2021. をもとに作成)

もあって[14]，2015年にSDGs目標6のターゲット6.2として「衛生行動（hygiene）」が明記されることになった。

　ターゲット6.1，6.2をモニタリングしているWHO／UNICEF合同モニタリングプログラム（JMP）によれば，この衛生行動には，手洗い・食品衛生（food hygiene）・月経衛生対処（menstrual hygiene management）が含まれる。月経衛生対処は，近年，開発課題として認識され[15]，2021年からJMPによって月経の健康（menstrual health）としてモニタリングが実施されている。

　コロナ禍に対する開発支援によって，石鹸による手洗い行動が広まったことが報告されている一方，パンデミック下での短期的な行動変容が，長期的な習慣化につながるかどうかは次の課題である。行動変容や習慣化には，息の長い介入が必要だとされているが，子どもの頃からの教育や学校保健が一つの有効な手段だと考えられる。SDGsにおける衛生行動の指標（表11-2）として，世帯のみならず，学校と保健医療施設にも手洗い設備が備えられ石鹸と水を利用できることが要件とされたのは特筆に値する。

　また，コロナ禍において配布された簡易手洗い器や整備された手洗い設備をどのように維持管理していくのか，石鹸と水をどのよう

14　杉田映理 2020「『衛生の女王』Prof. Val Curtis を偲ぶ」『国際保健医療』35(4)：259-260.
15　杉田映理・新本万里子編 2022『月経の人類学—女子生徒の「生理」と開発支援』世界思想社.

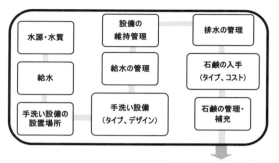

持続可能な手洗い設備

図11 - 3　持続可能な手洗い設備の検討要素

に継続的に供給するのかを検討しないと，手洗い行動を支える環境が機能しなくなる。第3節でみた給水施設の維持管理とも密接に関わってくる。特に手洗い設備が井戸などの給水施設と分離している場合は，システムとして全体を検討する必要があるだろう（図11 - 3）。筆者がマダガスカルの小学校で観察した好事例では，学校の保護者の委員会が，当番制で手洗い用の水汲みをし，石鹸は担任の教員が管理していた。それぞれの地域や学校等がおかれている文脈に適合した方法を検討する，ということが重要な一歩であろう。

5　多面的なアプローチが必要な水問題

　水は，わたしたちの生活に深く，そしてあらゆる面に結びついているだけに，水に関する課題は多い。気候変動が現実のものとなっているなか，水に関連する問題もますます増えている。本章でみてきたように多様な水問題が存在し，課題への関わり方も多様である。たとえば専門家といわれる人のバックグラウンドも，水文学や衛生工学のみならず，公衆衛生学や，経済学・ジェンダー学・社会学・文化人類学など，さまざまな持ち場がある。また，水・衛生分野の

国際協力は，草の根レベルから，国際的な外交レベルまであり，異なる立場からのアプローチが行われている。水問題に関心をもち，その多様な側面をさらに学んでいっていただきたい。

さらに深く学ぶために

沖大幹・姜益俊 編『知っておきたい水問題』九州大学出版会，2017 年
水問題について，水資源の現状や，持続可能な利用，水をめぐる国際紛争，森林や生態系と水との関わりなど，多方面について，わかりやすく解説している。

原田英典・山内太郎 編『サニテーションと健康〔講座 サニテーション学 4〕』北海道大学出版会，2023 年
サニテーション（sanitation）とは，人の屎尿の処理とそのための施設・システムを指す。SDGs の目標 6 に掲げられる「トイレ」はサニテーションのことであるが，本書では，屎尿由来の感染症やサニテーションの健康へ影響について，詳述されている。

第12章　国際教育協力の現在
——危機と戦争を乗り越える

北村友人

> 戦争は人の心の中で生れるものであるから，人の心の中に平和の
> とりでを築かなければならない。

（国連教育科学文化機関（UNESCO）憲章・前文）

1　今日の国際教育協力における優先課題

　2015年に国連で採択されたSDGsの目標4は，「すべての人に包
摂的かつ公正な質の高い教育を確保し，生涯学習の機会を促進す
る」と謳っている。この目標の背景には，社会生活を送るうえで必
要とされる資質・能力を獲得することが，わたしたちにとっての基
本的な人権であるという考え方がある。

　しかしながら，2023年現在，発展途上国を中心に世界中で約2
億2400万人の子どもや若者たちが学校に通えず，基礎的な教育機
会を得ることができずにいる。しかも，そのなかには紛争などの危
機的な状況の影響を受けている人たちが少なくない。さらに，2020
年ごろから始まった新型コロナウイルス感染症（COVID-19）の感染
拡大の影響は，先進国・途上国の別なく世界中の子どもたちの9割
以上に影響を及ぼし，多くの国や社会で教育格差を拡大させてきた。

　国連の推計によれば，2022年の時点で，世界中の子どもたちの
64.3％は，簡単な文章を読んだり理解したりすることができない
という。そのため，数年後には，8億4000万人の若者が将来の職場
に必要な資質を身につけないまま学校を離れることになり，世界人

口の 3 人に 1 人が基本的な文章を理解できないことになるという[1]。

　こうした状況に対して，国際社会の多様なアクターたちが協力して，教育支援を行うことが必要とされている。そのような取り組みを「国際教育協力」と呼び，特に第二次世界大戦の終了以降，各国政府・国際機関・市民社会組織などが連携して，世界各地で推進してきた。たとえば，1960 年代前半に，UNESCO が 4 つの地域教育会議（カラチ・アディスアベバ・サンティアゴ・トリポリ）を開催し，1980 年まで（中南米では 1970 年まで）に初等教育段階の学齢児童の完全就学を達成するという目標を掲げ，そのための国際教育協力を促進した。

　また，1990 年に開催された「万人のための教育世界会議」と 2000 年に開かれた「世界教育フォーラム」では，途上国における基礎教育の普及を目指す「万人のための教育（Education for All：EFA）」目標が合意された。そして，EFA 目標の実現へ向けた国際的な協力の枠組みが，国際機関（特に UNESCO・UNICEF・世界銀行）を中心に，各国政府や市民社会組織（NGO など）の積極的な参加を得ながら構築されてきた。さらに，国連で採択された 2000 年の MDGs と 2015 年の SDGs においても，それぞれ教育に関する目標が掲げられ，その実現のための国際教育協力の取り組みが積み重ねられている。

　こうした国際教育協力の歴史と現状については，これまでにも多くの書籍や論文が書かれてきたため，本章で詳細を述べることはしない。読者の方々におかれては，内海編 (2001)，澤村編 (2008)，萱島・黒田編 (2019) などを，ぜひお読みいただきたい[2]。それらの先行研究で明らかにされているように，国際教育協力は，いまだ多く

1　国際連合広報センター 2022「教育システムの再起動に向けた呼びかけに 130 カ国超が応じ，世界の子どもたちにより良い未来への新たな希望をもたらす（2022 年 9 月 19 日付 プレスリリース・日本語訳）」https://www.unic.or.jp/news_press/info/45133/（2023.8.8 閲覧）

の課題を抱えながらも，途上国の教育状況を着実に改善してきた。2000年には初等教育に就学することができない学齢児童が1億1000万人以上いたのに対して，2015年には5700万人ほどにまで半減した。もちろん，多くの途上国で，女子・女性，障がいをもった子ども，少数民族の子どもなどが教育機会へアクセスすることが難しい状況が広くみられる。また，教育の質という観点に目を向ければ，今なお，多くの途上国で実践されている教育活動の質が十分であるとはいえない。それでも，大きな流れとしては，この数十年で，途上国の教育状況は大幅に改善されてきたといえる。

　そうしたなか，取り残されてしまっているのが，紛争地や紛争の影響を受けている地域に暮らす人々である。たとえば，上述の2015年の時点で初等教育に就学することができなかった学齢児童（約5700万人）のうち，約半数が，紛争地や紛争の影響を受けている地域の子どもたちであった[3]。また，そうした地域で営まれている教育実践の質にも，多くの課題がある。そのため，本章では，今日の国際教育協力における最優先課題ともいえる「緊急時における教育（education in emergencies）」を取り上げる。

　なお，「緊急時（emergencies）」には，戦争のような武力紛争によって引き起こされる危機と，自然災害によって引き起こされる危機（たとえば，地震・津波・台風などによる被害や，旱魃による飢餓や疾病など）が含まれる。本章では，自然災害によって引き起こされる危機への対応についても多少言及はするが，主として武力紛争（以下，主に「紛争」と表記）によって引き起こされる危機への対応について論じることとしたい。それは，本章の冒頭に引用したUNESCO憲

2　内海成治編 2001『国際教育協力論』世界思想社；澤村信英編 2008『教育開発国際協力研究の展開―EFA（万人のための教育）達成に向けた実践と課題』明石書店；萱島信子・黒田一雄編 2019『日本の国際教育協力―歴史と展望』東京大学出版会.
3　UNESCO 2011. *EFA Global Monitoring Report- The hidden crisis : Armed conflict and education.*

章の前文が謳っているように，紛争予防と平和な世界の実現に向けて，教育が非常に重要な役割を果たすことができるためである。

　ただし，自然災害による緊急時にも，自然現象によってもたらされる被害だけでなく，社会の脆弱性といった人為的な要因によって被害が拡大することがしばしばみられ，教育の役割が大きなものであることも強調しておきたい。たとえば，防災教育の有無が，津波による被害の大きさを左右したり，民主主義の浸透の度合いが，旱魃による飢餓の広がりに影響を及ぼしたりといった事例が，これまで世界の各地でみられる。それらの事例から，教育が直接的あるいは間接的に果たす役割について考えることができる。

2　危機的状況における教育の役割

　2022年2月24日にロシアがウクライナに侵攻を開始してから，この原稿を書いている2023年8月の時点で，一年半が経過した。いまだに戦争が終わる見通しは立たず，多くのウクライナ人が国内外で厳しい生活を送っている。そして，世界を見渡せば，アフガニスタン，シリア，イエメン，リビア，サヘル地域（ニジェール，ブルキナファソ，マリ，モーリタニア等）をはじめとする国々で，武力紛争が続いている。また，ミャンマーにおける民主派への弾圧やロヒンギャ難民の問題にみられるように，不安定な政治的・社会的状況を抱える国や地域は少なくない。

　それらの危機的な状況にある地域では，多くの子どもたちが厳しい環境に置かれている。2023年現在，2億人の子どもたちが，最も危険な紛争地域に暮らしている。また，1億1900万人の子どもたちが，人道危機の影響によって，10歳になるまでに基礎的な教育の機会を得られず，物語を読んだり理解したりすることができない状態である[4]。

　こうした教育危機は，子どもたちの将来の可能性を大きく狭めて

しまうという意味において，非常に深刻な問題である。子どもたちは，教育を通して知識と技能を身につけ，社会性を育むことによって，職業機会を得て経済的に自立したり，コミュニティのなかで自らの能力を発揮する機会を得たりといったことができるようになる。したがって，教育機会を失ってしまうことは，子どもたちの個人的な可能性を狭めてしまうことに他ならない。これは，基本的人権としての教育を受ける権利を保障することが，特に紛争の影響を受けている国や社会においては難しいことを物語っている。

しかし問題は，それだけではない。多くの子どもたちが学校教育を受ける機会を失い，学校外でも十分な教育の機会を得ることができない状況は，中長期的にみると社会的な安定を脅かし，紛争を引き起こしたり，紛争を助長したりする要因になるリスクを高めてしまうという側面もある。なぜなら，教育には，紛争を抑止し，平和な世界を実現するうえで果たしうる，次のような役割があるからだ。

第一に，異文化理解の促進である。教育は，異なる文化や民族の間での理解を深める手段となりうる。教育を通して，相互理解が深まることによって，異なる背景をもつ人々の間での対話と交流が増え，対立や偏見が軽減される可能性が高まる。そうした異文化理解を深めることによって，他者に対する偏見や差別の温床を排し，平和的な共存関係を構築することができる。

第二に，寛容の精神を人々の間に醸成することである。すなわち，教育は，個人の価値観や人格形成に大きな影響を与えるものである。教育を通じて，寛容な態度や，他者の意見や信念といったものを受け容れる姿勢を育むことができる。そうした寛容の精神は，対立や

---

4 ECW (Education Cannot Wait) 2023. *Crisis-Affected Children and Adolescents in Need of Education Support : New Global Estimates and Thematic Deep Dives*. ECW. ; GCPEA 2022. *Education under Attack 2022*. Global Coalition to Protect Education from Attack (https://protectingeducation.org/wp-content/uploads/eua_2022.pdf [access 2023.8.8]) ; UNESCO 2023. 244M children won't start the new school year. (https://www.unesco.org/en/articles/244m-children-wont-start-new-school-year-unesco [access 2023.8.7]).

摩擦を回避し，紛争を平和的な方法で解決しようとする姿勢にもつながっていく。

　第三に，貧困削減や社会的不平等の緩和を促進することに寄与する。教育が普及することによって，社会経済的に厳しい背景をもつ人々も教育を受けることが可能になり，ひいては，就労機会を高め，貧困削減に貢献することとなる。そのようにして社会的不平等が緩和されることで社会に対する不満や敵対心を抱く人たちが生まれにくくなり，紛争が発生するリスクを低減することができる。

　第四に，広い視野を身につけることを助ける。教育を通して異なる国や社会の文化や歴史について学ぶことで，自分たちの国や社会とは異なる立場からの見方を理解することができるようになる。それが，さらには，立場を超えて協力することの意義について考えることにもつながる。そうした理解が，国家間や民族間などの問題を，対立や紛争ではなく協力や連携によって解決しようとする姿勢を生み出すであろう。

　なお，教育が果たすことのできる役割は，実際にはここで挙げた4つに留まらず，より多様なものであることを付言しておきたい。

　このように，教育には，紛争を抑止したり，紛争終結後に社会の安定を促進したりすることができる大きな力がある。そのように，教育の力が大きいからこそ，教育そのものが攻撃の対象になってしまっている，という現実があることも指摘しておきたい。たとえば，2020年から2021年にかけての2年間で，58か国において5000か所以上の教育施設と9000人以上の教育関係者が攻撃された[5]。このように，教育機関や教育関係者への攻撃が増加していることは，非常に憂慮すべきことである。教育環境が危険に晒されることによって，子どもたちや教師たちが教育に対する恐怖心を抱えること

5　GCPEA 2022.

になってしまう。また，そうした攻撃によって学校が機能しなくなり，学習機会が制限されてしまっている。

　それでは，なぜ学校や教師たちが攻撃の対象になってしまうのか，と疑問に思われるかもしれない。その理由は，それぞれのケースにおいて異なり，複雑な社会的・文化的背景を踏まえて考える必要がある。それでも，多くのケースにみられる理由として，以下の4点を挙げることができる。

　第一に，影響力の誇示である。教育や知識の象徴である学校は，地域の文化やアイデンティティを反映しており，テロリストたちが地域社会に対して象徴的に影響力を示すために，そうした攻撃を行うことがある。たとえば，ある特定の宗教的価値観を強調する過激派組織が，世俗的な価値観を教えているという理由で公立学校を攻撃したり，自らの教えと異なる教義を広めているという理由で異なる宗教の学校を攻撃したりするケースがある。

　第二に，教育機会を阻害する目的である。テロリストたちは，人々が教育を受けることで，彼らのプロパガンダや極端な思想に対して疑問を抱いたり，抵抗したりすることを恐れている。そのため，人々の意識の向上を促すような教育の機会を与えないようにすることを目的として，学校や教師を攻撃することがある。

　第三に，若者たちを勧誘し，取り込むためである。過激派組織などが若者たちを自らの組織に取り込もうとする際に，学校や大学を攻撃し，若者たちが抱く未来への希望や展望を奪い，テロリストたちの支持基盤を広げようとすることがある。

　第四に，プロパガンダを拡散するためである。学校などの教育機関は，情報発信の機能をもっている。そこで，過激派組織やテロリストたちは，自分たちのプロパガンダを拡散し，特定の情報やイデオロギーを地域の人々に押しつけるために，攻撃によって学校や教師たちを威嚇することがある。

　これらの理由によって，紛争地において学校や教師たちが攻撃の

対象になってしまっている。しかしながら，このことは，過激派組織やテロリストたちが「教育の力」を認識していることの裏返しでもあるといえる。つまり，教育を普及させて，より多くの人々が知識を獲得し，考える力を身につけることができれば，そうしたテロリズムに対抗することが可能になる，ということも意味している。

3　異なる「紛争の段階」における教育の役割

　紛争や自然災害が起きた後の社会は，一般的に「緊急段階」→「復興段階」→「開発段階」という段階を経て，時間軸に沿って状況が変化していく。そして，それぞれの段階において，優先事項が異なる。ただし，これらの段階は，時系列的に厳密に分けられるものでもない。大切なことは，それぞれの段階の間の「ギャップ」を減じることである[6]。このことを踏まえたうえで，本節では，異なる「紛争の段階」における教育の役割について考えたい。

　前節で述べたように，紛争を抑止し，平和な世界を実現するために，教育には多様な役割が期待されている。しかしながら，そうした考え方は比較的新しいものであり，かつては，緊急時（とりわけ紛争時）において教育ができることは非常に限られているという見方が支配的であった。確かに，何よりもまず命を守ることが優先される緊急時には，住む場所や着るもの，食べるものを確保し，保健医療に関わるサービスを提供することが必要であり，教育的な活動を行う余裕などないのが実状であろう。

　しかしながら，たとえ武力紛争の最中であっても，子どもたちの学びを止めない努力が，紛争地では積み重ねられている。たとえば，

6　小松太郎 2014「解説」シンクレア，マーガレット『紛争・災害後の教育支援』小松太郎訳，東信堂，127-139 頁．(Sinclair, Margaret 2002. *Planning Education in and after Emergencies.* UNESCO.)

ロシアによる侵攻を受けたウクライナにおいて，対面での学習が難しい場面ではオンラインを使った学習が行われてきた。それは，将来を見据えて，子どもたちの学びを止めないという意図もあるが，それと同時に，恐怖のさなかにあっても，教師や他の生徒たちと交流することによって，一時的にではあれ不安や怖れを減じることができるという効能もあるからだ。

　また，さらに直接的な「学び」のニーズとして，たとえば友達と一緒に遊んでいるときに対人地雷を踏んでしまった場合の対処法や，戦闘機の襲撃を受けた際の避難法といった，自らの命を守るための学習を行うことも，状況によっては必要になる[7]。

　このように，紛争が起こっている時期にも，教育が果たすことのできる役割はある。もちろん，紛争の予防や抑止，そして，紛争終結に伴う対応についても，それぞれ教育が果たすべき役割は異なる。そこで，教育の役割を，紛争のタイプと段階に応じて考えると，表12-1のように整理できる[8]。

　この表が示すように，まだ紛争が起こる前の比較的「平和」な段階で，紛争を予防するための教育を行うことは，多くの悲劇を未然に防ぐという意味で，最も重要な取り組みであると考えられる。民族間や宗教間の対立をはじめ，民主主義の欠如や深刻な経済格差など，社会のなかには紛争の火種となる問題が存在している。それらの問題に対して，偏った見方を強調するのではなく，異なる立場の考え方や見方を広い視野に立って理解することを促すような教育を行うことが，紛争を未然に防ぐという意味で必要になる。それは，集団同士の信頼関係を築き，「社会的結束（social cohesion）」を強化することに寄与するような教育である。とりわけ「学校は，社会的

7　日本教育学会国際交流委員会編 2022『ウクライナ危機から考える「戦争」と「教育」』教育開発研究所．
8　内海成治 2005「緊急復興支援の動向と課題」『国際教育協力論集』8 (2): 15-24.

紛争のタイプ と段階	紛争がない； 比較的「平和」	国内不和； 社会的不和； 紛争「前」	武力紛争	紛争終結への 移行期； 和平プロセス	「ポスト」コ ンフリクト
教育的イニシ アティブのタ イプ Type of educational initiative	紛争予防の教育 （教育開発） Education for prevention (development)		緊急教育 Education in emergencies	社会復興の教育 （教育開発） Education for social and civic reconstruction (development)	

表12-1 　紛争のタイプと教育的イニシアティブのタイプ
(Tawil & Harley 2004, p. 11＝内海 2005, p. 20の表より作成)

結束を促進していくにあたり，異なる文化背景を持つ子どもや大人たちが出会い，交流することで集団間の偏見を減らし信頼関係を構築する役割」を担っている[9]。

　とはいえ，教育だけで紛争を防ぐことは，残念ながらきわめて難しいことも事実である。その社会における政治や経済，さらには文化をめぐる多様な要因が絡み合って，結果として武力による衝突が起こってしまうケースは枚挙にいとまがない。そうした緊急時に教育ができることは限られているが，先述のような命を守るための教育など，その状況のなかで可能な取り組みを人々は積み重ねている。

　そして，紛争終結への移行期に入ると，より本格的な教育活動が展開されるようになる。この段階では，まだ武力衝突が続いていることが多いにもかかわらず，学校を再開するケースもみられる。とくに，2002 年から 2003 年にかけてアフガニスタンで UNICEF が実施した「バック・トゥ・スクール（学校へ戻ろう）」キャンペーンは，紛争終結への移行期における教育支援の重要性を広く知らしめた，歴史的な取り組みであった。

　2001 年 9 月 11 日に米国で起きた同時多発テロの後，米軍と北部

9　小松太郎 2016「紛争・災害後の教育」小松太郎編『途上国世界の教育と開発─公正な世界を求めて』上智大学出版，228 頁.

同盟軍の攻撃によってアフガニスタンのタリバン／アル・カーイダが壊滅状態に陥り，2001年12月にカルザイ議長を首班とするアフガニスタン暫定政権が発足し，アフガニスタンに一定の平和が戻ってきた。20年以上にわたる内戦によって，多くの子どもたちが学校に通うことができなかった状況が，変わろうとしていた。当時，アフガニスタン国内では戦闘が続いており完全な平和という状況にはほど遠かったが，間もなく戦争の終結と平和の到来を迎えるはずだという希望を多くの人がもったのである。

　そうした社会状況のなか，2002年3月23日の新学期開始までに約150万人の子どもたちが小学校に就学することを目標として掲げたキャンペーンが，UNICEFとアフガニスタン内務省を中心に，日本を含むさまざまなドナーの協力を得て実施された。これは，UNICEFにとってそれまでで最大規模となる教育支援のための物資調達であり，実質的にすべての学校に，総量7000トンもの教材が届けられた[10]（具体的には，700万冊以上の教科書・ノートの配布，児童・教員用の教育機材セットの配布，教員に対する研修の実施，校舎の修復，約1万8000の黒板の設置や机・椅子の配備といった学習環境の整備，ラジオ放送などによる広報が実施された『政府開発援助（ODA）白書』2002年版）。

　この「バック・トゥ・スクール」キャンペーンは，子どもたちが学校に通う姿を目の当たりにすることで，長年にわたる戦争に疲れたアフガニスタンの人々が平和の訪れを実感し，将来への希望をもつことができたという点から，意義深い取り組みであったといえる。それを証するように，このキャンペーンを契機に，同様の取り組みが，その他の紛争地においても試みられている。武力衝突が完全に終結しないと，教育の出番はないと思われていたイメージを，この

10　ユニセフ 2003「アフガニスタン あれから1年 影を落とす課題―ユニセフは，女子教育と女性の健康に対してさらなる投資をすすめる」
　　https://www.unicef.or.jp/kinkyu/afghan/2003_0422.htm（2023.8.8閲覧）

キャンペーンは大きく変えることになった。

　アフガニスタンでは，キャンペーンの後も継続した国際教育協力が実施されてきた。しかしながら，2021 年 8 月にタリバンが首都カブールを制圧し暫定政権を樹立すると，女子・女性の教育が大幅に制限され，中学生以上の女子は学校に通うことができなくなった[11]。このように，残念ながら，アフガニスタンの教育は厳しい状況に置かれていることも指摘しておかねばならない。

　このアフガニスタンでの例が示すように，紛争終結への移行期においても，教育はある程度の役割を果たすことが示された。とはいえ，やはりさらに積極的に国際教育協力が展開されるのは，紛争が終結した後の復興期に入ってからとなる。紛争が終結した後の教育復興において，最初の大きな課題が，紛争前の教育環境をいかに「回復」させるか，ということである[12]。紛争という非日常的な暴力を経験した子どもたちにとって，教育を受ける機会を得るということは，日常生活を取り戻すことに他ならない。同時に，教育を受けることによって，将来への道が拓ける可能性が高まる。

　このように，まずは教育を「回復」することから始めつつ，それと並行して，持続的で安定した教育セクターを「構築」していくことが必要である。こうした教育の「構築」には，教育制度・教育行政・カリキュラム開発など，多岐にわたる領域が含まれる。

　ここで示したような教育の「回復」や「構築」を行うにあたっては，紛争の原因を分析し，どのようにすれば紛争の再発を防げるかという観点を踏まえた，教育の「改革」を進めることが重要である。たとえば，少数民族にとっては，教育の機会が制限されていたり

11　アフガニスタンの学校制度は，日本と同様に，初等教育（小学校）6 年，前期中等教育（中学校）3 年，後期中等教育（高校）3 年であり，初等教育と前期中等教育の 9 年間が義務教育である。
12　小松太郎 2005「紛争後の教育復興」黒田一雄・横関祐見子編『国際教育開発論―理論と実践』有斐閣，208-222.

偏った教育内容が教えられたりといったことが，彼らの置かれている社会状況に対する不満の一因となっていることがある。そういった状況に対して，教育の「改革」を通じて紛争の要因となる問題を解消するような，教育制度や教育内容を検討することが欠かせない。

　また，紛争後の教育復興プロセスにおいて，学校施設の修復といった物理的な面での復元や再構築だけでなく，トラウマに対するカウンセリングなどを通して子どもたちの心のケアを行うとともに，将来的に安定した平和の基盤を築くための平和教育を促進することも必要である[13]。すなわち，「自己と同時に他への理解を促進させ，共存の必要性を認識させること，共存するための具体的な技術を習得させること，また，実践的にこれらの技術を適用する機会を提供すること」[14]が，平和構築のための国際教育協力を推進するうえでは欠かせない。

4　教育資金の調達・開拓と国際的なネットワーク

　緊急時には平常時以上に教育資金が必要となることは，容易に想像がつくであろう。しかしながら，紛争や自然災害などの影響を受けている途上国では，教育への資金が大幅に不足しており，そのことが教育に対する重要な課題を浮き彫りにしている。財源の問題は，国際教育協力のあり方を考えるうえで避けて通ることのできないものである。そこで，本節では，教育への資金不足がもたらす影響について考えてみたい。

　教育資金が不足することによって起こる問題は多岐にわたるが，主に次の4点を指摘することができる。第一に，教育の質が低下す

13　シンクレア 2014.
14　水野敬子 2001『平和構築のための教育協力に関する基礎研究』国際協力事業団国際協力総合研修所，11頁.

ることである。資金不足によって，教育機関や教育プログラムの運営に必要な資源が不足する可能性がある。教育の質を維持・向上させるためには，適切な教材や設備，教師の適正な給与などが必要であるにもかかわらず，これらを提供できない状況が生じてしまう。

第二に，資金不足により，教育の普及が十分に進まず，学習機会が制限されてしまう。特に，経済的に厳しい環境に置かれている家庭の子どもたちや難民などの「脆弱な人々（vulnerable populations）」にとっては，学習機会が限られることによって，将来の職業選択などの可能性が制約されるリスクが高まる。

第三に，教育への資金不足は，社会経済的な格差を拡大させる要因となりうる。十分な資金が提供されない場合，経済的に恵まれた地域や家庭に属する子どもたちが優遇され，不平等や格差が増大する可能性がある。

第四に，教育の資金が不足することによって，新たな技術やイノベーションの導入を妨げることになる。現代の社会では，テクノロジーを活用した効果的な教育手法が重要であるにもかかわらず，資金不足によってその導入が遅れてしまう。

ここで挙げた問題は，途上国の教育分野に関して一般的にいえることではあるが，緊急時には，これらの問題が深刻化するリスクが非常に大きくなることを強調したい。とはいえ，ただでさえ十分な財源を確保することが困難な途上国では，緊急時にはよりいっそう資金が不足することは明らかである。そのため，国際教育協力が不可欠となるのだが，緊急時における教育支援は，往々にして，反応的・短期的・断片的であることが指摘されている[15]。すなわち，その場で起こっている状況に対応することに追われ，中長期的な視点や包括的な視点に立って支援を構想することが難しい，ということである。

15　UNESCO 2023.

このような状況に対して，国際社会としての支援の枠組みを構築する取り組みが，特に1990年代以降，積み重ねられてきた。その端緒を開いた取り組みが，1990年に開催された「難民教育協議会（Refugee Education Consultation）」であった。これは，1990年に開催された「万人のための教育世界会議」のフォローアップとして，緊急時の教育に関わる国連機関と市民社会組織（NGOなど）を結ぶ国際的なネットワークの構築を目指したものであったが，当時は十分な成果を上げることができなかった。その後，1996年に「教育に関するグローバル情報ネットワーク（Global Information Networks in Education）」が立ち上げられ，緊急時の教育に限らず，さまざまな教育に関する情報の国際的な共有が目指された。そして，2000年に開かれた「世界教育フォーラム」での議論を受けて，同年11月にUNHCRがUNESCO，UNICEF，そして主要なNGOと共同で会議を開催し，「緊急時の教育のための組織間ネットワーク（The Inter-agency Network for Education in Emergencies：INEE）」が設立された。INEEの役割は，情報交換，提言，相互に共有できる活動ガイドラインや教材の開発などである[16]。

　緊急時の教育に対応するための国際的なネットワークはその後も拡充を続け，異なるアクター間のコーディネーションを担ったり，資金調達を行ったりするための多様なメカニズムが，国際的に構築されている。

　このように，緊急時における教育に対する国際的な支援の枠組みが整備されてきたとはいえ，資金調達の面では，必要とされる支援額からはほど遠いのが現状である。そこで，2022年9月にニューヨークの国連本部で開かれた「教育変革サミット（Transforming Education Summit：TES）」において，グテーレス国連事務総長とブラウン国連グローバル教育担当特使は，スウェーデン・英国・オラ

16　シンクレア 2014.

ンダの各国政府に加え，アジア開発銀行とアフリカ開発銀行とのパートナーシップに基づく融資制度である「教育のための国際金融ファシリティ（IFFEd）」の立ち上げを発表した。これは，特に新型コロナウイルス感染症の拡大によって教育状況が悪化している国々への融資を加速するための制度である。

そして，このサミットにおいて，危機に対して「よりよく予防，備え，対応，復興するために教育システムを変革する」ことを目指した取り組みを，多様なアクターが積極的に進めることを促す「危機的状況における教育に関する行動へのコミットメント（A Commitment to Action on Education in Crisis Situations）」が発表された[17]。こうした政治文書が，どれだけ実効的に緊急時の教育支援につながっていくかは，必ずしも明確ではない。しかし，少なくとも危機に対する国際教育協力の重要性が広く認識されていることの証左であることは間違いなく，今後の展開を注視していきたい。

本節で概観した緊急時における教育資金の課題に対して，国際社会は着実に対応を積み重ねてきた。にもかかわらず，2023年現在，2億2400万人の子どもや若者が教育機会を得ることができておらず，その人数は今後さらに増えることが予想されている。そうした重い現実が私たちの眼前にはあるが，同時に，いま積み重ねられている努力を継続し，さらに発展させていくことでしか，状況が改善されることはないであろう。そのためには，一人でも多くの人が現在の状況を理解し，政府をはじめとするさまざまなアクターがこの問題に積極的に取り組んでいくよう，社会的な合意を形成し，それらのアクターに働きかけをしていくことが欠かせないことを，本節の最後に強調しておきたい。

---

17 United Nations, *Education in crisis situations : A commitment to action.*
    https://www.un.org/en/transforming-education-summit/education-crisis-situations
    (access 2023.11.14)

5 持続可能な未来に向けた国際教育協力

　本章では，緊急時（特に武力紛争によって引き起こされる危機）における国際教育協力の役割について論じた。紛争をはじめとする危機的状況は，貧困と不平等を拡大させる要因になる。そうしたなかで，教育は人々のニーズや希望，潜在能力を伸ばす機会を提供することができる。また，質の高い教育を通して，個々の能力を向上させ，不安定な状況に対してもそれに負けない「強靱（レジリエント）な生活」を送るために必要なスキルを身につけることができる。

　ただし，そのためには，国際社会やそれぞれの国や地域の政府が，教育への適切な投資を行うことが重要である。また，政府や国際機関といった公的セクターだけでなく，市民社会や民間セクターなどにおける幅広い組織や人が連携することが欠かせない。そうした努力の積み重ねを通して，教育への資金を増やし，包括的で公正な学習機会を提供することによって，危機を乗り越え，より持続可能な未来を築くことができるようになることを強調して結びとしたい。

さらに深く学ぶために

萱島信子・黒田一雄 編『日本の国際教育協力―歴史と展望』東京大学出版会，2019 年
本書は，日本が行ってきた国際教育協力の多様な領域を，歴史的な経緯も踏まえつつ包括的に紹介している。日本による教育支援について理解するのみならず，国際教育協力という分野の全体像を理解するうえでも役に立つであろう。

北村友人『国際教育開発の研究射程―「持続可能な社会」のための比較教育学の最前線』東信堂，2015 年
拙著を挙げることに躊躇いはあるが，途上国の教育開発について理解するうえで，また，それを支援する国際教育協力のあり方について，さらには，これからの途上国の教育において重要になってくる課題に関して，理解していただけるものと思う。

Part 4

国際協力と
企業・市民社会

バングラデシュ：遠くまで広がる難民キャンプ　（撮影：桑名恵）

国際協力といえば，政府や国際機関が行うイメージがあるが，従来の枠組みの行き詰まりに直面するなか，企業や市民社会など民間の多様なステイクホルダーの関与を高めなければ，グローバルな課題の解決は進まない。Part 4 では，難民問題への市民社会の関わり，国際協力における企業の役割，近年の資金調達の多様化を検討することで，今後の国際協力体制に求められる展望の手がかりを示す。

　第 13 章では，近年難民が急増し，従来の，政府・国際機関・NGO 等による保護と受け入れの体制に限界が生じるなか，難民自身の主体的な参加や，市民社会主導での対応の拡大の可能性を探る。今後さらにこの動きを強化し，難民の自立につなげるために必要な方策も提言する。

　第 14 章は，多岐にわたる企業の役割と取り組みを紹介する。近年，持続可能性や SDGs に関わる政策が世界的に重視されることによって，国際協力における企業の関わりが増大し，ビジネスにも高度な人権意識が求められている。テクノロジーやイノベーションの必要性の高まりとともに企業の役割の重要性が増し，責任の形も変容するという未来の展望も投げかける。

　第 15 章は，寄付から投資までのさまざまな民間資金による資金調達の全体像と現状，課題を整理し，未来の国際協力の戦略を探る。国際協力に必要な資金が不足するなか，民間組織のみならず，政府や国際機関であっても，寄付や投資を誘発することは重要な課題である。経済的なリターンを追求すると同時に，社会や環境に対するインパクトを重視する流れや，ESG・インパクト投資の潮流は，資本主義を超えた新しい社会の形を示している。

　今後さまざまな領域で，政府・国際機関と，企業・市民社会など多様な民間セクターが対話し，民間セクターの強みを引き出し，連携していくことで，混迷の時代に求められる新たな形の国際協力が実現できる可能性が高まっていくことを読み取ってほしい。（桑名）

第13章　市民社会はどう難民と向き合うのか

折居徳正

　筆者は 2016 年より，市民社会主導の難民[1]受け入れに実務者として従事している。本章ではその経験に基づいて，以下，市民社会の難民との向き合い方について論じていく。

1　歴史的展開

20 世紀の難民保護と市民社会の関わり

　歴史的に迫害や紛争から逃れてきた人々を保護することは，戦争や紛争，圧制の歴史とともに，古代より人類社会で広く行われてきた行為といえる。古代から中世にかけては，神殿や寺院等の宗教的施設が，その役割を果たすことが多く，また親族や同じ言語・地域出身者が避難や定住を支えることも，数多くあったであろう。本章では，このような市民社会の役割を，難民をめぐる歴史的展開に位置付けながら，現代の我々の役割について論じていく。

　現代的な意味での難民の保護は，国民国家の形成とその過程で迫害や紛争によって移動を強いられた人々の保護により始まった。1914 年に勃発した第一次世界大戦の結果，1919 年のヴェルサイユ条約では「民族自決」の原則が確認され，崩壊した帝国に代わって

1　本章で「難民」という語は，1951 年の難民条約に基づいて認定された条約難民に留まらず，国連難民高等弁務官事務所（UNHCR）が一般に用いる，紛争等から国境を越えて逃れた人々を含む広義の意味で用いる。

欧州に多くの国民国家が誕生した。その際に，新たに建国された国民国家の枠組みに入り切らなくなった人々，あるいは革命後のロシアから政治的理由で逃れる人々が他国への移動を強いられ，その保護が当時の国際連盟の責務の一つとなった。「難民の父」と呼ばれるフリチョフ・ナンセンが活躍したのはこのときで，北極探検家から外交官に転身した彼は，その国際的知名度を活用して各国の説得を試み，また難民の渡航に必要な「ナンセン・パスポート」と呼ばれる移動許可証の発行に尽力し，難民の移動と定住のために奔走したのであった。この時代も，各国がナンセン・パスポートを持つ彼らの入国を許可した後，それぞれの国で定住と自立を支えるのに，信仰に基づく組織，同郷人たち，あるいは社会活動団体等が大きな役割を果たしていた。

　その後，第二次世界大戦を経て，戦間期の難民に関する諸条約を包括し，さらにユダヤ難民等第二次大戦による欧州の難民への対応を定め，当時の世界の主要国によって調印されたのが，1951年のいわゆる難民条約である。この条約により，国民国家は相互に，領域内で保護を求める難民を本国に送還せず，保護する義務を有することが確認された[2]。1967年の議定書を経て，地域を問わず，また1951年以降に発生した難民にも，その原則は適用されることとなった。

第三国定住とカナダのプライベートスポンサーシップ

　難民の保護を考えるとき，自力で他国の領域内に辿り着き難民条約に基づいて庇護を求める人々を送還せず保護するというアプローチに加えて，関係各国の合意によりいったん保護された国とは別の第三の国が難民を受け入れるという，第三国定住（Resettlement）も

併せて考える必要がある。一般に難民の大部分を受け入れるのは，陸路で移動可能な難民の出身国の周辺国であるが，受け入れ国には政治・経済・社会的に大きな負担となる。第三国定住は，国際協力および人道的な措置として，第三国の政府が難民を受け入れ，定住を支援するものである。

　第三国定住において特徴的で，その後の各国の難民受け入れのモデルとなったのが，カナダにおけるプライベートスポンサーシップである。1970年代後半から1980年代にかけて，多くのインドシナ難民が安全を求めてボートで危険な航海に出ていた。カナダには，当時，受け入れの主体となるインドシナ出身者のコミュニティがあったわけではない。しかし，建国の歴史に鑑みて，受け入れるべきと考えたキリスト教会を中心とする市民社会の努力により，定住に必要な資金や支援活動を市民社会が分担することで，第三国定住受け入れ枠を増やすことに成功したのである。

　1980年代から現在まで続くプライベートスポンサーシップでは，信仰に基づく組織，NGO，大学等の既存の組織のほか，5人以上の人々が集まって一定の訓練を受け，受け入れに必要と定められた資金を集めて受け入れグループとして登録すれば，カナダ政府の第三国定住プログラムに参加して，難民を受け入れることが可能となる。「サポートしたい市民」が受け入れに従事することで，政府としてもその後の生活立ち上げ支援から自立まで，効果的な支援を期待することができる。このカナダの取り組みと実績は，2010年代以降の難民急増の時代に，各国の難民受け入れに大きな影響を与えた。

欧州難民危機と難民急増の時代の市民社会

　冷戦終結後の1990年代から2000年代初頭にかけて，国際社会は，冷戦期に発生していた紛争の解決に取り組み，難民が帰還を果たす事例もあった。しかし，2001年以降，アフガニスタンとイラクでの戦争勃発を端緒に新たな紛争や政情不安が広がると，問題が根本

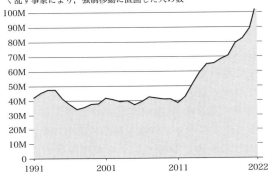

1億840万人 世界で故郷を追われた人
2022年末時点で，紛争や迫害，暴力，人権侵害，公共の秩序を著しく乱す事象により，強制移動に直面した人の数

図13-1　1991年以降の難民の数の推移
（『数字で見る難民情勢2022』UNHCR）

的に解決して多くの難民が帰還できるという状況はほとんどみられなくなった。そして2010年代に入り，世界の難民の数は，急増の一途をたどる（『数字で見る難民情勢2022』UNHCR）。

　難民急増の最初の要因となったのが，2011年の「アラブの春」と呼ばれる民主化運動に端を発し，その後，国際紛争化したシリア内戦であった。2013年頃から数百万の人々が難民として国境を越えて逃れ，2015年にはシリア難民を中心に中東・アフリカの各国から約100万人ともいわれる人々が欧州を目指して移動する「欧州難民危機」となった。到着した難民を，EU各国は，従来の枠組みと制度では受け入れることができず，受け入れに積極的なドイツ等と消極的な国々の間で対応が分かれて機能不全に陥り，最終的に，EU域内への移動の規制強化とトルコへの送還という批判の多い措置を行わざるを得なくなった。多くの人々が移動しようとするグローバルな人の流れは，人道的な課題であるとともに，国家と社会の制度や機能の維持や存続に関わるセキュリティの課題でもあるこ

とを突きつけられ，国際社会は新たな方法を模索する必要に迫られたのである。

　このような人の移動は，その後もさらにグローバルに拡大し，アフリカ・中東・アジア・中南米各国から，欧州や北米を目指す流れとなっている。さらに多くの場合，難民と移民が混然となって移動していることが多いのも特徴である（混在移動と呼ばれる）[3]。難民保護と受け入れの制度は，ここに至って，南から北へというグローバルな人の流れのなかにいる難民の保護という，新たな課題への対応が求められることになったのである。

　そのようななか，新たな政策策定を牽引する形で，各国で市民社会が主体的に難民の受け入れを進め始めた。EU 域内や北米への移動が規制強化されたことで，難民条約に基づく保護を申請できる人々の数はきわめて限られ，また従来の第三国定住の枠組みに収まる規模でもないことから，市民社会主導の新たな枠組みが必要と考えられた。その際に各国でモデルとなったのが，上述のカナダで実践されてきたプライベートスポンサーシップであった。多くの国で，政府や選挙において示される「民意」は受け入れに消極的である一方，一人ひとりの市民や市民の組織はできることをしようと数名，数十名単位の受け入れを始め，その流れが集まって少しずつ大きくなっていった。

　市民社会の動きを背景に，各国政府は，オバマ米大統領（当時）の呼びかけにより 2016 年に「難民と移民のためのニューヨーク宣言」を採択，2018 年 12 月には，国連総会で「難民に関するグローバルコンパクト（Global Compact on Refugees：GCR）」が採択され，難民，移民というグローバルな課題に対して新しい政策が推進され

3　「移民」とは一般に経済的な理由により自らの意思で他国に移住しようとする人々を指すが，近年極度の貧困や気候変動等で移動を強いられる側面が強い人々も増えている。「移民」および「混在移動」については，滝澤三郎 2017「難民政策はどうあるべきか—難民危機と日本の対応」を参照。https://ippjapan.org/archives/2504（2023.11.23 閲覧）

るようになった。

　シリア紛争以後も，数十万から数百万規模の難民を発生させる人道危機が相次いで起こり[4]，2022年末で難民の数は1億人を超えた[5]。そして，現在のところ，この数が減少に向かう現実的な見通しはない。さらに，各国政府が，毎年数百万人の移動を求める人々の入国を認めることも，第三国定住の受け入れ枠を年間数十万人規模に増やすことも，現実的な見通しとしてはない。そのため，増え続ける難民の保護と受け入れには，市民社会主導の枠組みを拡大して対応する道を探る以外にはないのが，2020年代の世界の姿である。第一次大戦の時代から一世紀を経たいま，市民一人ひとりが，フリチョフ・ナンセンに倣って受け入れの道を切り開くことが必要とされている。

2　GCRと第三国受け入れのパスウェイズ

難民に関するグローバルコンパクト：GCR

　2018年12月の国連総会で採択されたGCRは，以下の4つの分野で新しい解決の道の模索を提唱している。

① 　周辺受け入れ国の負担軽減

② 　難民の自立の向上

③ 　第三国へのアクセス拡大

④ 　出身国への尊厳をもった帰還のための環境整備

　また，以上を推進するために「多様な主体による取り組み（Multi-stakeholder approach）」が推奨され，国家や国際機関のみによらず，自治体，企業，教育機関，NGO，信仰に基づく組織，さらには難

4　主なものとして2021年のミャンマーでのクーデター，アフガニスタンでの政変，2022年2月のロシアによるウクライナ侵攻等。

5　UNHCR「数字で見る難民情勢（2022年）」
　　https://www.unhcr.org/jp/global_trends_2022 （2023.11.23閲覧）

民自身等，多様な主体が協力して取り組むことが推奨されている。このなかで，分野③第三国へのアクセス拡大のために，第三国定住に加えて，補完的パスウェイズ（Complementary Pathways 以下，パスウェイズまたは補完的パスウェイズ）の拡大が政策として位置付けられている。

　さらに，GCR の定めた枠組みとして，4 分野に関する施策を集め，進捗を確認するため，4 年ごとに「グローバル難民フォーラム（Global Refugee Forum：GRF）」が開催されている。第 1 回は 2019 年 12 月にジュネーブで行われ，第 2 回は 2023 年 12 月に，日本も 6 か国ある共同開催国の一つとなって開催された。GRF では，「多様な主体による取り組み」の方針に沿って，各国政府や国際機関とまったく同列に，企業，教育機関，NGO 等，多様な主体が，4 つの目的の推進のための施策についてプレッジ（宣言）を行い，その進捗を 4 年後に測るという制度がとられている。

補完的パスウェイズと新たな難民像

　次に，補完的パスウェイズの概念について，より詳しくみていきたい。まず，ここでいう「補完的」とは，従来の第三国定住を補完するという意味であり，グローバルコンパクト以後，通常，2 つをあわせて「第三国への定住と補完的パスウェイズ[6]」と呼ばれるようになった。補完的パスウェイズは，決して第三国定住に取って代わるものではなく，脆弱性が高く第三国定住の必要性が高い難民の受け入れは，引き続き各国政府が継続・拡大していくべきとされる。

　一方パスウェイズは，留学や就労を通じて自立できるだけのスキルのある人々や，受け入れ国に家族がいる人々を，留学・就労・帯同家族等既存のビザを用いて，多様な組織が受け入れを進める。各

6　英語では Resettlement and Complementary Pathways for admission to third countries となる。

プログラムの立案と実施は受け入れ機関やグループが，一定の基準に基づいた選考，ビザ取得，語学教育，定期モニタリング，就労支援等を綿密に準備・計画し，関係者が責任を分担し，受け入れを行っていく必要がある。一定の支援期間を経て経済的に自立していくことを前提に，十分な資金を事前に確保することも必要条件である。

　そして，このような受け入れプログラムにおいては，新たな難民像の提示が必要となる。従来の難民の保護と受け入れは政府，国際機関およびNGOによって担われてきたが，そのための資金調達においては，難民がどれほど支援の緊急性が高く脆弱な状況に置かれているか，ときに情に訴える形でアピールするファンドレイズ手法が長くとられてきた。緊急期の難民を支援するためには必要であったし，今後もその必要性は変わらないかもしれない。一方で，これにより，多くの人々のなかに，難民は「援助を求めている弱く貧しい存在」というイメージが植え付けられたことは否めず，たまたま歴史に翻弄されて難民の状況に陥った一人ひとりの能力や可能性を客観的にみることを，難しくしてしまっている面もある。

　対照的に，留学や就職を通じて難民の受け入れや自立を支援しているプログラムでは，個々の難民の能力・経験・意欲を，教育機関や企業・支援者に説明しアピールすることになる。このように，難民像と資金調達の面で，新しい事業モデル，新しい資金の流れ，そして新しい機会提供者が必要とされている。

　さらに，近年重要性を増しているのが，「難民の意義ある参加（Meaningful Refugee Participation）」である。難民の第三国受け入れについて政策決定や事業立案を行う際，なぜ当事者である難民が，その場に参加して，意見を表明することができないのか？「わたしたち抜きで，わたしたちのことは決めないでほしい（Nothing about us without us）」という言葉は，彼らの主張をよく表している。難民が中心となってアドボカシー（啓発活動）を行う難民主導の組織

（Refugee Led Organization）が，各国で活発に活動を展開し始めている。今や，第三国への定住と補完的パスウェイズの立案や実施において，難民の主体的な参加は欠かせない要件となっている。

3　日本の市民社会と難民

インドシナ難民，条約難民の保護と市民社会

　日本の市民社会による現代的な意味での難民との関わりは，インドシナ難民の受け入れに端を発する。ボートで海を渡って日本に漂着し，庇護を求める彼らの保護と受け入れに当初尽力したのは，仏教，キリスト教系の団体を中心とする市民社会であった。その後，1980 年の閣議了解で政府の受け入れ方針が決定し，公的な受け入れが形作られた後も，これらの団体や日本語教育関係者等の市民が，彼らの保護と社会統合に一定の役割を果たした。

　以上に続いて，1981 年に，日本は難民条約を批准し，国内で庇護を求める難民の条約に基づく保護に対して法的責任を負うこととなった。その後 1999 年に，当時の庇護申請者の生活の窮状を放っておけない[7]と考えた法曹界，市民社会関係者によって難民支援協会が設立され，以後，首都圏を中心に法的保護や生活の支援等の活動を開始する。また，その後中部，関西等も含め各地で市民社会による庇護申請者の支援活動が行われるようになった。

　また，第三国定住については，政府が閣議了解によって 2011 年から開始し，毎年 30 人のミャンマー難民を受け入れるようになった（2020 年からは年間 60 名に拡大）。そして，第三国定住難民を受け入れた自治体では，地域の NPO 等も一端を担って定住支援が行われている。ただ，受け入れ人数が限定されていることに加えて，第三

7　難民支援協会「難民支援協会と，日本の難民の 10 年」https://www.refugee.or.jp/10th/10th1/（2023.8.31 閲覧）

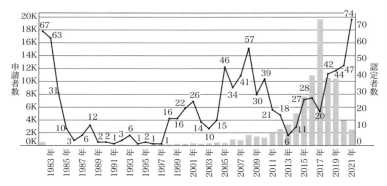

図13-2　日本の難民申請者数と認定者数
(Tsuji, Yoichiro「日本の難民認定者数・申請者数」Tableau Public より作成)

国定住難民に過度の注目が集まることを避ける方針がとられているためか，どの地域に第三国定住難民が居住し，どのように暮らしているのか，一般にほとんど知られてはいない。そのため，一部の政府と地域の関係者のみが知り関わるプログラムとなっている。

欧州難民危機に呼応したシリア難民の受け入れ

　転機は 2015 年の欧州難民危機であった。翌 2016 年に G 7 伊勢志摩サミットが控えるなか，政府としても貢献が求められ，シリア難民の受け入れに関して検討が進められた。また，当時すでに政府は，すべてのシリア人に対して，難民認定申請を経ずとも人道的な理由により特定活動の在留資格[8]を付与する運用を開始しており，シリア人が在留を継続する道を開いていた

　そのようななか，先に行動を起こしたのは市民社会であった。難

8　特定活動は，出入国在留管理庁が在留外国人に付与している在留資格のなかで，他の在留資格に当てはまらない活動をまとめたものであるが，シリア国籍保持者には，人道的な観点から現在の活動継続を認めるために付与され，以後，他の国籍保持者にも同様の措置がとられている。

民支援協会は日本語学校や大学と協力したシリア難民の留学による受け入れを 2016 年より開始，2017 年 3 月に最初の難民が来日した[9]。他方，政府も，2016 年 5 月の G 7 伊勢志摩サミットでシリア難民 150 人とその家族の留学生としての受け入れを発表，翌 2017 年より実際の受け入れを開始した[10]。その後民間と政府が並行して，教育を通じたパスウェイズによるシリア難民受け入れを進めていくこととなった。

　難民支援協会の受け入れ事業の特徴は，来日後 2 年間・約 1500 時間の日本語学習の時間をとり，進学や就職が可能な日本語力を身に付けてもらうことにある。また，来日直後からアルバイトで自活してもらい，日本の言語・文化・対人関係・仕事環境を知ることにより自立を促していく。これらを通じて難民留学生たちは，日本語学校卒業後，高卒や大学中退の者は難民向けの奨学金等で進学を果たし，大卒の場合は，多くの場合，希望の分野で企業等へ就職をしている。

　来日当初は原則として留学の在留資格であり，就職と同時に就労資格である技術・人文知識・国際業務等に変更し，さらに更新していくことで，定められた年数の後，帰化や永住の申請が可能となる。また，卒業後すみやかに就労可能な在留資格を得られなかった場合にも，シリア難民には，上述のとおり人道的な理由から特定活動の在留資格付与の方針があり在留は保証されている[11]。

9　筆者はこの事業の開始時から現在まで事業を統括している。
10　文科省国費留学生および国際協力機構（JICA）の 2 つのプログラムから成り，JICA の事業は以下ウェブサイトを参照。https://www.jica.go.jp/overseas/syria/others/jisr/index.html（2023.11.24 閲覧）
11　以上の難民支援協会による事業は，2021 年 7 月より新規に設立されたパスウェイズ・ジャパンに事業譲渡され，以後，受け入れ対象をアフガニスタン，ウクライナの難民等に広げて継続，拡大されている。

2020 年以降の難民の受け入れ拡大

　2021 年以降，政府がシリア難民と同様の在留資格付与方針を出す難民の国籍は増え，それらの難民のパスウェイズによる受け入れが急増することとなった。以下ミャンマー，アフガニスタンおよびウクライナからの難民[12]の受け入れについて概観する。

ミャンマー　2021 年 2 月 1 日のクーデターにより多くのミャンマー人が帰国困難となったことを受け，政府は 2021 年 5 月に在留を必要とするミャンマー人への特定活動の在留資格付与の方針を決定した。これにより，2022 年末現在で約 5 万 6000 人在留しているミャンマー人のうち 1 万人余りが，特定活動で在留する状況となっている（e‐Stat「在留外国人統計」）。帰国困難となった留学生の進学を，従来からミャンマーとの関わりが深い市民や教育機関が支援しているほか，個別に留学での呼び寄せを進めようとする市民グループも活動している。

アフガニスタン　2021 年 8 月，政変とタリバンの実効支配確立後，元留学生や ODA 関係者等の日本に関わりのある数百人のアフガン人が命の危険に晒され，日本への退避を求める状況となり，2023 年 8 月までに 850 人以上が退避することとなった。このうち半数弱は大使館員と JICA 職員であり，その他は民間の支援による退避と推定される。

　政府支援退避については，外務省と JICA が退避後の生活の支援を行ったが，それぞれ 1 年または 2 年の滞在後，雇用と支援は終了となった。その後，難民認定申請により，数週間という異例に短い期間で全員が難民として認定された[13]。

12　以上の国籍の人々の受け入れについて政府は「退避者」「避難民」等の語を用いているが，本章では注 1 に記述のとおり「難民」の語を用いる。
13　難民認定を経ても，半年間の日本語教育支援では就労に至らない人が多いため，生活は困窮しているとの調査結果が報告されている。詳細はアフガニスタン退避者受け入れコンソーシアム（https://sites.google.com/peace-winds.org/afghanistan-consortium/home）より「在アフガニスタン日本大使館現地職員の現況」を参照。

一方，民間の支援による退避は，元留学生の大学の指導教員（大学によっては大学や学部が組織として対応），ODA 事業の元同僚，雇用主の NGO 等が身元保証人となり，経費を全額負担のうえ退避を進めた。これら民間での受け入れは，第三国へのパスウェイズとみなしうるが，命を救うための緊急のやむにやまれない退避の側面がある一方で，公的支援は皆無で社会の関心も高くはないため，身元保証人には多大な責任と負担がかかっている[14]。

ウクライナ　2022 年 2 月 24 日のロシアのウクライナ侵攻によって生じた戦闘を受けて，同年 3 月 2 日には岸田文雄首相がいち早くウクライナ難民の受け入れを表明した。そして同年 3 月中に，短期滞在査証の発給と，来日後すぐに特定活動の在留資格が付与される施策が開始された。ロシアによる明白な侵略行為に起因すること，そして政府の明確な受け入れ方針等により，ウクライナ難民受け入れには社会各層の高い関心が寄せられ，民間が身元保証人となっての受け入れが急速に進んだ。受け入れの数は 2023 年 8 月現在約 2500 人に及んでいる[15]。身元保証人がない場合には政府が定住支援を行っているが，全体の約 1 割に留まっており，それ以外は民間が受け入れ主体となっている。以上の動きを支えたのは，自治体による公営住宅の無償提供と，日本財団による年間 100 万円，3 年間の生活費および渡航費等支援であり，これらによって資金の面で十分な準備のなかった身元保証人でも当面の生活を支えることが可能となった。

　ウクライナ難民の受け入れでは，政府の明確な方針と政策の迅速な実行を受けて，社会の各層で広範な関心と支援が寄せられ，「難

14　日本語習得から家族支援，就職まで順調に進めた宮崎大学のようなケースもある一方で，身元保証人が提供できる支援の限界や日本語力の不足により，困難が生じているケースも報告されている。

15　ウクライナ難民の受け入れ数については，出入国在留管理庁の以下のサイトを参照「ウクライナ避難民に関する情報」（数値は不定期に更新される）https://www.moj.go.jp/isa/publications/materials/01_00234.html（2023.8.31 閲覧）。

図13-3　2022年8月　パスウェイズ・ジャパンのプログラムで来日した学生が,
企業の人事担当者のボランティア協力により,アルバイトの面接演習を受ける
様子
(パスウェイズ・ジャパン提供)

民の受け入れ」を経験する人や組織が広範に拡大したこと,そして
日本語習得・子どもの就学・メンタルヘルス・就業等,取り組むべ
き課題への理解が広がったことは,評価すべき側面といえる。

今後の展望

　2023年6月の出入国管理及び難民認定法改正により,新たに「補
完的保護」の制度の導入が決まり,上記の4か国の「特定活動」の
在留資格を付与された難民は,補完的保護を申請し認定されれば条
約難民と同じ保護を受けられる制度的基盤が整えられた。一方で,
上記の各国の難民受け入れから得られた教訓として,今後,市民社
会が主導するパスウェイズを,より広くさまざまな組織やグループ
が設計・実施し,難民がもっと確実に自立に至るために,以下のよ
うな方策が必要と考えられる。

① 　生活・進学・就業等目的に応じて必要な最長2,3年の日本語
　教育の保証

② 　身元保証団体・グループとなる場合に必要な資金・事前研修・
準備態勢等の整備（カナダ等の例を参照）
③ 　家族帯同に関する範囲・在留資格・条件の整備
④ 　子どもの日本語教育，就学の支援体制の整備

　以上は，2019 年 6 月に成立した日本語教育推進法の施行に伴う
日本語教育制度の改変や，留学生の就業支援，特定技能を含む外国
人労働者政策，多文化共生政策等の対象に難民を包摂することで，
実現可能な内容も含まれている。身元保証人となる個人に予期せぬ
過度な負担を強いて，難民を受け入れた後に困難な状況に陥れるよ
うなことを極力未然に防ぐための制度作りが必要である。一方で，
多くの難民は，教育と就労を経て自立する機会を求めており，人口
減少と労働力の不足に見舞われる日本は大きく貢献できる可能性が
ある。歴史に翻弄されて難民となった学生や市民，子どもたちを，
一人の人として曇りのない目でとらえて，付き合っていける受け入
れ団体やコミュニティが，今後ますます必要とされていくであろう。

さらに深く学ぶために

滝澤三郎・山田満 編『難民を知るための基礎知識―政治と人権の葛藤を
越えて』明石書店，2017 年
難民に関わる各分野の研究者，実務者が学際的なアプローチで各章を執
筆した入門書。

新垣修『フリチョフ・ナンセン―極北探検家から「難民の父」へ』太郎
次郎社エディタス，2022 年
第一次大戦後の激動のなかで一人の人が難民保護に尽力する様を通じて，
今のわたしたちを考えるための良書。

パスウェイズ・ジャパン　ウェブサイト　https://pathways-j.org/
日本に毎年数十人の難民を受け入れる補完的パスウェイズの実践と社会
への提言を追うことができる。

第14章　国際協力における企業の責任と対応

小柴巖和

1　企業活動に影響を及ぼしてきた外部要因

　本章では，まず1960年代頃から現在に至るまで国際協力において企業がその責任と対応を考えるうえで，大きな影響を与えてきた外部要因について大きな流れを俯瞰したい（228頁図14-1）。

先進国企業による公害問題・児童労働問題等への対応

　1960年代から70年代にかけて，先進国において発生した公害問題は企業の社会的責任に関する大きな議論を巻き起こした。その後，1980年代に入り，先進国からグローバルに展開し始めた多国籍企業の事業が途上国における公害問題を引き起こし，それまで先進国に限った問題という認識が一般的であったものが地球規模の環境課題として認識されるようになっていった[1]。このような企業活動による環境に対する負の影響について，企業が果たす責任が問われ各社が規制に応じる形で対応をとるようになっていく。

　また，1970年代以後，90年代にかけて，途上国における多国籍企業による児童労働問題への関与が新たな社会問題として認知されるようになっていった[2]。

1　大石芳裕 1999「アジアにおける環境問題と多国籍企業」『東西南北』1999：100-119.
2　内田智大 2011「開発途上国の児童労働問題」『関西外国語大学人権教育思想研究』14：2-21.

このような企業活動に対し，企業が負うべき社会的責任に関する重要な指針が示されている。たとえば，1976年，経済協力開発機構（OECD）は「OECD多国籍企業行動指針」を策定し，同指針参加国の多国籍企業に対して責任ある行動を自主的にとるよう勧告している。この行動指針はその後，2023年までに6回の改訂がなされている[3]。法的拘束力はないが，情報開示，人権，雇用・労使関係，環境，贈賄・贈賄要求等の防止，消費者利益，科学技術等，幅広い分野に対して行動原則と基準を定めている。

「持続可能性」という政策概念の影響

　近年，「持続可能性（Sustainability）」という概念がいっそう重視されるようになっているが，振り返ると1987年に「環境と開発に関する世界委員会」により公表された *Our Common Future* が企業の社会的責任に「持続可能性」という観点から大きな影響を及ぼしていくことになる。国際協力・国際開発における持続可能性について，将来の世代のニーズを満たしつつ，現在の世代のニーズも満足させるような開発を目指すことが明示的に示され，企業の国際協力における期待役割が変化していくきっかけにもなったと捉えることができる。特に環境分野に関しては，1988年11月，「気候変動に関する政府間パネル」（IPCC）初会合が開催され，地球温暖化などの気候変動に関する地球規模での課題認識が広まり，企業の取り組みがいっそう重視されるようになっていった。また1992年，リオ・デ・ジャネイロにて「国連環境開発会議」が開かれ，「環境と開発に関するリオ宣言」が採択され，国際協力・国際開発における環境側面への十分な配慮について国際社会が認識することとなった。同会議で採択された「国連気候変動枠組条約」はその後1994年3

3　OECD 2023. *OECD Guidelines for Multinational Enterprises on Responsible Business Conduct.*

月に発効し，企業の温暖化・気候変動への取り組みに大きな影響力をもつようになる。本条約に基づき，大気中の温室効果ガスの濃度を安定化させることを最大の目的として，1995年から「気候変動枠組条約締約国会議 (COP)」が年一回のペースで開催され，気候変動に関する地球規模課題を多面的に捉えながら多くの新たな取り決めがなされた。

国連による3つの仕掛け

2000年に入ると，「ミレニアム開発目標 (Millennium Development Goals：MDGs)」が登場する。主に途上国における国際開発上の主要課題について8つの目標と21の具体的なターゲットが定められた。これは2000年9月にニューヨークで開催された国連ミレニアム・サミットにて採択された「国連ミレニアム宣言」を基に策定された。2015年までに定められた国際目標は，その後，2015年に「持続可能な開発目標 (Sustainable Development Goals：SDGs)」として引き継がれていく。MDGsとSDGsでは企業との関係性において2点大きな変化がみられる。1点目は，対象となる開発課題が途上国を中心としたものから全世界に共通する地球規模の課題として取り組むべきものという認識が明確になされたことである。2点目は，この課題に取り組むべき重要な主体として企業の参画が前提とされたことである。この2点の変化が企業側の国際目標への参画の姿勢を大きく変化させ，自然に官民連携，産官学連携，企業とNGOの連携などさまざまな取り組み主体間の連携が以前よりも自然発生的に検討されるようになり，企業側の取り組み意識を大きく変化させる契機となった。

　MDGs採択の直前，2000年7月には，「国連グローバルコンパクト (United Nations Global Compact：UNGC)」が発足した。UNGCは国連とともに，人権・労働権・環境・腐敗防止に関する10の原則を定め，これを遵守し実践するよう企業・団体などの民間組織に要

請し「健全なグローバル社会を築くための世界最大のサステナビリティイニシアチブ」となっている[4]。その後に登場するSDGsは上記の10の原則に留まらず，広くゴールの達成にどのように貢献すべきか，という視点から企業活動の在り方に有益な議論を生み，企業と国連機関・行政・NGO等の連携を促す機能ももつ存在として発展したものである。

　また2006年，国連環境計画・金融イニシアティブ（UNEP FI）とUNGCが大手機関投資家と連携し策定した「責任投資原則（Principles for Responsible Investment：PRI）」も忘れてはならないものである。PRIは，機関投資家等に対して，企業の分析や評価を行ううえで，長期的な視点をもち，「ESG」情報を考慮した投資行動をとることを求めるもので，このようなイニシアティブが企業行動を規定することに大きな影響力をもつこととなっていく[5]。ESGは，Environment（環境），Social（社会），Governance（企業統治/ガバナンス）の頭文字をとったもので，それぞれの視点を考慮した投資活動や企業活動を指す。ESGの「E」は気候変動対策，資源枯渇対応，廃棄物や汚染への配慮等をいっそう強く求めている。同じく「S」は，人権配慮，現代奴隷制，先に述べた児童労働などを含む従業員の労働環境・労働条件に対する企業の果たすべき責任を注視する機運を高めることに貢献している。

　MDGs，UNGC，PRI，それぞれの新たな試みを主導したリーダーとして，当時の国連事務総長コフィ・アナンの存在があったこと，その素晴らしきリーダーシップの存在があったことを読者のみなさんには十分認識していただきたい。

4　UNGC ウェブサイト https://www.ungcjn.org/gcnj/about.html（2023.5.18閲覧）
5　PRI Website　https://www.unpri.org/about-us/about-the-pri（access 2023.5.18）

経済界の常識の変化

　ビジネスの世界に目を向けると，2008 年，アメリカの住宅市場におけるサブプライム・ローン問題に起因する投資銀行リーマン・ブラザーズ・ホールディングスの経営破綻が世界的な金融危機を引き起こしたが，以後，株主至上主義や近視眼的な投資行動，行き過ぎた収益追求の姿勢に大きな疑問の眼が向けられるようになった。

　そのようななか，2011 年，ハーバード大学大学院の経営学者マイケル・ポーターが *Harvard Business Review* にて「共通価値の創造（Creating Shared Value：CSV）」の取り組みの重要性を説き[6]，企業の国際協力・国際開発における本業を通した貢献可能性について大きな影響を与えた。CSV は，企業が，本業を通して，多様なステイクホルダーと連携しながら，コミュニティ・経済・環境によい効果を及ぼし，これにより自らの競争力を高める方針・戦略および実践であり，企業の社会的責任（Corporate Social Respon-sibility：CSR）とは一線を画す概念として注目を集めた。

　また同時期に，類似する概念として，開発途上国の低所得者層を対象とした「BOP（Bottom/Base of the Pyramid）ビジネス」が関心を集めた[7]。日本でも経済産業省・国際協力機構（JICA）などが「BOP ビジネス」を掲げ，日本企業の国際協力・国際開発に対する本業を通じた貢献を後押しするような動きがみられた。

　このような経営概念が示す新時代の経営感覚は，2015 年の SDGs の登場でより一般的なものとして浸透しつつあり，企業の国際協力・国際開発における貢献を推進する原動力にもなった。

6　Porter, Michael E. & Mark R. Kramer 2011. Creating shared value : How to reinvent capitalism-and unleash a wave of innovation and growth. *Harvard Business Review.* 89 : 63-77.

7　Hart, Stuart L. & T. London 2011. *Next Generation Business Strategies for the Base of the Pyramid : New Approaches for Building Mutual Value.* FT Press.

新たな潮流〜「ビジネスと人権」，企業ベンチマーキング手法，新たな
フィランソロピストの登場

　この間，「ビジネスと人権」についても，大きな変化があった。
2011年，国連人権理事会で「ビジネスと人権に関する指導原則」
が全会一致で承認された。直接的な法的拘束力はもたないが，政
府・業界団体・投資家など多様なステイクホルダーが支持すること
で，企業としては当然に遵守すべき国際的な人権に関する基準に
なった。その後，2015年になると，イギリスにおいて「現代奴隷
法」が制定され，「ビジネスと人権」における企業の取り組みが
いっそう求められるようになった。

　また前述したとおり，2015年には，SDGsが国連総会にて採択
され，今や世界各国の企業が本業を通してどのように社会に貢献す
るかを考えるようになっている。SDGsの採択に伴い，さまざまな
産業領域を対象として企業の取り組みを評価するベンチマーキング
手法がオランダの民間財団のイニシアティブで導入され，注目を集
めるようにもなっている（World Benchmarking Alliance ウェブサイト）。
企業にとっても ESG の観点等から意識せざるを得ない取り組みで
ある[8]。

　本項の最後に，民間財団の存在に触れたい。企業経営によって巨
万の富を得た欧米の富裕層の一部が，フィランソロピストとして独
自の民間財団を設立し，企業を含む多様なステイクホルダーの取り
組みを支援したり，ステイクホルダー間の連携促進に大きな役割を
果たすようになった。2000年に設立されたビル＆メリンダ・ゲイ

8　World Benchmarking Alliance. https://www.worldbenchmarkingalliance.org/（最終閲覧
　2023.6.26）．SDGs 採択以前よりグローバルヘルス領域では，Access to Medicine Index
　（https://accesstomedicinefoundation.org/）や Access to Nutrition foundation（https://
　accesstonutrition.org/）等の類似の仕掛けが先行的に取り組まれ，多くの企業が，どのような
　評価をされるのか注目していた。
9　BMGF web site. https://www.gatesfoundation.org/ja-jp/ideas/articles/2023-gates-
　foundation-annual-letter（access 2023.5.25）

	1960年	1970年	1980年	1990年	2000年	2010年	2020年
					MDGs（ミレニアム開発目標）		SDGs（持続可能な開発目標）
企業活動全般		OECD 多国籍企業行動指針 ・1976 年初版策定、2023 年までに 6 回改訂			United Nations Global Compact(UNGC) ・2000 年 7 月、発足	責任投資原則（PRI） ・2006 年、UNEP FI、UNGC が策定	
環境・気候変動	一部の先進国の公害問題から地球規模の環境問題へ→			Our Common Future（ブルントラント報告書） ・1987 年、環境と開発に関する世界委員会により公表 ・1988 年、IPCC 初会合開催 気候変動に関する政府間パネル（IPCC） ・1992 年、国連環境開発会議（地球サミット）にて採択 環境と開発に関するリオ宣言 国連気候変動枠組条約（UNFCCC） ・1994 年 3 月、発効。1995 年から COP 開催へ			
人権	途上国の児童労働などの問題に対する企業の責任に注目が集まる→					ビジネスと人権に関する指導原則 ・2011 年、国連人権理事会にて全会一致で承認 英・現代奴隷法 ・2015 年、制定。2019 年には豪も	
その他					ビル & メリンダ・ゲイツ財団 ・2000 年、ビル・ゲイツ氏とメリンダ・ゲイツ氏が民間財団を設立。後に、企業の取り組みにも大きな影響力をもつように。 リーマン・ショック ・2008 年、米のサブプライム・ローン問題に端を発した世界的金融危機 Base of the Pyramid ・2011 年、スチュアート・ハート教授らによる BOP ビジネスに関する書籍発表 Creating Shared Value ・2011 年、マイケル・ポーター教授による CSV 論文発表		

図14-1　1960年代以後の企業活動に影響を及ぼしてきた主な外部要因

ツ財団（BMGF）の年間予算は2023年度には80億米ドルを超える
までになっている[9]。国連・各国政府でもなく，従来的な国際NGO
とも異なる新たな存在として，国際協力・国際開発のコミュニティ
において，その影響力を増しており，企業活動に対するインパクト
はきわめて大きい。

2　企業活動の変化と取り組み類型

企業における意識の変化

　外部環境の変化を受け，近年，企業の意識の変化がみられる。監
査法人系コンサルティングファームPwCが2019年に実施した調
査では，7つの産業分野から31か国1141社を対象として，財務報
告書やサステナビリティレポート，CEOによる声明などの内容分
析とビジネスリーダー（12名）へのインタビューが実施されている[10]。
同調査は，企業が発信するさまざまなコンテンツにおいて，SDGs
の意味・価値・課題をどのように捉えているかを考察している。調
査対象となった21％の企業ではCEOによる声明でSDGsについ
て言及している。2018年度の同調査では13％の企業のみがCEO
声明でSDGsに言及しており，この変化より，SDGsに関する目標
に寄り添うことが最重要な経営課題として認識されている様子がみ
てとれる。またSDGsへの言及には産業分野による違いはなかっ
たと報告されており，多様な分野での関心の高さがうかがわれる。
企業本社の国籍による意識の違いはみられ，これは政府のスタンス
の影響と分析されている。多くの企業は，SDGsゴール8の「働き
がいも経済成長も（Decent Work and Economic Growth）」に言及して
いる一方で自社に関連性の低いと思われる目標にはあまり意識が向

10　PwC 2019. SDG Challenge 2019 : *Creating a strategy for a better world*. https://www.
pwc.com/gx/en/sustainability/SDG/sdg-2019.pdf（access 2023.5.15）

いていない様子も見受けられた。

　またスウェーデンのルンド大学が 2019 年に行った報告では，スウェーデンを本拠地とする多国籍企業 27 社において，2008 年から 2017 年の間に CEO の持続可能性に関する言説がどのように変化したか，CEO letter の内容分析から考察している[11]。同調査では，サステナビリティに関する CEO の発言のビジネス上の戦略的位置付けなどを先行研究・理論を用いて整理した。その結果，この 10 年間で CEO によるサステナビリティへの言及が増えたことは明らかであることに加え，当初は環境問題が主な関心事項だったのに対し，近年は，環境・社会・経済のトリプルボトムラインと呼ばれる 3 要素のすべての側面に注目が移行していることが明らかになった。

　企業活動を推進するにあたって，社外の投資家・金融機関が歩調を合わせることもきわめて重要であるが，CEO からみた投資家の存在についてもポジティブな見解がみられる。UNGC とアクセンチュアが 2021 年に行った 113 か国，21 業種の CEO 約 1230 人を対象としたサステナビリティに対する意識調査では，31 ％の CEO が未来の持続可能性に関する努力を左右する投資家について事業活動を後押しする存在と認識していると答えている[12]。この調査は約 3 年に一度行われているが，2016 年の同じ設問に肯定的な見方を示した CEO はより低く 18 ％であった。この変化は，気候変動対策等について，投資家を含め企業活動が国際協力・国際開発にいっそうの貢献姿勢を示していく方向にあることを示している。

11　Arvidsson, Susanne 2019. *CEOs' talk of sustainability : Towards an inclusion of an embeddedness and value-creation perspective*. LSR Working Papers Series/School of Economics and Management/Lund University. No. 19/02 : 1 -37.
12　The UN Global Compact & Accenture Strategy 2021. *CEO Study on Sustainability* 2021 : *CLIMATE LEADERSHIP IN THE ELEVENTH HOUR*. https://www.accenture.com/content/dam/accenture/final/a-com-migration/pdf/pdf-166/accenture-ungc-infographic-ceo-study-2021.pdf（access 2024.3.20）

国際協力・国際開発における企業が果たす責任・対応の類型

　次に，国際協力・国際開発において企業はどのような取り組みを通じ責任・対応を果たしているのか。主な取り組みの類型化を試みたい（表 14-1，234 頁）。

法令順守　国家間の合意による国際条約，政府・自治体等国内の行政機関が定める法令・条例等による公的なルールを順守する動きが存在する。たとえば，温室効果ガス等の排出権取引については，世界的には，「キャップ＆トレード制度」が以前より知られている。人権とビジネスに関する観点では，前述した英豪による現代奴隷法への対応や，個人情報保護に関する国境を越えた対応等も法令順守の一環である。

社会規範に対する自主的なルール制定　法令により規定されているものではないが，社会的な価値規範を踏まえ，ソーシャル・グッドを目指す自主的なルール制定の動きもみられる。たとえば，法的な影響とは別の観点で，環境マネジメント規格「ISO14001」などを取得している企業を優先的に調達先とするような例がある。自主的なガイドラインを設け自己管理・自己宣言を実施しているケースもみられる。将来的には，各国の規制がこれを法制化する可能性もあり，それに先行して対応するような形といってよい。

寄付行為　企業は，国連機関や国際 NGO などの外部の組織に対する寄付を検討することがある。法令対応や製品販売とは別に，このような形で社外に対して貢献することで，国際協力・国際開発が関わるビジネスの推進にポジティブな影響を期待することもあるし，純粋に社会貢献の一環として実施することもある。いずれの場合においても，資金の活用方法として社会的に価値のあるものであると認められる場合に，このような意思決定をするのが通例である。

製品の無償供与　この類型もある種の寄付といえるが，企業がもつ製品について金銭的対価を受け取らずに無償で国連機関などのプロジェクトに供与するというものである。上記の寄付行為と同様に，

結果的に企業活動にポジティブな影響を期待することもあれば，純粋に社会貢献としてこのような取り組みを行う場合もある。欧米の企業ではこのような対応が一種の商慣習となっている。

本業を通した貢献　企業にとっては自社の製品を社会に普及させることで，社会のニーズ（課題）に応じることが本来の生業，つまり本業であり，それを通じて対価を得て事業に再投資しながら適正な発展を遂げることが最も関心の高い事項であるといえる。その結果として，役職員やその家族，株主・顧客・取引先など多様なステイクホルダーの期待に応えていくことを目指すのが一般的である。日本においては2009年に「BOPビジネス」という概念が注目され，多くの企業が本業を通した国際協力・国際開発への貢献について具体的な取り組みを検討する契機となった。たとえば，大阪に本社を置くサラヤ株式会社は消毒剤や洗浄剤，医薬品，食品などを提供する化学・日用品メーカーであるが，同社はアルコール手指消毒剤をアフリカ現地で製造・販売し，同製品が普及していなかった地域において低所得者層が感染対策を行えるように事業を通じて支援してきた。

製品調達（国連機関・国際機関・政府機関・国際NGOなど）　本業を通じた貢献の形の一つとして，国連機関・国際機関，日本の外務省・JICA，新興国・途上国の政府機関，国境なき医師団（MSF）や赤十字国際委員会（ICRC）などの国際NGOが，世界中の企業から製品を調達する動きがある。日本企業のなかには自社の製品・ソリューションをこのような枠組みで提供することで，国際協力・国際開発でのポジションを築いている例もある（例：国連機関が厚い信頼を寄せているランドクルーザーは大型のクロスカントリー車で，日本のトヨタ自動車株式会社が世界に供給する自動車である。品質，メンテナンス態勢をはじめ，多様な視点で国連機関からの信頼を勝ち取ったものである）。

研究開発（Research and Development：R&D）**におけるパートナーシップ**　国連機関・国際機関などのなかには，国際協力・国際開発

の現場におけるニーズを基に，今後期待される新たな解決策を提示し，企業のR&Dにともに取り組んだり，これを促すこともある。たとえば，UNICEFはWHOなどと連携し，感染症や新生児ケアなどの解決されていない諸課題に関する製品・ソリューションのR＆Dを企業に求めている。これはTarget Product Profiles（TPPs）と呼ばれるもので，企業の目線からは，実際に皮膚感覚で課題を理解している国連機関などの専門的知見を基に研究開発に取り組めるため安心感をもって臨むことができる。将来的には前述の製品調達の枠組みにつながる可能性もある。

アドボカシー　国際協力・国際開発には多様な課題が存在しており，まだ日の目を見ていない社会課題に関心を集めるための取り組みも大変重要になる。このような機運醸成のために特定のテーマに関するアジェンダ・セッティング（問題設定）やステイクホルダー間の合意形成を進めるための諸活動としてアドボカシーの取り組みに企業が貢献することもある。たとえば，国際シンポジウム・ワークショップなどを産官学連携で企画したり，自社からも登壇者を出し意見を表明することで，機運醸成を社会に働きかけるような取り組みである。

　なお企業の取り組みについて，「SDGsウォッシュ」と呼ばれる表向きはSDGsに貢献することを謳いながら実態の伴わない例も散見され注意が必要であるという指摘もみられるようになっている。

3　Beyond SDGsに向けた未来志向の取り組みへ

　最後に，今後の国際協力・国際開発における企業が果たすだろう役割や責任について，未来志向で考えてみよう。

　近年，人類の諸活動による地球環境への影響の甚大さが認められ，1950年代頃から現在に続く期間を「人新世」という新たな時代区分として捉えるような動きもみられる。一方，SDGsに定められた

類型	概要
法令順守	■国家間の合意による国際条約，政府・自治体等国内の行政機関が定める法令・条例等による公的なルールを順守する動きとして，企業の責任・対応の一形態が存在する。気候変動や人権とビジネスへの法令対応や，個人情報保護法に関する国際的な対応等も法令順守の一環である。
自主的なルール制定	■法令により規定されているものではないが，社会的な価値規範を踏まえ，「ソーシャル・グッド」を目指す自主的なルール制定の動きもみられる。社内において自主的なガイドラインを設け自己管理・自己宣言を実施しているケースなど。
金銭的な寄付行為	■国連機関や国際 NGO などの外部の組織に対する金銭的な寄付。社会的な目的性をもった資金の活用方法として価値のあるものであると認められる場合に，このような意思決定をするのが通例である。
製品の無償供与	■製品・ソリューションについて本来，金銭的対価を得て提供するところ，これを受け取らずに無償で国連機関などのプロジェクトに供与するというものである。欧米企業は商慣習の一環として受け止めている印象が強い。
本業を通した貢献	■製品・ソリューションを社会に普及，つまり本業を通じて国際協力・国際開発における役割を見出し取り組んでいこうとする動きがみられる。2009年の「BOP ビジネス」元年以後，日本企業のなかにも本業を通した国際協力・国際開発への貢献について具体的な取り組みを検討する動きが加速化した。
製品調達による貢献	■本業を通じた貢献の形の一つ。国連機関・国際機関，外務省・JICA，新興国・途上国の政府機関，国際 NGO などが世界中の企業から製品を調達する取り組みに対応するもの。
R&D における パートナーシップ	■国連機関・国際機関などと新たな製品・ソリューションの R&D にともに取り組むもの。国連機関のなかには開発課題を企業に提示し，想定される製品・ソリューションのイメージを企業と共有し R&D を促進する動きがある。
アドボカシー	■国際協力・国際開発の方向性を定めていくにあたり，アジェンダ・セッティング（問題設定）やステイクホルダー間の合意形成を進めるような諸活動を行うものである。広報や啓発の活動として捉えられることが一般的である。

表14-1　国際協力・国際開発における企業が果たす責任・対応の類型

課題間のコンフリクトなど，今後解消すべき課題も山積している。地球上に存在する人類にとっての諸課題は，SDGs に掲げられた17 のゴールに留まらず，きわめて多様だ。SDGs が期限を迎える2030 年以後に Beyond SDGs として，どのように課題設定し対応していくのか，既に議論が始まっている。上述した課題間のコンフリクト問題を含め，Beyond SDGs に向けて，現在の常識にとらわれない技術的・思考的なイノベーションが不可欠である。技術的なイノベーションについては，生成 AI・ディープラーニング・ブロックチェーン・デジタルツイン・XR（Extended Reality/Cross Reality）・3 D ホログラム・量子コンピュータ・5 G・空飛ぶクルマなど新たな技術の製品・ソリューションへの活用が日夜検討されており，企業は間違いなくその検討の主役の一つである。

　少し頭を柔らかくし，未来志向型でこれからの世界に思いを巡らせてみてほしい。5 G 環境が世界的に一般化し，地球規模課題としての気候変動対策に宇宙からの眼である衛星データが活用され，空飛ぶクルマやドローンが空中データを提供する。地上には無数の低コストの IoT センサーが配備され，マクロとミクロのデータが継ぎ目なく共有・分析されていく。人々はウェアラブルや体に埋め込んだマイクロチップで健康状態を把握しながら，気候変動による影響を踏まえ対策をとる。農業についてみると，人々の食料・栄養問題だけでなく，エネルギー問題にも同時に貢献しうるような作物栽培に投資が促される。人類・地球にとってより好ましい環境を求めて，多様なデータが行き交い評価される世界がくる。逆に考えれば，より厳しい状況を的確に評価し，全体を俯瞰するなかで，何に選択的な投資を行うべきかを判断する時代がくる。

　しかし，デジタルトランスフォーメーションがいっそう進展し，さまざまなデータが可視化された世界で，企業は本当に人類・地球のためになる選択を支えることができるのだろうか。さまざまな国・地域の人々がもつ価値観や信条を尊重しながら進んでいく方向

付けを企業の論理だけで行うことは難しいだろう。企業は政府・市民・NGO などの多様なステイクホルダーと，これまで以上に対話・連携の機会をもち，ともに進むべき方向性を検討する責任を負うことになる。

このような新たな時代の国際協力・国際開発において企業が果たすべき役割，責任が実際にどのように変遷していくのか，楽しみである。筆者も読者の皆さんとともに向き合っていきたい。

さらに深く学ぶために

Polman, Paul & Andrew S. Winston. *Net positive : How Courageous Companies Thrive by Giving More Than They Take*. Harvard Business Review Press, 2021.
SDGs ビジネスや「共通価値の創造（Creating Shared Value : CSV）」の概念を徹底的に実践してきたビジネスリーダーであるポール・ポールマンがこれからのビジネスのあり方についてまとめた著書。国際協力・国際開発における企業のあるべき姿への理解を深めることができる。

田島隆雄『情熱のアフリカ大陸―サラヤ「消毒剤普及プロジェクト」の全記録』幻冬舎，2020 年
本業を通じた SDGs への貢献，CSR 活動などビジネス活動全般を通して国際協力に貢献する日本のリーダー的企業の一つ。特にアフリカにおけるアルコール手指消毒剤の現地製造販売に関する壮大なプロジェクトからは多くの学びが得られる。

宇沢弘文『社会的共通資本』岩波新書，2000 年
日本を代表する経済学者である筆者は，地球規模課題と経済の関係性について SDGs が登場する 15 年も前に深い考えを示していた。日本人として世界にどう貢献するのか，本著を手に取り国内問題も含め再考する契機としてほしい。

第15章　国際協力とファンドレイジング

鵜尾雅隆

　国際協力を継続的に行っていくためには，活動の財源をどう考えるかということが重要となる。これは国際協力をNPO[1]等の非営利法人で行う場合はもちろん，国際機関・行政機関が行う場合やソーシャルビジネスなどの事業収入型の国際協力事業を株式会社などの企業で行う場合であっても，必要性や重要性の程度の差はありつつも基本的には同様である。たとえば日本でもUNICEFやUNHCRなどの国際機関の日本法人が寄付集めを積極的に行っていることはよく知られている。また，二国間援助を主体とするJICAなどの政府援助機関でも，政府の交付金により運営されることがもっぱらではあるが，そのような団体であっても社会課題解決を目的とした企業への投資（インパクト投資など，後出）をどう誘発するかということは重要な課題となっている。

　本章では，国際協力に関心をもち，その領域で活躍する人材にとって必要な「国際協力と資金」の全体像を示しつつ，その資金（fund）を獲得（raise）する「ファンドレイジング」の基本的要素を解説する。国際協力を取り巻く資金の環境は年々変化するものであり，国際協力を担う組織の多くはその状況に柔軟に対応し，戦略を構築して活動している。しかし，そうした変化にかかわらず，現

1　本章では，非営利法人全体（特定非営利活動法人，公益法人，社会福祉法人等）をNPOと呼称しているが，そのなかでも国際協力分野のNPOのことを「国際協力NGO」と呼ぶことが一般的なため，使い分けて呼称している。

時点の状況を理解することによってみえてくる国際協力と資金をめぐる本質的な要素がある。それらを抽出し，解説することを通じて，理解することが重要である。本章では，読者が国際協力に関わるなかで長期的に基盤となる知見を提供することを目的とする。

1　国際協力と資金

国際協力をめぐる資金の整理

　国際協力をめぐる資金には，どのようなものがあるだろうか。これを活動主体からみた場合と活動団体の支援者の側からみた場合に分けて整理すると次のようになる。

活動主体からみた資金の構成要素

寄付・会費：個人・法人寄付，マンスリーサポーターなど

助成金・補助金：行政や助成財団などの支援

事業収入：業務委託，フェアトレードの商品の売り上げ，サービス収入など

支援者側からみた資金の構成要素

寄付（グラント）型の無償の支援：寄付，会費，助成金，補助金

投資や融資（Investment/Loan）型の支援：インパクト投資，マイクロファイナンスなど

　まず大きな傾向を説明すると，NPOなどの非営利法人においては，マンスリーサポーターなどの継続的支援を中心とした「自主財源」（一般的には，助成金や補助金など外部の特定の組織に依存しない財源のことをいう）を一定割合以上確保することで，途上国の住民の真のニーズに自律的に向き合うことが重要であるとの共通理解があり，団体によっては最低3割の自主財源を確保することを目標に財源マネジメントを考えている。他方で，日本のみならず多くの国／地域の政府がNGO向けの補助金制度を設けており，こうした財源もまとまった支援活動を行ううえでは重要な財源となる。事業収入につ

いては，フェアトレードなどの，支援対象国の受益者にとっても現金収入となり団体としても売り上げになる事業モデルはもちろん，企業や行政からの受託事業やセミナーやスタディツアーの運営など，国際協力領域でも多様なモデルが生まれている。

　ビジネスを通じて国際協力を行う企業においては，多くは事業収入を主な財源として活動を行っているが，そうした企業においても，行政からの受託事業や補助金の活用，助成財団からの助成などで初期の投資リスクを軽減させるということは一般に行われている。英国や韓国では通常の企業とは別に「ソーシャルビジネス法人」といった法人格を政府が認証し，NPO のように社会課題解決に必要な法人としてさまざまな行政支援の対象としていくという流れもあり，こうした「企業による国際協力」も拡大傾向にある。

　こうした背景から，「資金の出し手」の視点としても，従来型の寄付等の「無償の支援」のみならず「投融資による支援」を含む多様な支援が行われるようになっている。

　特に近年，社会的リターンと経済的リターンの両方を追求する「インパクト投資[2]」が世界的にも急増しており（2022 年時点で世界全体で 1.164 兆米ドルを超える残高となっている[3]），国際協力の現場で非常に重要な財源として認識されるようになっている。そうした大きな流れのなかで，インパクト投資を行う際に必要となる「インパクト評価」への関心と広がりが生まれている。

　こうした投資による支援は国際協力 NGO には直接関係ないことであると考えられがちであるが，欧米 NGO が主導してインパクト

2　ESG 投資が，投資先企業の「環境・社会・ガバナンス」に「配慮」し，ネガティブな影響を与えていないことを確認した投資であるのに対して，インパクト投資は，社会や環境に明確にポジティブなよい影響を与えていることをインパクト評価を通じて確認することを求めている投資である。

3　GIINsight：Sizing the Impact Investing Market 2022.
　　https://thegiin.org/research/publication/impact-investing-market-size-2022/（access 2024.4.1）

投資ファンドを組織し，紛争地や貧困地域での草の根の起業家を支援するといったことは，もはや珍しい状況とはいえない。さらにフォード財団をはじめとする世界の主要財団は1970年代からProgram Related Investmentとして，投資を活かした社会課題解決を進めており，マイクロファイナンスなどの支援を行ってきたことに加えて，近年ではインパクト投資にも大きな資金を投じている。

　国際協力とファンドレイジングというテーマを考える際は，まず少し大きくとらえて現状を把握し，未来の戦略を構築することが重要である。

資金の全体像

　図15-1では，投資から寄付まで，資金の全体像を「活動団体への支援者側」からとらえて解説している。左端は「財務的リターン目的」の投資，つまり一般的な株式投資で，目的は投資家自身の利益の最大化である。一方，右端は「社会的リターン目的」，つまり社会的課題解決を目的とした「寄付」で，通常，経済的リターンは期待できない。

　近年，社会課題解決をめぐって，寄付と投資の間にグラデーションが生まれている。それがESG投資など「社会や環境にも配慮した投資」やインパクト投資など「社会や環境をよりよくするための投資」である。ESG投資とは，「環境や社会に悪影響を及ぼさない（＝ネガティブスクリーニング）」投資で，世界全体のESG投資は2022年に30.3兆ドル（約4500兆円）に達している[4]。国際協力NGOやソーシャルビジネスを実施する企業などにとっては，この表の右側の寄付からインパクト投資までをいかにして活用しながら国際協力

4　Global Sustainable Investment Review (GSIR), *Global Sustainable Investment Review 2022.*
　https://www.gsi-alliance.org/members-resources/gsir2022/ (access 2024.4.1)

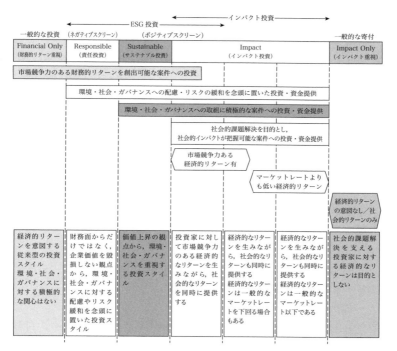

図15-1　投資から寄付までのさまざまな民間資金による課題解決
(「インパクト投資拡大に向けた提言書2019」GSG国内諮問委員会．より作成)

を設計するかが財務戦略の主要要素になっている。NPO は直接イ
ンパクト投資は受けられないが，法人の外にインパクト投資を仲介
するファンドを組織することや国際協力現場の起業家に対してイン
パクト投資をもたらすファシリテーター役を担うこともありえる。

2　ファンドレイジングの基本概念

　次に，NPO やソーシャルビジネスの事業体が財源をどのように
獲得・活用し，社会課題解決に活かしているかについて整理する。

筆者が設立し，代表理事を務める認定 NPO 法人日本ファンドレイジング協会では，2012 年に「認定ファンドレイザー®」資格認定制度を発足させ，ファンドレイジングの包括的・実践的理解のための研修を提供している[5]。ファンドレイジングは包括的な組織・事業・財源のマネジメントであり，全体像を理解することで，共感的な事業と組織のマネジメントを通じた国際協力活動の発展を実現することができるようになる。ここではその基本概念について解説する。

ファンドレイジングとは何か

　国際協力活動におけるファンドレイジングを考える際に，まず大事なことは，「何のためにファンドレイジングを行うのか」を理解することである。

　まず，国際協力におけるファンドレイジングは次の 2 つの目的を軸とすることが重要である。
① 　国際協力の活動現場に資金をもたらすこと
② 　さまざまな主体（特に先進国にいる人たち）が課題を理解し，自ら課題解決に行動するよう促すこと

　一番目は当然のことであり，解説は不要であろう。二番目が本質的に重要な要素である。国際協力の現場で支援活動に従事したり，国際協力を研究したりすると，今の世界で起こっている問題は「誰々が悪い」「この問題を解決しさえすればよい」という単純な構造ではないことがわかる。解決のためには，先進国に住む一人ひとりの行動や考え方自体を含めた暗黙の前提となっているパラダイムをどう変容させるかということが重要である。

　その観点からは，国際協力の活動現場の状況に共感し，取り組む

5　2023 年末時点で，これまでに 7000 名以上が本研修を受講し，その後の試験を経て「准認定ファンドレイザー」「認定ファンドレイザー®」となった人も 1600 名を超える。

解決策に理解を示す人を増やしていくということが課題解決のためには最も重要であるといえる。国際協力は「現場で課題解決するのが半分，先進国側の人々や社会の，共感に基づく行動変容をうながすのがもう半分」という感覚のなかで社会システムの変化を創造するということである。国際協力NGOにとっては，ファンドレイジングで得る資金量も重要な指標であるが，同時に，「何人に支援されているか」という指標も重要である。これは，たとえば法人からの寄付に対して「その法人の職員の何人が共感してくれているか」まで考えることが大切だということである。

ファンドレイジングの実践

　上述のような基本的理解のうえで，ファンドレイジングの実践に重要なフレームワークを解説する。ファンドレイジングの成功モデルは「100の団体があれば100通り」といわれており，単一のモデルで解説することはできない。しかし，共通軸として抑えるべきポイントはある。

　まず，ファンドレイジングは狭義には寄付集めといわれるが，「認定ファンドレイザー®」資格認定制度では，もっと拡張した概念として定義の幅を定めている。それは，支援性資金といわれる会費や助成金・補助金から，事業収入や融資までを含む広い概念である。

　ファンドレイジングの取り組みに共通するのは「共感性」を活かしたコミュニケーションで財源を獲得するということである。そして，財源間に「相乗効果」があるという点を理解するということである。

国際協力分野のファンドレイジングの特徴

　国際協力分野のファンドレイジングで特に近年注目されている領域は次のようなものである。

マンスリーサポーター　継続的支援として，クレジットカードや金融機関の口座から毎月，一定金額の引き落としで行う形態である。通常，年間継続率が9割以上となることから，多くの国際協力団体にとって継続的で活動の見通しが立てやすい財源として貴重である。

イベント型ファンドレイジング　国際協力分野では，国内の社会課題解決のための団体に比べてチャリティー・パーティーやチャリティー・コンサートといったイベント型のファンドレイジングが多く行われる傾向がある。

遺贈寄付　高齢化の影響もあり急増しているのが，遺贈寄付（遺言による寄付，相続財産からの寄付，信託からの寄付など）である。『寄付白書2021』（日本ファンドレイジング協会）の調査でも40％前後のアンケート調査の回答者が遺贈寄付に関心があると回答しており，今後重要な財源となる。

法人寄付・委託　企業などからの法人寄付も重要な財源となっている。SDGs に対する関心の高まりもあり，社会貢献活動がさらに目標設定型や成果志向になる傾向がみられ，企業が NGO 等と協働的に事業を行うケースなど多様な連携の形が生まれている。

政府補助金・委託　国際協力の領域では，日本では，外務省の「日本 NGO 連携無償資金協力」や JICA の「草の根技術協力事業」など政府資金による NGO を通じた国際協力も国際協力 NGO にとって重要な財源となっている[6]。JICA が日本の中小企業の海外展開を支援する「中小企業・SDGs ビジネス支援事業」を活かした企業の国際貢献活動や，そうした企業の海外進出の委託を受けて協働する NGO などもある。

インパクト投資　急増しているインパクト投資は，非営利法人が直

6　日本では外務省，国際協力機構（JICA）が NGO 向けの資金支援プログラムを実施している。
7　「社会課題の解決」と「持続可能な成長」を両立し，ポジティブな影響を社会に与えるスタートアップ（インパクトスタートアップ協会 HP より）。

	日本 (2020)	アメリカ (2020)	イギリス (2020)1〜6月分	イギリス (2018)
現地通貨額 円換算額 名目GDPに占める割合	1兆2,126億円 — 0.23%	3,241億ドル 34兆5,948億円 1.55%	54億ポンド 7,393億円 0.26%	101億ポンド 1兆4,878億円 0.47%

表15-1　個人寄付総額
注：円換算における為替レートについては，国際決済銀行（Bank for International Settlements, BIS）公表のBroadベースの実効為替レート（対米ドル為替レート）を利用した。2020年は，1ドル=106.7円，1ポンド=136.9円で換算，2018年は，1ポンド=139.0円で換算。
（『寄付白書2021』）

接受け取ることはできないが，ソーシャルビジネスやインパクト・スタートアップ[7]と呼ばれる株式会社形態での社会課題解決事業者にとっては重要な財源となっている。また欧米では国際協力NGOが投資家と協力してインパクト投資ファンドを組成し，そこに投資を集めて貧困地域の社会起業家への投資を行うモデルなども広がっている。

3　寄付とESG・インパクト投資の現状と課題

　本節では，ファンドレイジングのなかでも実像がみえにくい，支援性の資金である寄付の状況に加えて，成長しつつある社会課題解決志向の投資の状況について概観する。

寄付の状況

　日本における寄付は，『寄付白書2021』でみると，1兆2000億円が個人寄付，7000億円程度が法人寄付である（図15-2，15-3）。個人寄付には「ふるさと納税」を含んでおり，調査時点でのふるさと納税を除く個人寄付は約5000〜6000億円と推計されている。表15-1にあるとおり，他国との比較においては，それぞれの国の経済規模に換算する必要があるが，日本は，個人寄付はまだまだ十分

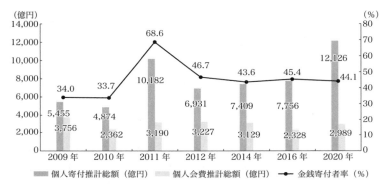

注：2011年は震災関係の寄付（5,000億円）を含み，金銭寄付者率には震災関係以外の寄
　　付者率（29.4％）を含む。
　　2012年以降，本調査は隔年実施，また2016年以降は4年に一度の実施へと変更になった。

図15-2　個人寄付推計総額・金銭寄付者率の推移
（『寄付白書2021』）

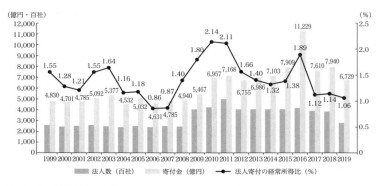

図15-3　法人寄付の推移
（『寄付白書2021』）

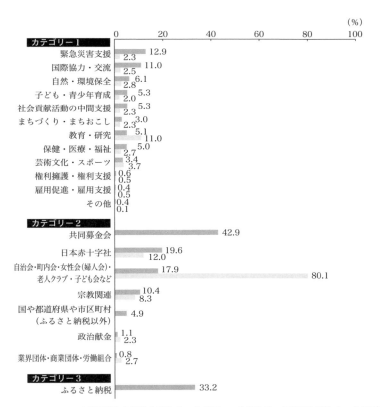

カテゴリー1	まちづくり・まちおこし，緊急災害支援，国際協力・交流，芸術文化・スポーツ，教育・研究，雇用促進・雇用支援，保健・医療・福祉，子ども・青少年育成，自然・環境保全，権利擁護・権利支援，社会貢献活動の中間支援，その他
カテゴリー2	国や都道府県や市区町村（ふるさと納税以外），政治献金，宗教関連，共同募金会，日本赤十字社，自治会・町内会・女性会（婦人会）・老人クラブ・子ども会など，業界団体・商業団体・労働組合
カテゴリー3	ふるさと納税

図15-4　分野別　寄付者率・会費支出者率（複数回答）
（『寄付白書2021』）

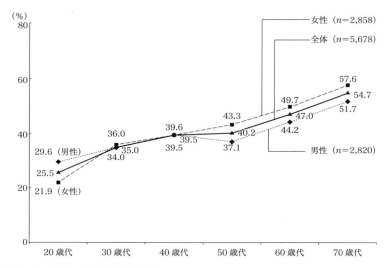

図15-5　性別・年代別　寄付者率
(『寄付白書』2021)

に成長しているとは言い難い状況である。

　しかし，特徴的な傾向としては，図15-2のとおり，個人寄付については，東日本大震災で急増し，その後も寄付者比率では45％前後を占めるなど，震災を経験して寄付意識に変化が生まれているという特徴もある。

　また，寄付の分野別の支援先については，ふるさと納税や行政，共同募金会や日本赤十字社などを除く領域では緊急災害支援や国際協力といった分野が最も多い支援先となっている（図15-4）。

　年代別では若年層の寄付者率が低く，年齢とともに寄付者率が高くなってくる傾向にある（図15-5）。

　また，寄付についての考えには，いくつか特徴的な傾向がある（表15-2）。

　第一に「隠匿の美」に代表される，寄付者の名前を公表されるこ

(％)	そう思わない	どちらかといえば そう思わない	どちらかとい えばそう思う	そう思う
寄付者の名前は公表されるほうが寄付のしがいがある	36.4	37.8	20.4	5.5
寄付は未来社会への投資だと思う	19.6	28.6	43.6	8.1
将来資産があれば，亡くなる際に一部を遺贈寄付してもよいと思う	28.4	29.3	32.2	10.1
寄付することによって達成感が感じられる	27.1	34.6	33.7	4.6
寄付したお金がきちんと使われているのか不安に感じる	9.0	13.8	40.9	36.3

表15‐2　寄付についての考え
(『寄付白書2021』)

とへの意識については，25％が公表されることで寄付のしがいを
感じ，75％は感じていない。ここで大切なことは「寄付者の意向」
は単一ではなく，多様であるという認識をもつことである。
　第二に，寄付による達成感を感じていない人が感じている人を上
回っている点，そして「寄付したお金がきちんと使われているのか
不安に感じる」人が8割近くいる現状を理解することも重要である。
「寄付は未来社会への投資」と前向きにとらえている人が半数を超
える反面，まだまだ寄付の受け手側の支援者とのコミュニケーショ
ンやマネジメントに課題があるということや，社会全体としての理
解醸成の必要性があるということを示している。

投資の現状
　前述のとおり，環境や社会に配慮（＝ネガティブな影響を与えない）
した投資であるESG投資は世界で急速に成長している（図15‐6）。
これは企業の行動に影響を与えており，国際協力に従事する人々に

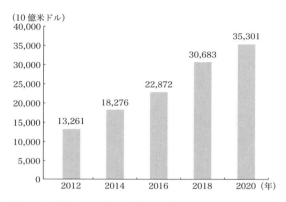

図15 - 6　世界の ESG 投資の市場規模

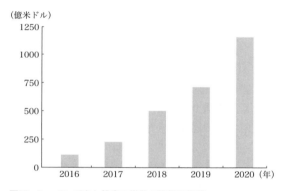

図15 - 7　インパクト投資の世界の総額の推移
(GIIN 2017〜2020 Annual Impact Investor Survey.
および GIIN 2022 Sizing the Impact Investing Market. より作成)

とっても重要な社会トレンドであるといえる。

　同時に，さらに積極的に社会課題解決を実現する意図をもった（＝ポジティブな影響を与える）投資であるインパクト投資も急増しており，図15 - 7のとおり，4 年で 10 倍の規模に成長している。

　こうしたインパクト投資の拡大に伴い，アフリカ・アジア・中南

米等のグローバルサウスでは，社会課題を解決するために教育・医療・農業・住宅・エネルギーなどさまざまな分野で企業を創業し，国外からの投資を得てビジネスを成長させ，社会課題の解決のみならず，雇用改善に貢献する事例が多く生まれている。

課題と展望

　寄付とインパクト投資は，無償の支援か経済的リターンと社会的リターンの両方を追求する支援かという違いはあるが，国際協力の現場においてはともに重要な財源である。最適な国際協力を実現するためには，こうした多様な財源をどう現場につなぎ変化を生み出すかという視点が，国際協力に携わる NGO やソーシャルビジネスにとって重要である。

　たとえば OECD も，SDGs の 2030 年の達成のためには年間 3.9 兆米ドルの「投資ギャップ」があると表明しているように（Global Outlook on Financing for Sustainable Development 2023），民間資金のさらなる誘発がなければ国際協力分野における課題解決は進まない。

　そうした背景のなかで，今後の可能性と課題をそれぞれ 3 つあげる。

<u>可能性</u>

①　共感的に社会問題解決を応援する民間資金は増加傾向にあり，政府や企業，金融機関も，その成長を後押ししようという明確な方向性が生まれていることは，今後の大きな流れが加速化するうえで重要なことである。

②　国際協力 NGO などのファンドレイジング力が向上し，専門家としてのファンドレイザーが（特に日本において）増えていることや，インパクト投資先の候補となるインパクト・スタートアップと呼ばれる社会的課題の解決を志向する企業が続々と創業し，増えていることも重要である。

③遺贈寄付の増加，コロナ禍における若い人の寄付の増加など，日

本においても寄付やインパクト投資に関心をもつ人たちが増えている。こうした傾向は今後の大きな可能性である。

課題

① 国際協力に共感して応援して，「応援してよかった」と支援者が達成感をもつこと，そして「(寄付が) どう使われているかわからない」という感覚にさせないことは，受け手側である事業者による支援者とのコミュニケーションによるところが大きい。事業団体単体の取り組みだけではなく，セクター全体で協力した取り組みが必要である。

② 制度や仕組みの進歩も重要である。遺贈寄付の推進のための税制改正，インパクト投資の減税など，民間資金による社会課題解決の取り組みの包括的な推進策が必要であり，その点では日本はまだ発展途上にある。

③ 「寄付から投資まで」を全体として俯瞰しながら最適な支援を行うという感覚をもち，急速に変化しつつあるビジネスセクターとの連携の強化などの面で「ファシリテーター」として幅広いつながりのなかで変化を生みだすスキルのある国際協力専門家の育成が必要である。

　こうした寄付やインパクト投資といった民間資金による社会課題解決の促進については，単に国際協力現場にどう活動原資をもたらすのか，という視点だけではない議論もある。より大きくは，気候変動や先進国における経済の低成長・高齢化社会時代の到来から「資本主義の限界」が近年世界中で謳われるようになっているなかで，どのようにして「経済成長→税収による分配」という市場メカニズム構造と行政による分配構造ではない仕組みを伸ばしていくのかという視点からの意義が検討されている。かつてアダム・スミスが「神の見えざる手」と評したことに象徴されるように，市場メカニズムは，経済的なリスクとリターンの関係性を評価して資金が投資され，リターンが提供されるという世界観をベースとしていた。

今，「新しい資本主義」の議論の先に，従来のリスク・リターンに加えて，インパクトを評価して投資を行う市場メカニズムをどう作るか，というパラダイムでの議論が進んでいる[8]。いわば「市場の見えざる心」をどう動かすのか，そのための社会システムをどのようにして生み出すのかという議論である。未来において，国際協力NGOであれインパクトを創出するビジネスであれ国際協力に携わるすべての組織にとって，応援者たちの「見えざる心」を動かすファンドレイジングがもつ時代的意義は大きい。

さらに深く学ぶために

徳永洋子『改定新版　非営利団体の資金調達ハンドブック』時事通信社，2023 年
日本ファンドレイジング協会元事務局長による，長年 NPO のファンドレイジングに携わった経験を踏まえた，非営利組織のファンドレイジングの全体像の解説本。

須藤奈応『インパクト投資入門』日経文庫，2021 年
インパクト投資について，日本で初めて，全体像・歴史・世界潮流を一冊にまとめて解説。事例も多くあげられており，イメージがつかみやすい。

渋澤健・鵜尾雅隆『寄付をしてみよう，と思ったら読む本』日本経済新聞出版，2018 年
日本人にとっての寄付とは何なのか。その歴史，今日的意味，寄付の事例などについて，多様な視点からわかりやすく解説している。

8　「経済財政運営と改革の基本方針 2022」（令和 4 年 6 月 7 日閣議決定）p. 12
　　（https://www5.cao.go.jp/keizai-shimon/kaigi/cabinet/honebuto/2022/2022_basicpolicies_ja.pdf）
　　「（社会的インパクト投資，共助社会づくり）「成長と分配の好循環」による新しい資本主義の実現に向け，これまで官の領域とされてきた社会課題の解決に，民の力を大いに発揮してもらい，資本主義のバージョンアップを図る。寄附文化やベンチャー・フィランソロフィーの促進など社会的起業家の支援強化を図る。従来の『リスク』，『リターン』に加えて『インパクト』を測定し，『課題解決』を資本主義におけるもう一つの評価尺度としていく必要がある」

国際協力を目指す人へ
——進路とキャリア

内海成治

　ここでは国際協力を専門的に学びたいかたや仕事にしたいと考えるかたのために，いくつかの視点を提案したい。

　国際協力は教員や医療職のように資格や公的な試験の制度があるわけではない。国際協力の世界は多様であり，さまざまな分野からのアプローチがある。本書の内容や執筆者の経歴や現職をみてもおわかりだと思う。その多様性が国際協力を豊かにしているともいえるであろう。

　ここでは，国際協力を学ぶ，あるいは研究できる大学・大学院，活動に向けてのアプローチなどを紹介する。ただし，この分野は急速に変化しており，以下は現時点での私の管見であることをお許しいただきたい。

1　国際協力を学べる大学

　これまでのところ国際協力学部というものは見当たらないが，さまざまな名称で国際協力に関わる教育が行われている。たとえば，早稲田大学国際教養学部，上智大学総合グローバル学部，青山学院大学地球社会共生学部などである。九州大学共創学部，東京外国語大学国際社会学部，名桜大学国際学部など，国公立大学でも増えている。また，国際協力を学科名・コース名にしている大学として，津田塾大学学芸学部多文化・国際協力学科国際協力コースなどがある。

公立大学や私立大学では，学部の再編にあたって，「国際関係」「国際共生」や「グローバル」などを冠した学部名・学科名とする大学も多い。国立大学においても，学部名や学科名には含まれていなくとも，国際協力を教育内容に含めているケースは少なくない。また，国際関係や，共生あるいはボランティア等に関する講義を，学部を超えて受講可能にしている大学が多い。それだけ学生の国際協力への関心は高いのである。

　もう一つの特徴は，こうした大学の多くで，海外留学や研修を実施していることである。たとえば同志社大学グローバル・コミュニケーション学部（英語コース・中国語コース），あるいは近畿大学国際学部や東洋大学国際学部国際地域学科には，長期の，海外の大学への留学やフィールド研修が組み込まれている。これは英語学習や現場主義に基づくフィールド研修であり，アメリカやオーストラリアなどの英語圏への留学のほか，アジアを中心とした開発途上国への留学・研修がある[1]。

　また，関西学院大学等では，国連ボランティア計画（UNV）と連携し[2]，国連ユースボランティア（国連ボランティアのユース部門）として開発途上国の国連組織（ユニセフや国連開発計画）に学生を派遣する制度が用意されている。

　全国各地の大学で，国際協力を学べる場が設けられているが，内容は多様であるため，大学を選ぶ際には，インターネット等で調べるだけではなくオープンキャンパス等に積極的に参加し，大学の関係者や在学生らから大学の方針や教育内容を直接聞いてみることも大切である。

1　なお，留学費用の一部は学費から充当されるが，追加費用が必要となる。
2　国連ボランティア計画は国連組織の一部であり，27歳以上であれば国際ボランティアに応募することができる。

2 国際協力を学べる大学院

　国際協力を本格的に学び，将来この分野での研究や実践を目指す
かたは，大学院への進学を検討してほしい。欧米では，国際協力に
携わるには大学院進学が一般的である。

　日本ではこの分野の大学院はまだ多くないが，いくつかの大学で
積極的に展開している。国際協力の専門大学院は名古屋大学・神戸
大学にいち早く設立された。また，国際協力も含めた独立の国立大
学院として，政策研究大学院大学がある。いずれも，学部をもたず，
学内あるいは他大学の，あらゆる学部からの進学を想定する独立の
大学院である。それぞれ博士前期課程（修士）と博士後期課程（博
士）が設置されている。

　<u>名古屋大学大学院国際開発研究科</u>（Graduate School of International
Development：GSID）は 1991 年に日本で初めて設置された国際開
発・協力の大学院のみの研究科である。当時日本にはこの分野の大
学院はなく，イギリスやアメリカの大学院に進学する学生が多かっ
た。しかし，日本の ODA が急増し，この分野の人材育成が急務と
なったことから，国内に国際開発・協力の大学院を設置したいとい
う機運が高まり，名古屋大学に設置されたものである。当時，国内
にこの分野の研究者が少ないなかで新設するのは大変だったと思わ
れる。現在は海外からの留学生も多く非常に国際的学際的であり，
また社会人向けのコースも展開している。

　<u>神戸大学大学院国際協力研究科</u>（Graduate School of International
Cooperation Studies：GSICS）は 1992 年に設立された独立大学院であ
る。特徴は，開発経済や国際法学の分野も含めた幅広い国際協力の
領域を包摂していることである。英語での講義やゼミも多いことか
ら国際機関や国際開発コンサルタントで活躍する卒業生も少なくな
い。

政策研究大学院大学（National Graduate Institute for Policy Studies：GRIPS）は，1997 年に設置された大学院のみの大学である。政策研究にかかる専門職大学院としての特徴を有するが，世界各国からの留学生が多く，国際的・学際的であり，卒業生の多くが公的な部門に進んでいる。またグローバルイシューに関連した特別プログラムも展開している。

　こうした独立の国際開発・協力の大学院以外にも，多くの大学で，さまざまな分野の国際協力の大学院コースが設置されている。それゆえ，大学院進学にあたっては，漠然と「国際協力」を学びたいというのではなく，国際協力のなかのどの分野，あるいはどのようなアプローチを自分の専門として深めたいのかをよく考えて，指導教員や大学院のコースを選択することが重要である。本書執筆者の所属先や出身大学院も参考になるだろう。

　また，大学院では指導教員の指導が重要であるため，所属する教員の研究領域，調査地域などを考慮する必要がある。情報誌やインターネットでしっかり検索することや，オープンキャンパス等に出かけて教員や在学生から話を聞くことが大切である。

3　JICA 海外協力隊

　国際協力に関心のあるかたにとって重要なキャリアとして JICA 海外協力隊がある。

　JICA 海外協力隊は ODA 予算によって海外にボランティアを派遣する事業である。この事業のもととなっている青年海外協力隊は，アメリカの「ケネディの遺産」といわれている平和部隊（Peace Corps）を範として 1965 年に開始された。青年海外協力隊が発展し，その後のシニア海外ボランティアや日系社会青年ボランティアなどを統合して 2018 年からこの名称になっている。目的として，開発途上国の経済・社会の発展，復興への寄与，異文化社会における相

互理解の深化と共生，ボランティア経験の社会還元の3点があげられている。

新型コロナウイルス感染症のパンデミックの影響を受けたものの，2023年までの58年間に5万人以上を派遣している。その中心は青年海外協力隊である。毎年，複数回の募集があり，原則2年間の派遣期間で，さまざまな職種で多くの国（2023年10月までの実績で99か国）へ派遣している。

派遣の決定した隊員への支援としておよそ2か月間で，語学や任国事情等，現地での活動に必要な研修が行われる。また渡航費，現地での生活費，活動費等が支給される。

海外協力隊はODAの一環であるが，ボランティアである。このように，派遣費用等は支給されるが，給料・報酬ではなく活動の支援や補助であって，2年間の経験をどう活かすかが重要である。帰国後，経験を活かしてJICA等の国際協力機関や海外コンサルタントに就職する隊員や大学院に進学する隊員も少なくない。企業にとっても海外経験や語学の訓練を受けた帰国隊員への関心は高い。

JICAでは現職教員参加制度など，現職に留まって参加できる制度も設けており，国際協力活動に参加しやすい仕組み作りが行われている。

アメリカの平和部隊等の海外のボランティア制度においても，帰国した経験者は，国内での活動においても貴重な人材であり，その活躍が期待されている。

4　国際協力実施機関

日本のODA実施機関としては国際協力機構（JICA）が最大の機関である。JICAは，大学生・大学院生の採用のほかに，社会人採用も行っている。国際開発・協力以外のさまざまな学部・研究科の卒業生が応募可能である。

JICA 以外にも，さまざまな財団や社団法人が国際協力を実施している。日本の ODA の実施にあたっては国際開発コンサルタントが重要な担い手であり，国際協力に関心のある大学生や大学院生の大切な進路である。国際開発コンサルタントは専門分野や活動地域が多様であるため，それぞれの企業の情報を得ることが必要である[3]。

　今一つ，重要な制度として JPO（ジュニア・プロフェッショナル・オフィサー）派遣制度がある。この制度は，国連機関に職員を派遣するために外務省が実施している試験による登録制度で，条件は，35歳以下，修士号の取得と「2 年以上の職歴」などである[4]。派遣先は，国連関係の各機関である。毎年 50〜60 名の派遣実績があり，国連機関の職員と同等の仕事を経験できる。派遣期間終了後に国連機関職員として働くかたも多い。

　世界銀行グループも日本政府と連携して JPO の募集を行っている。ヤング・プロフェッショナル・プログラム（世界銀行グループ YPP）を実施しており，修士あるいは博士号取得者を対象とした専門性の高い職種であるが，世銀グループの活動範囲は広いので，国際経済・開発経済以外にも多くの職種がある[5]。近年，国連機関や世銀等の国際機関で働く日本人は増加しているが，こうした制度を利用して一人でも多くの日本人が国際的に活躍してほしい。

　また，近年，国際協力を行うソーシャルビジネスが，世界で注目されている。ソーシャルビジネスには様々な定義があるが，日本では，「社会的課題を解決するために，ビジネスの手法を用いて取り組む主体」[6]とされ，「社会性」「事業性」「革新性」の 3 つが要件とされることが多い。ソーシャルビジネスに取り組む日本の企業は，

3　手ごろな情報誌としては『国際協力キャリアガイド』（国際開発ジャーナル社）がある。
4　条件はたびたび変わるため，詳細はウェブサイトを参照（263 頁）。
5　The World Bank「主な採用プログラム」https://www.worldbank.org/ja/country/japan/brief/careers#ypp
6　認定 NPO 法人 国際協力 NGO センター（JANIC）2019『多様化する国際協力のアクター——NGO とソーシャルビジネスのパートナーシップ』外務省, 8 頁.

株式会社ボーダレス・ジャパン，株式会社マザーハウス，サラヤ株式会社をはじめ多数ある。

5　国際協力 NGO

　国際協力において NGO は非常に重要なアクターであり，国際的には高く評価されているが，以前は日本における注目度は高くなかった。しかし，近年は質量ともに充実し日本でも注目されるようになっている。国際 NGO のネットワーク組織である国際協力NGO センター JANIC の構成団体は 100 団体以上であり，緊急人道支援の中間組織であるジャパン・プラットフォーム（JPF）の参加 NGO は 48 団体（2024 年 2 月現在）となっている。これまで NGOは財政基盤が弱くボランティア組織との見方がなされてきたが，日本社会の寄付への関心の高まり，政府の予算措置や企業の支援の増加等により，めざましく発展し，国際協力の仕事を考える際にも重要な分野になっている。また，海外の活動現場に派遣する機会を提供する団体などもある。

6　国際協力の学会について

　それぞれの学問領域において，その研究動向や国際潮流の共有，研究発表の場として学会がある。国際協力分野の学会はいくつかあるが，代表的なのは国際開発学会である。年 2 回学術大会を開催し学会誌『国際開発研究』を発行している。学生会員制度もあるが，学術大会においては学会員以外も参加できるシンポジウムなども開催されている[7]。

7　学会の活動や入会方法についてはウェブサイトを見てもらいたい。

関連学会として，日本平和学会，人間の安全保障学会，緊急人道支援学会，国際ボランティア学会等がある。またさまざまな学会において国際協力のセッションが設けられるケースが多い。関心のある学生，社会人は学会を活用してほしい。

7　国際協力を仕事にするために

国際協力という領域の重要性，必要性は高まっており，関心のあるかたにとっては，仕事としてもやりがいのある分野である。ただ，2点ほど，こころにとめておいていただきたい。

一つめは，国際協力の仕事が外国語，特に英語で行われることである。わたしたち日本人は，読むことはこなせるが，聞くことと書くことが不得手な人が多い。現在の教育制度のなかで，英語でのコミュニケーションが重視されているが，国際協力を目指す人はしっかり英語力を身につけておくことが大切である。ただし，英語力は実際の仕事のなかでも身につくものであり，苦手だからといって国際協力への関心を失わないでほしい。

二つめは，国際協力の仕事は多様であり，さまざまな可能性があることである。一般企業においてもSDGs等への関心の高まりから，社会貢献に力をいれており，国際協力もその一環として取り上げられる。それゆえ，多様な形で，さまざまな場で，国際協力の学びと関心・情熱は活かされると思うのである。

国際社会は複雑化し混迷の度合いを深めている。そのなかで国際協力の必要性はこれまでになく高まっている。また世界のなかでの日本の存在も，改めて問われている。多くの学生・社会人のかたが国際協力に関心をもち，学びを深め，あるべき国際協力の実践につながることが待ち望まれている。

◇大学

青山学院大学 地球社会共生学部　https://www.aoyama.ac.jp/faculty/gsc/
九州大学 共創学部　https://kyoso.kyushu-u.ac.jp/
近畿大学 国際学部　https://www.kindai.ac.jp/international-studies/
上智大学 総合グローバル学部　https://www.sophia.ac.jp/jpn/academics/ug/ug_gs/
津田塾大学 学芸学部多文化・国際協力学科国際協力コース
　　https://www.tsuda.ac.jp/academics/dept-mi/course.html
東京外国語大学 国際社会学部　https://www.tufs.ac.jp/education/ia/
同志社大学 グローバル・コミュニケーション学部　https://globalcommunications.doshisha.ac.jp/
東洋大学 国際学部国際地域学科　https://www.toyo.ac.jp/nyushi/undergraduate/grs/rdsc/
名桜大学 国際学部　https://www.meio-u.ac.jp/academics/international/
早稲田大学 国際教養学部　https://www.waseda.jp/fire/sils/
など

◇大学院

神戸大学 大学院国際協力研究科　http://www.gsics.kobe-u.ac.jp/indexj.html
政策研究大学院大学　https://www.grips.ac.jp/
名古屋大学 大学院国際開発研究科　https://www4.gsid.nagoya-u.ac.jp/
など

◇海外ボランティア

NICE（日本国際ワークキャンプセンター）　https://www.nice1.gr.jp/
外務省 国際機関人事センター 国際機関におけるインターンシップ，国連ボランティア等
　　https://www.mofa-irc.go.jp/shikaku/keiken.html
JICA 海外協力隊　https://www.jica.go.jp/volunteer/
国連ボランティア計画　https://unv.or.jp/
国連ユースボランティア　https://ciec.kwansei.ac.jp/unyouth/
　※国際協力 NGO の主催する海外スタディツアーについては，各 NGO のウェブサイトへ

◇国際協力の現場へつなぐ／働く

JPO 派遣制度　https://www.mofa-irc.go.jp/jpo/seido.html
ヤング・プロフェッショナル・プログラム（世界銀行グループ YPP）
　　https://www.mofa-irc.go.jp/apply/ypp.html
国際協力開発機構（JICA）　https://www.jica.go.jp/
海外コンサルタンツ協会（ECFA）　http://www.ecfa.or.jp/japanese/
　※求人，研修・イベント・セミナー　PARTNER　https://partner.jica.go.jp/
　※ソーシャルビジネス　ACTIVO　https://activo.jp/job/public_company

◇国際協力 NGO

国際協力 NGO センター JANIC　https://www.janic.org/
ジャパン・プラットフォーム（JPF）　https://www.japanplatform.org/index.html
　※国際協力 NGO それぞれについては「NGO を知る」ページが参考になる。

◇学会

緊急人道支援学会（Japan Society for Humanitarian Action Studies : JASHAS）
　　https://jashas.org/index.html
国際開発学会（The Japan Society for International Development : JASID）　https://jasid.org/

国際ボランティア学会（The International Society of Volunteer Studies in Japan）
　https://isvsjapan.org/
日本平和学会（The Peace Studies Association of Japan: PSAJ）　https://www.psaj.org/
人間の安全保障学会（Japan Association for Human Security Studies : JAHSS）
　https://www.jahss-web.org/

◇キャリアガイド
『国際協力キャリアガイド』（各年版，国際開発ジャーナル社）https://www.idj.co.jp/?page_id = 3108
『国際開発ジャーナル』（月刊，国際開発ジャーナル社）　https://www.idj.co.jp/?page_id = 2807
『海外で国際協力をしたい人のための活動ハンドブック―事前準備から，現地の暮らし，仕事，危機管理，
　帰国まで』（岡本美代子編，遠見書房，2021 年）
『国際公務員になるには〔改訂版〕』（横山和子，ぺりかん社，2020 年）
『世界で活躍する仕事 100―10 代からの国際協力キャリアナビ』（三菱 UFJ リサーチ & コンサルティン
　グ編，東洋経済新報社，2018 年）

資　料　集

注　各資料末尾の出典より抜粋。（最終閲覧 2024.4.1）

■我々の世界を変革する—持続可能な開発のための 2030 アジェンダ
　「前文」「持続可能な開発目標」

前文
　このアジェンダは，人間，地球及び繁栄のための行動計画である。これはまた，より大きな自由における普遍的な平和の強化を追求するものでもある。我々は，極端な貧困を含む，あらゆる形態と側面の貧困を撲滅することが最大の地球規模の課題であり，持続可能な開発のための不可欠な必要条件であると認識する。

　すべての国及びすべてのステークホルダーは，協同的なパートナーシップの下，この計画を実行する。我々は，人類を貧困の恐怖及び欠乏の専制から解き放ち，地球を癒やし安全にすることを決意している。我々は，世界を持続的かつ強靱（レジリエント）な道筋に移行させるために緊急に必要な，大胆かつ変革的な手段をとることに決意している。我々はこの共同の旅路に乗り出すにあたり，誰一人取り残さないことを誓う。

　今日我々が発表する 17 の持続可能な開発のための目標（SDGs）と，169 のターゲットは，この新しく普遍的なアジェンダの規模と野心を示している。これらの目標とターゲットは，ミレニアム開発目標（MDGs）を基にして，ミレニアム開発目標が達成できなかったものを全うすることを目指すものである。これらは，すべての人々の人権を実現し，ジェンダー平等とすべての女性と女児のエンパワーメントを達成することを目指す。これらの目標及びターゲットは，統合され不可分のものであり，持続可能な開発の三側面，すなわち経済，社会及び環境の三側面を調和させるものである。

これらの目標及びターゲットは，人類及び地球にとり極めて重要な分野で，向こう15 年間にわたり，行動を促進するものになろう。
　（以下略）

持続可能な開発目標
目標 1.　あらゆる場所のあらゆる形態の貧困を終わらせる
目標 2.　飢餓を終わらせ，食料安全保障及び栄養改善を実現し，持続可能な農業を促進する
目標 3.　あらゆる年齢のすべての人々の健康的な生活を確保し，福祉を促進する

目標4．すべての人々への包摂的かつ公正な質の高い教育を提供し，生涯学習の機会を促進する
目標5．ジェンダー平等を達成し，すべての女性及び女児のエンパワーメントを行う
目標6．すべての人々の水と衛生の利用可能性と持続可能な管理を確保する
目標7．すべての人々の，安価かつ信頼できる持続可能な近代的エネルギーへのアクセスを確保する
目標8．包摂的かつ持続可能な経済成長及びすべての人々の完全かつ生産的な雇用と働きがいのある人間らしい雇用（ディーセント・ワーク）を促進する
目標9．強靱（レジリエント）なインフラ構築，包摂的かつ持続可能な産業化の促進及びイノベーションの推進を図る
目標10．各国内及び各国間の不平等を是正する
目標11．包摂的で安全かつ強靱（レジリエント）で持続可能な都市及び人間居住を実現する
目標12．持続可能な生産消費形態を確保する
目標13．気候変動及びその影響を軽減するための緊急対策を講じる*
目標14．持続可能な開発のために海洋・海洋資源を保全し，持続可能な形で利用する
目標15．陸域生態系の保護，回復，持続可能な利用の推進，持続可能な森林の経営，砂漠化への対処，ならびに土地の劣化の阻止・回復及び生物多様性の損失を阻止する
目標16．持続可能な開発のための平和で包摂的な社会を促進し，すべての人々に司法へのアクセスを提供し，あらゆるレベルにおいて効果的で説明責任のある包摂的な制度を構築する
目標17．持続可能な開発のための実施手段を強化し，グローバル・パートナーシップを活性化する

*国連気候変動枠組条約（UNFCCC）が，気候変動への世界的対応について交渉を行う基本的な国際的，政府間対話の場であると認識している。

（https://www.mofa.go.jp/mofaj/gaiko/oda/sdgs/pdf/000101402_2.pdf）

■国連ミレニアム開発目標　「8つの目標」

8つの目標
　目標1：極度の貧困と飢餓の撲滅
　目標2：初等教育の完全普及の達成
　目標3：ジェンダー平等推進と女性の地位向上
　目標4：乳幼児死亡率の削減
　目標5：妊産婦の健康の改善
　目標6：HIV／エイズ，マラリア，その他の疾病の蔓延の防止
　目標7：環境の持続可能性確保
　目標8：開発のためのグローバルなパートナーシップの推進
　　　　　（https://www.mofa.go.jp/mofaj/gaiko/oda/doukou/mdgs.html）

■気候変動に関する国際連合枠組条約 「第二条　目的」「第三条　原則」

第二条　目的
　この条約及び締約国会議が採択する法的文書には，この条約の関連規定に従い，気候系に対して危険な人為的干渉を及ぼすこととならない水準において大気中の温室効果ガスの濃度を安定化させることを究極的な目的とする。そのような水準は，生態系が気候変動に自然に適応し，食糧の生産が脅かされず，かつ，経済開発が持続可能な態様で進行することができるような期間内に達成されるべきである。

第三条　原則
　締約国は，この条約の目的を達成し及びこの条約を実施するための措置をとるに当たり，特に，次に掲げるところを指針とする。
1. 　締約国は，衡平の原則に基づき，かつ，それぞれ共通に有しているが差異のある責任及び各国の能力に従い，人類の現在及び将来の世代のために気候系を保護すべきである。したがって，先進締約国は，率先して気候変動及びその悪影響に対処すべきである。
2. 　開発途上締約国（特に気候変動の悪影響を著しく受けやすいもの）及びこの条約によって過重又は異常な負担を負うこととなる締約国（特に開発途上締約国）の個別のニーズ及び特別な事情について十分な考慮が払われるべきである。
3. 　締約国は，気候変動の原因を予測し，防止し又は最小限にするための予防措置をとるとともに，気候変動の悪影響を緩和すべきである。深刻な又は回復不可能な損害のおそれがある場合には，科学的な確実性が十分にないことをもって，このような予防措置とることを延期する理由とすべきではない。もっとも，気候変動に対処するための政策及び措置は，可能な限り最小の費用によって地球的規模で利益がもたらされるように費用対効果の大きいものとすることについても考慮を払うべきである。このため，これらの政策及び措置は，社会経済状況の相違が考慮され，包括的なものであり，関連するすべての温室効果ガスの発生源，吸収源及び貯蔵庫並びに適応のための措置を網羅し，かつ，経済のすべての部門を含むべきである。気候変動に対処するための努力は，関心を有する締約国の協力によっても行われ得る。
4. 　締約国は，持続可能な開発を促進する権利及び責務を有する。気候変動に対処するための措置をとるためには経済開発が不可欠であることを考慮し，人に起因する変化から気候系を保護するための政策及び措置については，各締約国の個別の事情に適合したものとし，各国の開発計画に組み入れるべきである。
5. 　締約国は，すべての締約国（特に開発途上締約国）において持続可能な経済成長及び開発をもたらし，もって締約国が一層気候変動の問題に対処することを可能にするような協力的かつ開放的な国際経済体制の確立に向けて協力すべきである。気候変動に対処するためにとられる措置（一方的なものを含む。）は，国際貿易における恣意的若しくは不当な差別の手段又は偽装した制限となるべきではない。

(https://www.env.go.jp/earth/cop3/kaigi/jouyaku.html)

I. 前文（抜粋）

5. 人，コミュニティ，国家，その暮らし，健康，文化遺産，社会経済的資産，そして生態系をより効果的に守るために，災害リスクを予測し，そのために計画を立て，そして削減すること，それによってそれぞれの強靱性を高めることが，緊急かつ重要である。

6. 暴露（exposure）と脆弱性を削減する取組を強化し，新たな災害リスクの創出を防止すること，及び災害リスク創出に対する説明責任があらゆるレベルにおいて必要とされている。潜在的な災害リスク発生要因に焦点を当てた更なる行動をとる必要があり，こうした潜在的なリスクは，貧困及び不平等，気候変動，無計画で急速な都市化，不十分な土地管理の結果により，そして人口変動，弱い組織体制，リスク情報の欠如した政策，民間による防災への投資に対する規制や奨励措置の欠如，複雑なサプライチェーン，技術への限られた利用可能性，天然資源の非持続可能的な利用，悪化する生態系，世界的流行病の要因が相まって，もたらされている。さらに，災害リスク削減に関する良い統治（グッドガバナンス）を国，地域及びグローバルなレベルにおいて引き続き強化し，また災害対応や復旧・再建・復興のための準備や国内の調整を引き続き改善するとともに，災害発生後の復旧・復興段階を，強化された，国際協力の進め方を用いながら「より良い復興（Build Back Better）」に活用することが必要である。

7. 災害リスクに対して，より広範で，より人間を中心にした予防的アプローチがなければならない。災害リスク削減の取組は，効率的かつ効果的であるために，マルチハザード対応，分野横断的，包摂的かつアクセス可能なものである必要がある。その指導・規制・調整面での役割を認識する一方，政府は，女性，子供と青年，障害者，貧困者，移民，先住民，ボランティア，実務担当者，高齢者等，関連するステークホルダーを，政策・計画・基準の企画立案及び実施に関与させるべきである。公共及び民間セクター，市民社会団体，並びに学術及び科学研究機関は，より緊密に連携し，協働の機会を創出する必要があり，また企業は災害リスクをその経営実務に組み込むことが必要とされている。

8. 国際的，地域的，準地域的，及び国境を越えた協力は，国家，中央及び地方政府，コミュニティ及び企業が行う災害リスクの削減への取組を支える上で，引き続き極めて重要である。既存のメカニズムは，効果的な支援とより良い実施を提供するため，強化が必要となるだろう。開発途上国，特に後発開発途上国，小島嶼開発途上国，内陸開発途上国及びアフリカ諸国並びに特別な課題を抱えている中所得国は，国際的な約束に従って，能力開発，財政・技術支援，技術移転の実施において，十分で，持続可能で，時宜を得た実施手段を確保するために，二国間・多国間のルートを通じて，国内の資源及び能力を増強するための特別の配慮と支援が必要である。

（https://www.mofa.go.jp/mofaj/files/000081166.pdf）

■難民の地位に関する 1951 年の条約
　「前文」「第 1 条【「難民」の定義】」

〔前文〕
締約国は,
国際連合憲章及び 1948 年 12 月 10 日に国際連合総会により承認された世界人権宣言が, 人間は基本的な権利及び自由を差別を受けることなく享有するとの原則を確認していることを考慮し,
国際連合が, 種々の機会に難民に対する深い関心を表明し並びに難民に対して基本的な権利及び自由のできる限り広範な行使を保証することに努力してきたことを考慮し,
難民の地位に関する従前の国際協定を修正し及び統合すること並びにこれらの文書の適用範囲及びこれらの文書に定める保護を新たな協定において拡大することが望ましいと考え,
難民に対する庇護の付与が特定の国にとって不当に重い負担となる可能性のあること並びに国際的な広がり及び国際的な性格を有すると国際連合が認める問題についての満足すべき解決は国際協力なしには得ることができないことを考慮し,
すべての国が, 難民問題の社会的及び人道的性格を認識して, この問題が国家間の緊張の原因となることを防止するため可能なすべての措置をとることを希望し,
国際連合難民高等弁務官が難民の保護について定める国際条約の適用を監督する任務を有していることに留意し, また各国と国際連合難民高等弁務官との協力により, 難民問題を処理するためにとられる措置の効果的な調整が可能となることを認めて, 次のとおり協定した。

第 1 章　一般規定
第 1 条【「難民」の定義】
　A　この条約の適用上, 「難民」とは, 次の者をいう。
⑴　1926 年 5 月 12 日の取極, 1928 年 6 月 30 日の取極, 1933 年 10 月 28 日の条約, 1938 年 2 月 10 日の条約, 1939 年 9 月 14 日の議定書または国際避難民機関憲章により難民と認められている者。国際避難民機関がその活動期間中いずれかの者について難民としての要件を満たしていないと決定したことは, 当該者が⑵の条件をみたす場合に当該者に対し難民の地位を与えることを妨げるものではない。
⑵　1951 年 1 月 1 日前に生じた事件の結果として, かつ, 人種, 宗教, 国籍もしくは特定の社会的集団の構成員であることまたは政治的意見を理由に迫害を受けるおそれがあるという十分に理由のある恐怖を有するために, 国籍国の外にいる者であって, その国籍国の保護を受けることができない者またはそのような恐怖を有するためにその国籍国の保護を受けることを望まない者及びこれらの事件の結果として常居所を有していた国の外にいる無国籍者であって, 当該常居所を有していた国に帰ることができない者またはそのような恐怖を有するために当該常居所を有していた国に帰ることを望まない者。
　　二以上の国籍を有する者の場合には, 「国籍国」とは, その者がその国籍を有する国のいずれをもいい, 迫害を受けるおそれがあるという十分に理由のある恐怖を有するという正当な理由なくいずれか一の国籍国の保護を受けなかったとしても, 国籍国の保護がないとは認められない。　　　　　　　（以下略）
　　　　　　　　　　　　　　（https://www.unhcr.org/jp/treaty_1951）

I. 序文

A. 背景

1. 難民が直面している困難な状況は，人類にとって共通の関心事である。難民問題は，その範囲や規模が拡大するとともに複雑性も高まっており，難民の保護と支援，解決策が必要とされている。数百万人もの難民が，経済や開発の課題を抱える低・中所得国において，長引く困難な状況のもとでの暮らしを余儀なくされ，平均滞在期間も延び続けている。過去に例を見ない規模の予算が人道支援に注ぎ込まれるなど，受け入れ国やドナーによる極めて寛大な支援がありながら，難民のニーズと人道支援に充てられる資金のギャップはさらに広がっている。各国が現在行っている支援やそれぞれのキャパシティとリソースを考慮しつつ世界の難民を受け入れ，支援する上で，負担と責任をより公平に分け合うことが急務となっている。難民と難民を受け入れる地域コミュニティが，置き去りにされるようなことがあってはならない。

2. 人道的性格を持つ国際問題の解決に向けた国際協力の実現は，国連憲章に定めるとおり，国連の核心的な目的の一つであり，国家の主権平等という原則に沿っている。同様に，「1951 年の難民の地位に関する条約（以下，「難民条約」）」は，庇護の付与が一定の国に不当に重く大きな負担となる可能性があることから，難民問題の満足のいく解決は国際協力なしには達成できないとしている。難民の受け入れやその他の手段によって，歴史的に難民の保護に貢献してきた国の枠を越えて難民支援の基盤を広げることなどにより，長年唱えられてきた国際協力の原則を具体的かつ実際的な行動につなげることが不可欠である。

3. こうした背景から，「難民に関するグローバル・コンパクト」（以下，グローバル・コンパクト）は，すべての国連加盟国に加え，必要に応じて，国連システム内外の国際機関，国際赤十字・赤新月運動，その他の人道・開発支援機関，国際・地域金融機関，地域機関，地方自治体，信仰に基づいた活動を行う団体を含む市民社会，学識者やその他の専門家，民間セクター，メディア，受け入れコミュニティの住民や難民自身など，関係するステークホルダー（以下，ステークホルダー）の間で，予測可能で公平な負担と責任の分担の基盤を提供することを意図している。

4. グローバル・コンパクトには法的拘束力はない。しかし，難民やその受け入れ国との協力と連帯を強化しようという国際社会全体の政治的意思と意欲を表明した文書である。グローバル・コンパクトは，後出のパラグラフに定める目的に向けた自発的な貢献を通じて，協力と連帯の強化を協働で達成することを目指す。このような貢献は，各国の事情やキャパシティ，開発の度合い，国家政策や優先課題を考慮しながら，各国とステークホルダーがそれぞれ決定していく。

B. 指針となる原則 (略)

C. 目的

7. グローバル・コンパクト全体の目的は，(i) 難民受け入れ国の負担を軽減する

こと，（ii）難民の自立を促進すること，（iii）第三国における解決策へのアクセスを拡大すること，（iv）難民の安全かつ尊厳ある帰還に向けて，出身国の状況整備を支援することの４点である。グローバル・コンパクトは，政治的意思の結集，支援基盤の拡大，国家とステークホルダー間のより公平で持続的かつ予測可能な分担の仕組みの構築により，上記４点の相互に関連し依存し合う目的の達成を目指している。

D.　予防と根本原因への対応

8.　大規模な難民の移動と難民問題の長期化は，世界各地で未だに続いている。難民の保護と支援は，当事者の生命を救い，将来の投資につながるものであるが，さらに重要なことは，根本原因への対応に向けた努力を伴うものでなければならないということである。気候変動や環境破壊，自然災害は，それ自体は難民の移動の直接的な原因とはならないものの，難民の移動を引き起こす要因となりうる。難民問題の根本的な解決に向けた取り組みは，まずは難民出身国の責任で行われるべきだが，大規模な難民問題を回避し，問題を解決に導くことは，国際社会全体にとっての重大な関心事でもある。難民問題を発生させる要因や引き金への早期の対応と同時に，政治，人道，開発，平和に関わるすべてのアクターの協力が必要となる。

9.　このような背景から，グローバル・コンパクトは，予防，平和，安全，持続可能な開発，移住，平和構築の分野で続けられている国連の取り組みを補完するものである。すべての国とステークホルダーは，紛争の予防と解決，国連憲章，国際人道法を含む国際法，国内・国際レベルでの法の支配の擁護，すべての人の人権と基本的自由の促進，尊重，保護，実現に加え，搾取と虐待をはじめ人種，肌の色，性別，言語，宗教，政治的な意見など，さらに国籍や社会的出自，財産，出生，障がい，年齢その他の地位などに基づくあらゆる種類の差別の撲滅を図る国際的取り組みの拡充などを通じ，大規模な難民問題の根本的解決に取り組むことが求められている。国際社会全体が「持続可能な開発のための 2030 アジェンダ」やその他の関連する枠組みに沿って，貧困の緩和，災害リスクの削減，難民の本国への開発支援の提供のための取り組みを支援するように要請されている。

　　　　（https://www.unhcr.org/jp/wp-content/uploads/sites/34/2019/04/Global-Compact-on-Refugees_JPN.pdf）

■国連グローバル・コンパクトの４分野 10 原則

人権
企業は，
　　原則１　国際的に宣言されている人権の保護を支持，尊重し，
　　原則２　自らが人権侵害に加担しないよう確保すべきである

労働
企業は，
　　原則３　結社の自由と団体交渉の実効的な承認を支持し，
　　原則４　あらゆる形態の強制労働の撤廃を支持し，
　　原則５　児童労働の実効的な廃止を支持し，

原則 6　雇用と職業における差別の撤廃を支持すべきである

環境
企業は,
　　原則 7　環境上の課題に対する予防原則的アプローチを支持し,
　　原則 8　環境に関するより大きな責任を率先して引き受け,
　　原則 9　環境にやさしい技術の開発と普及を奨励すべきである

腐敗防止
企業は,
　　原則 10　強要と贈収賄を含むあらゆる形態の腐敗の防止に取り組むべきである
　（https://www.ungcjn.org/gcnj/principles.html#principles）

……………………………………………………………………………………

□気候変動枠組条約京都議定書
　https://www.mofa.go.jp/mofaj/gaiko/treaty/treaty_020413.html

□京都議定書第 11 回締約国会合（CMP11）パリ協定
　http://unfccc.int/resource/docs/2015/cop21/eng/10a01.pdf
　PARIS AGREEMENT（仮訳文）パリ協定
　https://www.env.go.jp/earth/ondanka/cop/attach/paris_agr20160422.pdf

□『人間開発報告書』（『人間開発報告書 2021 – 2022 年版』）
　https://www.undp.org/ja/japan/publications/hdr2021-2022

□開発協力大綱
　https://www.mofa.go.jp/mofaj/gaiko/oda/seisaku/taikou_201502.html

□『スフィアハンドブック 2018』日本語版
　https://jqan.info/wpJQ/wp-content/uploads/2020/04/spherehandbook2018_
　jpn_web_April2020.pdf

□環境と開発に関する世界委員会（ブルントラント委員会）報告書
　Our Common Future
　https://sustainabledevelopment.un.org/content/documents/5987our-
　common-future.pdf
　『Our Common Future（邦題：我ら共有の未来）』概要
　https://www.env.go.jp/council/21kankyo – k/y210 – 02/ref_04.pdf

□国際連合教育科学文化機関憲章（ユネスコ憲章）／ The Constitution of
　UNESCO
　https://www.mext.go.jp/unesco/009/001.htm

□アルマ・アタ宣言　Declaration of Alma Ata
　https://japan – who.or.jp/about/who-what/charter-2/alma-ata/

あとがき

　本書は，『国際協力論を学ぶ人のために』(2005年刊)，『〔新版〕国際協力論を学ぶ人のために』(2016年刊) の後継のテキストとして出版されました。3つの版とも内海成治先生が中心となって企画・編集された本です。本書，『国際協力を学ぶ人のために』は，世界を巻き込む紛争の多発，感染症によるパンデミック，気候変動などによる世界規模の危機が深刻化するなか，潮流・分野・様式・アクターなどが大きく変化する国際協力のあり方を捉えた新しいテキストを編纂したいという強い思いのなかで生まれました。そして，以前の2つの版のタイトルに掲げていた「国際協力論」という言葉から「論」を取り，タイトルは「国際協力を学ぶ人のために」としています。幅広い読者を想定して，理論的背景や枠組みのみならず，国際協力の活動や実践の変化の潮流を捉え，激動の世界が今後必要とする協力の形を模索したいと考えてのことです。

　ここからは，いささか個人的な事情を述べることをお許し下さい。

　本書の企画が始まったのは，コロナ禍のさなかでした。さらに，ロシアによるウクライナ侵攻で国際社会の混乱が続くなか，急かされるような思いで，内海成治先生と章立てや執筆者の話し合いを重ねました。刊行が決まったという知らせを伝えて下さったときの，先生の喜びに溢れた声は忘れられません。
　このように，本書は，内海先生の強力なイニシアティブと（編

者・執筆者皆の）使命感により刊行に向け進み始めたのでした。しかし、原稿が揃い編集作業を開始した2023年9月、内海先生が急逝されるという、想像さえしなかったことが起きてしまいました。その4日前、内海先生が中心となって旗揚げされた、緊急人道支援学会の創設記念集会でお元気なお姿を拝見していたので、本当に突然のことでした。

あまりにも大きな支柱を失い呆然とするなか、残りの編集作業は、編者の杉田映理先生と世界思想社の編集者の大道玲子さんとともに、内海先生ならどう考えるだろうかと問いかけながら、内海先生が国際協力に捧げられてきた思いを紡ぎながら進め、やっと本の完成に至りました。ここまでこられたのは、何よりも、執筆者の皆さんが、それぞれの専門分野の実践や現場の試行錯誤からの思いと論考が詰まった渾身の原稿を執筆してくださったおかげです。それらを集め1冊の本として編集できた今、内海先生が大切にされていた、支援を受ける人々の尊厳を尊重し、支援に携わる人たちの献身的で創造的な挑戦への情熱を込めた、国際協力の未来を展望できるテキストができたのではないかと自負しております。

グローバルイシューが複雑化し、連動するなかでは、これからも「想定外」を想定しなければならない複合的な危機が、日常にも広がっていくことが予想されます。従来の国際協力の形では立ち行かず、政府・企業・NGO・研究者・市民らが、それぞれ当事者として連携し、創造力をもって新たな社会の仕組みを作ることが求められています。混迷の時代にいるわたくしたちは、政府や専門の組織にいる人たちだけが国際協力に関わるものと考えず、一人ひとりが日々の生活とひとつづきのものとしてグローバルな危機を理解し、目指すべき未来の姿や新たな社会の仕組みは何かを切迫感をもって考えなければならない時代に入りつつあります。

この本が，これからの激動の社会で求められている新しい時代の国際協力を理解し，今後の展望を切り拓く一助になることを願っております。

　最後に，国際協力の変革が求められる重要な時期にテキストをまとめる機会を下さった世界思想社の皆様に，そして執筆者の思いを汲み，一言一句細部まで深い洞察と情熱をもって丁寧に編集を担当してくださった大道玲子さん，雑賀敦之さんに，執筆者を代表して心からお礼を申し上げます。

2024 年 3 月
内海成治先生を偲びながら，編著者を代表して
桑名　恵

索　引

〔ア行〕

アクター　6-8, 10-12, 25, 28, 34, 43, 44,
　　48, 58, 60, 61, 111, 131, 169, 189, 202,
　　203, 261
　　現地団体　100, 138
　　国連機関　28, 86, 113, 115, 124, 134,
　　　135, 138, 170, 202, 225, 231-233, 260
　　市民団体　7, 129, 131, 138
　　地方自治体／地方政府　7, 90, 183
　　二国間援助機関　6, 183
　　ボランティア　7, 31, 129, 220, 256,
　　　258, 259, 261
アドボカシー（政策提言／啓発活動）　184,
　　214, 233, 234
イノベーション　97, 166, 167, 180, 201,
　　235
移民　211
医療／保健医療　128, 133, 135-137, 141,
　　146, 185, 195, 251
エスニシティ　71
エスノグラフィ　76
汚職　61
オリエンタリズム　71, 72

〔カ行〕

開発（援助）／国際開発　28, 46, 66-75,
　　79, 144, 184, 226, 230-234, 236
　　構造調整プログラム　46
　　国益　25, 38, 39, 44
　　自己責任論　31
　　自助努力　25, 149
　　（経済）社会開発　9, 25, 114
　　住民参加　84

政府安全保障能力強化支援（OSA）
　　10
格差　25, 26, 46, 64, 67, 142, 145, 147, 148,
　　163, 164, 196, 201
ガバナンス　46, 225, 239, 241
カーボンニュートラル　166, 167
カーボンプライシング　167, 168
感染症　84-89, 126, 162, 233
　　水系感染症　178, 179, 184
官民連携　8, 10, 224
企業　7-9, 25, 27, 28, 35, 36, 39, 43, 60-62,
　　87, 92, 128, 131, 132, 137, 139, 161,
　　167, 168, 171, 212-214, 220, 227-237,
　　239, 240, 244, 249, 251, 259-262
　　企業の社会的責任（CSR）　86, 222-
　　　226
　　共通価値の創造（CSV）　226, 228
気候変動　5, 7, 25, 26, 34, 71, 74, 85, 96,
　　122, 123, 126, 130, 131, 159, 161-164,
　　166, 168, 171, 173, 174, 176, 179, 181,
　　183, 186, 211, 230, 235, 252
　　海面上昇　174, 179
　　緩和（策）　159, 164, 180
　　（国連）気候変動枠組条約（UNFCC）
　　　165, 223, 224, 228, 267
　　気候変動枠組条約締約国会議（COP）
　　　165, 224
　　適応（策）　159, 164, 168, 169, 171, 180,
　　　181
技術協力　6, 7, 36, 41, 62, 93-95, 181,
　　244
犠牲者非難　70, 71, 75
寄付　7, 139, 140, 231, 234, 237-241, 243,
　　245-249, 261

遺贈寄付　244, 251, 252
　マンスリーサポーター　238, 244
教育　20-22, 26, 48, 120, 121, 126, 133,
　　141, 149, 188
　教育支援／協力　24, 27, 45, 46, 189-
　　204
　教育開発　46, 197
　「教育難民化現象」　23, 24
　就学率／非就学率　22, 119, 121
　「万人のための教育（EFA）」　189
京都議定書　165, 272
グラント・エレメント（GE）　9
グローバルヘルス（global health）　97,
　　227
軍事　37, 38, 51, 134
　軍事援助／軍事協力　8-10
経済協力　8-10, 35, 36
言説　71, 72, 230
国連開発の 10 年　37
国際協力〔定義〕　8-10, 16-19
国際連合（国連）　6, 53, 58, 114, 119,
　　123, 129, 130, 131, 137, 224, 229
国内避難民　21, 29, 57, 107, 109, 115, 117,
　　120, 121, 128, 132, 142
国連ミレニアム開発目標（MDGs）　26,
　　38, 46, 47, 85, 115, 118, 146, 189, 224,
　　225, 266

〔サ行〕

自衛隊　38
支援　5, 10, 16, 52, 183, 185, 242, 251,
　　261
　緊急支援　25, 28, 116, 117, 131, 137,
　　140, 141
　クラスター・アプローチ／クラスター
　　制度　123, 124, 125, 137
　現金給付　30
　コスト　117, 138, 235
　災害支援　28, 181, 247, 248

就業支援　30, 110
食料支援／栄養支援　114, 118-123,
　　126
生活物資（NFI）支援　21, 30, 137, 140,
　　141
製品調達　232-234
難民支援　28, 30, 128-130, 132, 134-
　　136, 138, 139, 142, 161
バウチャー　30, 115
復興支援　15, 19, 21, 27, 28, 30, 115,
　　133
物資調達　138, 198
ジェンダー　26, 71, 72, 110, 121, 122, 134,
　　146, 164, 177
　ジェンダーに基づく暴力（GBV）　98-
　　100, 108
　ジェンダー平等／不平等　26, 52, 58,
　　59, 61, 98, 103, 106, 110, 111
　女性議員　103
　女性世帯主　110
資金　6-9, 25, 36-39, 48, 88, 92, 126, 169-
　　171, 181, 200-204, 231, 237-245, 251,
　　252
自然災害　29, 85, 113, 115, 116, 124, 126,
　　130, 132, 142, 162, 190, 191, 195, 200
　大雨　174, 175
　旱魃　115, 130, 135, 162, 173, 174, 177,
　　190, 191
　（集中）豪雨　130, 173, 175
　洪水　130, 131, 162, 173-175
　地震　115, 130, 139, 190
　台風（サイクロン，ハリケーン）　115,
　　173, 174, 190
　津波　115, 190, 191
持続可能性　67, 223, 230
　Our Common Future　223, 228, 272
持続可能な開発のための 2030 アジェン
　　ダ（2030 アジェンダ）　26, 65, 91, 265

持続可能な開発目標（SDGs）　15, 26, 27,
　　34, 47, 48, 60, 65, 74, 85, 91, 98, 123,
　　146, 148, 169, 177, 178, 183, 185, 188,
　　189, 224-229, 233, 235, 244, 251, 262,
　　265
持続可能な生計アプローチ　69
児童婚　106-108, 110
資本主義　163, 252, 253
市民社会　12, 17, 171, 204, 207, 209, 211,
　　212, 215, 216, 220
周縁化　66, 69
宗教　53, 68, 134
受益者／裨益者　29, 30, 43, 101, 114, 116,
　　117, 120, 121, 239
人道支援　8, 20, 21, 30, 81, 126, 114, 115,
　　123-126, 132-137, 161, 163, 168-170
　　人道支援の原則　133, 134
　　スフィア・プロジェクト　133, 136,
　　　272
　　（支援の）スキーム　6, 7, 9, 92, 93
　　先行的行動　170, 171
政策　34, 54, 96, 171
　　国際協力政策の歴史　35-39〔日本〕,
　　　45-48〔国際的課題〕
　　政策体系　44, 45
　　政策評価　42
　　部分と全体　33, 34
　　ログ・フレーム　40-42
政府開発援助（ODA）　6-10, 16, 25, 29,
　　35-39, 42, 48, 86, 90-92, 218, 219,
　　257-260
　　（政府）開発協力大綱／ODA大綱　10,
　　　15, 24, 38-40, 42, 272
　　コロンボ・プラン　16, 35
セクター（分野）　34, 171, 204, 252
　　教育セクター　199
　　民間セクター　90, 92, 204
ソーシャルビジネス　7, 237, 239-241,
　　245, 251, 260

存在論的転回　78

〔夕行〕

「誰一人取り残さない」　65
地域研究　65-79
　　包括的アプローチ　68
地球温暖化　96, 113, 159, 160, 165-168,
　　170, 173, 179-181, 223
投資　9, 38, 253
　　インパクト投資　237-241, 244, 245,
　　　250-252
　　責任投資原則（PRI）　225, 228
　　ESG投資　167, 239, 240, 249, 250
ドナー　29, 42, 53, 89
　　ドナー・オリエンテッド・アプローチ
　　　／ドナー・ドリブン　29

〔ナ行〕

ナラティブ　75-77
難民　21-24, 29, 48, 87, 107, 109, 129, 132,
　　136, 169, 191, 201, 209, 210, 212-214,
　　216-221
　　第三国定住　208, 209, 211-213, 215,
　　　216
　　プライベートスポンサーシップ〔カナ
　　　ダ〕　209, 211
　　補完的パスウェイズ　213, 215, 217-
　　　220
難民条約　207, 208, 211, 215, 269
人間開発　111, 145, 272
　　人間開発指数（HDI）　46, 107, 145,
　　　146
人間の安全保障　20, 46, 90
人間の基本的ニーズ（BHN）　46

〔ハ行〕

パリ協定　160, 165, 166, 169, 272
パンデミック　5, 7, 183, 185, 259
　　新型コロナウイルス感染症（COVID-

19)　96, 112, 183, 188, 203, 259

非感染性疾患　88, 89, 96

貧困　17, 26, 31, 32, 72, 98, 115, 130, 132, 144-151, 162, 204, 211

　借金　151, 152, 154, 155

　生計改善　148, 149, 150, 155

　絶対的貧困　144

　相対的貧困　144

　多次元貧困指数　145-147

　出稼ぎ　148, 149, 151-154, 156

　貧困削減　8, 46, 67-70, 101, 146, 153, 155, 156, 193

貧困線　147

　国別貧困線　144

　国際貧困線　144

ファシリテーター　150, 151, 252

ファンドレイジング　96, 237-253

　認定ファンドレイザー®　242, 243

フィールドワーク　70, 76, 77, 79, 175, 179

プライマリーヘルスケア（PHC）　83, 84, 86

　アルマ・アタ宣言　83, 272

プラネタリーヘルス　85

文化　29, 65, 66, 68-71, 78, 192-194, 197

紛争国　135

紛争予防　55, 56, 61, 63, 191, 197

平和維持活動（PKO）　51

平和構築　8, 28, 50-64, 133, 141, 142, 200

　治安部門改革　52, 53, 55

　武装解除, 動員解除, 社会復帰（DDR）　52, 53, 55, 62, 64

　ローカル・オーナーシップ　54, 58, 62

包括的開発フレームワーク（CDF）　46

保健／保健衛生　6, 25, 46, 48, 85-87, 89, 136, 185, 195

　地域保健　95

　母子保健　84, 96

保健医療（協力）　83, 90-92, 97, 136, 137, 146, 195

ボランティア　→アクター

〔マ行〕

マイクロファイナンス　100-102, 154, 155, 238, 240

水・衛生　26, 123, 136, 137, 146, 185, 186

　安全な水　34, 84, 177-179

　塩水化　179

　過剰揚水　182

　月経衛生対処　185

　石鹸による手洗い　183-186

　淡水（化）　176, 180

　トイレ　175, 177-179, 184, 185

水汚染（水質汚濁）　177

　海洋プラスチック　178

　化学肥料　178

　野外排泄（OD）撲滅　178

無償資金協力　6, 7, 10, 93, 95, 244

モラル・エコノミー　68

〔ヤ行〕

有償資金協力（円借款）　6, 36, 37

要請（主義）　39, 134

〔ラ行〕

レシピエント・オリエンテッド・アプローチ／レシピエント・ドリブン　17, 29

レジリエンス　98, 122, 169, 170, 171

　レジリエンス強化　17, 30, 126

〔欧文〕

BOP ビジネス　87, 226, 232

NGO　6, 7, 9, 15, 20, 27-31, 35, 39, 42-44, 86, 90, 110, 115, 120, 124, 128, 129, 132-139, 141, 142, 169, 181, 189, 202, 209, 212-214, 219, 224, 225, 236,

238, 244, 251
国際（協力）NGO　8 , 21, 130, 131,
　137, 183, 229, 231, 232, 237, 239, 241,

244, 245, 251, 253, 261
well-being　145, 146, 156

【人名】

アナン, コフィ　60, 225
インゴルド, ティム　74
エスコバル, アルトゥーロ　72, 79
グテーレス, アントニオ　50, 159, 202
ゲイツ, ビルとメリンダ　86, 227, 228
香田証生　31
サイード, エドワード　71, 72
スコット, ジェームズ　73
トゥーンベリ, グレタ　164
ナンセン, フリチョフ　208
潘 基文　60

ファーガソン, ジェームズ　72
フェアヘッド.J と M. リーチ　75
フーコー, ミシェル　71, 72
ブトロス=ガーリ, ブトロス　50
ブラウン, ゴードン　202
ヘッド, アイヴァン　16, 17
ポーター, マイケル　226
マーシャル, ジョージ　16
ムクウェゲ, ドゥニ　57
ムラド, ナディア　57
ユヌス, ムハマド　100

【地名】

アフガニスタン　19-22, 27, 30, 40, 41, 44,
　57, 66, 130, 135, 191, 197-199, 209,
　212, 217, 218
　カブール　20, 199
　パラワン州　20, 21
　ナンガルハール州　40
イエメン　121, 191
イラク　31, 38, 57, 109, 209
インドネシア　115
ウガンダ　175, 179
　ブドゥダ県　175
ウクライナ　25, 28, 29, 96, 113, 128-130,
　137, 142, 191, 196, 212, 217, 218, 219
エチオピア　115
カンボジア　51, 93, 94, 147, 148
ギニア　75
ケニア　19, 21-23, 70, 71, 76
コソボ　51
コンゴ民主共和国　57, 64

シエラレオネ　22
シリア　106-110, 130, 139, 191, 210, 212,
　216-218
スーダン　28, 29, 57, 115, 120, 121
　ダルフール　120, 121
ソマリア　66, 130
ソロモン諸島国　99, 100, 102-106
トーゴ　115
トルコ　139-141, 210
ハイチ　115
パキスタン　130, 131
東ティモール　52
ボスニア・ヘルツェゴビナ　51, 61
ボリビア　95
マダガスカル　186
マレーシア　18, 19
南スーダン　21-23, 115, 145
ミャンマー　29, 100, 101, 191, 212, 215,
　218

モルドバ　128, 129
ユーゴスラビア　51, 56, 59, 115

ルワンダ　51, 56, 59, 115
レソト　72

【機関・国際的枠組】

アジア開発銀行　6, 203
アジア協会　36
アフリカ開発銀行　6, 203
沖縄感染症対策イニシアティブ　91
国立国際医療研究センター（NCGM）
　　83, 90, 92, 93
国連安全保障理事会（安保理）　50, 51,
　　56, 63
ジャパン・プラットフォーム（JPF）
　　132, 139, 261
世界銀行　6, 36, 46, 72, 86, 144, 168, 189,
　　260
仙台防災枠組 2015-2030　169, 181, 268
日本財団　219
日本ファンドレイジング協会　242, 244
パスウェイズ・ジャパン（PJ）　217, 220
ピースウィンズ・ジャパン（PWJ）　128,
　　139, 141
ビル＆メリンダ・ゲイツ財団（BMGF）
　　227, 228
プラネタリー・ヘルス・アライアンス
　　85
ASEAN：東南アジア諸国連合　124
AU：アフリカ連合　58
CEDAC：カンボジア農業研究開発セン
　　ター　148-150, 152
COP　→気候変動＞気候変動枠組条約
　　締約国会議
DAC：開発援助委員会　25, 36, 37, 43,
　　47
ECOWAS：西アフリカ諸国経済共同体
　　58
EU：欧州連合　58, 65, 168, 210, 211
FAO：国連食糧農業機関　112, 114

GAVI：Global Alliance for Vaccines
　　Immunisation　86
GCR：難民に関するグローバルコンパ
　　クト　211-213, 270
GRF：グローバル難民フォーラム　213
IFFEd：教育のための国際金融ファシリ
　　ティ　203
IFRC：国際赤十字・赤新月連盟　136,
　　163, 170
IMF：国際通貨基金　46, 112
INEE：緊急時の教育のための組織間
　　ネットワーク　202
IPCC：気候変動に関する政府間パネル
　　159, 161, 165, 166, 223, 228
JANIC：国際協力 NGO センター　7,
　　261
JICA：国際協力機構　6, 36, 40, 62, 90,
　　92, 93, 95, 181, 217, 218, 226, 232, 237,
　　244, 259
JICA 海外協力隊　7, 258
JMP：WHO ／ UNICEF 水・衛生のモ
　　ニタリングプログラム　185
MSF：国境なき医師団　133, 232
OCHA：国連人道問題調整事務所　123
OECD：経済協力開発機構　8, 10, 16,
　　25, 90, 144, 223, 228, 251
OECF：海外経済協力基金　36
OSCE：欧州安全保障協力機構　58
SDGs　→持続可能な開発目標
TES：教育変革サミット　202
TPPs：Target Product Profiles　233
UNDP：国連開発計画　98-101, 103, 104,
　　105, 110, 145-147
UNESCO：国連教育科学文化機関／ユ

ネスコ　188-190, 202, 272
UNFCC　→気候変動＞（国連）気候変動枠組条約
UNFPA：国連人口基金　84, 86
UNGC：国連グローバルコンパクト　224, 225, 228, 230, 271
UNHCR：国連難民高等弁務官事務所　21, 44, 124, 128, 130, 163, 202, 207, 237
UNICEF：国連児童基金／ユニセフ　6, 84, 86, 124, 125, 148, 175, 179, 183, 189, 197, 198, 202, 233, 237, 256

UNMIK：国連コソボ暫定行政ミッション　52
UNTAC：国連カンボジア暫定統治機構　51
UN Women：国連女性機関　99, 100, 103
WFP：国連世界食糧計画　6, 113-126
WHO：世界保健機関　6, 86, 88, 112, 145, 233
WMO：世界気象機関　162
WTO：世界貿易機関　112

【略語・頭字語】

B4P：Business for Peace　60-62
BHN　→人間の基本的ニーズ
BOP：Base (or Bottom) Of the Pyramid　86, 228
CBO：コミュニティ・ベースの組織　175
CDF　→包括的開発フレームワーク
CSR　→企業＞企業の社会的責任
CSV　→企業＞共通価値の創造
DDR　→平和構築＞武装解除, 動員解除, 社会復帰
EFA　→教育＞「万人のための教育」
ESG（環境・社会・企業統治）　167, 225, 227

GBV　→ジェンダー＞ジェンダーに基づく暴力
HDI　→人間開発＞人間開発指数
ODA　→政府開発援助
OSA　→開発＞政府安全保障能力強化支援
PHC　→プライマリーヘルスケア
PKO　→平和維持活動
PRI　→投資＞責任投資原則
UHC：Universal Health Coverrage　91, 94, 96
WPS：Women, Peace and Security　56, 57

執筆者紹介 （執筆順／＊は編者）

＊杉 田 映 理　すぎた　えり（序章，第 11 章）
フロリダ大学人類学部 Ph. D. 大阪大学大学院人間科学研究科教授。主な業績：『月経の人類学—女子生徒の「生理」と開発支援』（共編，世界思想社，2022），Participant Observation : How to Be a Participant and Observer at the Same Time. (Ruth, A. et al. eds., *The Handbook of Teaching Qualitative and Mixed Research Methods*, Routledge, 2023)，「水・衛生（WASH）の緊急人道支援—命と尊厳のための基本的ニーズ」（内海成治ほか編『緊急人道支援の世紀』ナカニシヤ出版，2022）など。

＊内 海 成 治　うつみ　せいじ（第 1 章，資料編）
1946〜2023 年。京都大学農学部および教育学部卒業，博士（人間科学）。大阪大学名誉教授。主な業績：『ボランティア・難民・NGO—共生社会を目指して』（ナカニシヤ出版，2019），『学びの発見—国際教育協力論考』（ナカニシヤ出版，2017），『緊急人道支援の世紀—紛争・災害・危機への新たな対応』（共編，ナカニシヤ出版，2022），『〔新版〕国際協力論を学ぶ人のために』（編著，世界思想社，2016）など。

松 原 直 輝　まつばら　なおき（第 2 章）
東京大学大学院公共政策学教育部専門職学位課程修了。公共政策学修士。東京大学大学院公共政策学教育部国際公共政策学専攻博士課程。主な業績：*Genba-shugi* : The Hands-on Approach. (*Journal of International Development Studies* 31(3), 2023)，「政治理念としての現場主義—JICA の組織改革を事例に」（『東洋文化』104, 2024）など。

佐 藤　　仁　さとう　じん（第 2 章）
ハーバード大学ケネディ行政学大学院修士課程修了，東京大学大学院総合文化研究科博士課程修了，博士（学術）。東京大学東洋文化研究所・教授，コロンビア大学 Climate School 客員教授。主な業績：『争わない社会—「開かれた依存関係」をつくる』（NHK 出版，2023），『開発協力のつくられ方—自立と依存の生態史』（東京大学出版会，2021），『反転する環境国家—「持続可能性」の罠をこえて』（名古屋大学出版会，2019）など。

片 柳 真 理　かたやなぎ　まり（第3章）
University of Warwick, Ph.D. in Law. 広島大学大学院人間社会科学研究科教授。主な業績：*Human Rights Functions of United Nations Peacekeeping Operations*. (Martinus Nijhoff Publishers, 2002)，『平和構築と個人の権利―救済の国際法試論』（共著，広島大学出版会，2022），Japanese Business Leadership：Business for Peace in Practice. (co-write, *Asian Studies Review* 1- 20, 2023) など。

湖 中 真 哉　こなか　しんや（第4章）
筑波大学大学院歴史・人類学研究科博士課程単位取得退学。京都大学博士（地域研究）。静岡県立大学国際関係学部教授。主な業績：*Reconsidering Resilience in African Pastoralism：Towards a Relational and Contextual Approach*. (co-eds., Trans Pacific Press, 2023)，『地域研究からみた人道支援―アフリカ遊牧民の現場から問い直す』（共編，昭和堂，2018），『「人新世」時代の文化人類学』（共著，放送大学教育振興会，2020）など。

明 石 秀 親　あかし　ひでちか（第5章）
ジョンズ・ホプキンス大学公衆衛生大学院公衆衛生学修士，順天堂大学医学博士。元国立国際医療研究センター国際医療協力部運営企画部長。主な業績：SARS-CoV- 2 Infections in Close Contacts of Positive Cases in the Olympic and Paralympic Village at the 2021 Tokyo Olympic and Paralympic Games. (co-wrights, *JAMA Medical News* 327(10), 2022)，Multilevel Cooperation and Network on Global Health. (Haring, R. et al. eds., *Handbook of Global Health*, Springer, 2020)，User fees at a public hospital in Cambodia：effects on hospital performance and provider attitude. (co-wright, *Social Science and Medicine* 58, 2004) など。

須 崎 彰 子　すざき　あきこ（第6章）
シラキュース大学大学院社会科学修士，レバニーズ・アメリカン大学大学院経営学修士。国連工業開発機関にてイラク・ウィーン本部勤務ののち，UNDP ミャンマー事務所副代表・ニューヨーク本部・ソロモン諸島国事務所副代表兼ソロモン諸島 UN ジョイントプレゼンスマネジャーを経て，紛争下のシリア事務所副所長を務める。現在，立教大学兼任講師。主な業績：「シリア国内での緊急人道支援―国内被災者への生活支援」（内海成治ほか編『緊急人道支援の世紀』ナカニシヤ出版，2022）など。

堀 江 正 伸　ほりえ　まさのぶ（第7章）
早稲田大学大学院社会科学研究科後期博士課程修了，博士（学術）。元 WFP 職員。武庫川女子大学教授を経て，現在，青山学院大学地球社会共生学部教授。主な業績：『人道支援は誰のためか―スーダン・ダルフールの国内避難民社会に見る人道支援政策と実践の交差』（晃洋書房，2018），『新しい国際協力論―グローバル・イシューに立ち向かう』（共編，明石書店，2023），「誰かを取り残している持続可能な開発目標―インドネシアからの問いかけ」（山田満ほか編『「非伝統的安全保障」によるアジアの平和構築―共通の危機・脅威に向けた国際協力は可能か』明石書店，2022）など。

山 本 理 夏　やまもと　りか（第 8 章）
オハイオ大学大学院国際関係学修士，特定非営利活動法人ピースウィンズ・ジャパン理事
／海外事業部長。パレスチナ，ウクライナなど紛争地における人道支援や，トルコ大地震，
東日本大震災や能登地震など自然災害の緊急支援に携わる。主な業績：「スマトラの学び
をハイチへ―緊急人道支援の現場から」（『地域研究』11(2)，2011）など。

米 倉 雪 子　よねくら　ゆきこ（第 9 章）
サセックス大学大学院開発研究所博士課程開発研究専攻，博士。昭和女子大学国際学部
国際学科教授。主な業績：「カンボジア市民社会」（小林知編『カンボジアは変わったのか―
「体制移行」の長期観察 1993〜2023』めこん，2024），「世襲へ動くフン・セン首相―カンボジ
ア，自由制限と貧困抱え」（e - World Premium 97，時事通信社，2022），The Emergence of
Civil Society in Cambodia : Its Role in Democratisation Process. (Doctoral thesis,
University of Sussex, UK, 1999) など。

＊桑 名　恵　くわな　めぐみ（第 10 章）
大阪大学大学院人間科学研究科博士課程修了。博士（人間科学）。ピースウィンズ・ジャパ
ン，ジャパン・プラットフォーム等の NGO 職員を経て，現在，近畿大学国際学部教授。
主な業績：『緊急人道支援の世紀―紛争・災害・危機への新たな対応』（共編，ナカニシヤ
出版，2022），「災害リスクの軽減（DRR）におけるマルチステイクホルダー・ガバナンス
の可能性―新型コロナウイルス感染症（COVID-19）影響下での人道支援（スリランカ，バ
ングラデシュ）」（山田満ほか編『「非伝統的安全保障」によるアジアの平和構築』明石書店，
2021）など。

北 村 友 人　きたむら　ゆうと（第 12 章）
カリフォルニア大学ロサンゼルス校教育学大学院博士課程修了。Ph. D.（教育学）。東京大
学大学院教育学研究科・教授。主な業績：『国際教育開発の研究射程―「持続可能な社
会」のための比較教育学の最前線』（東信堂，2015），Memory in the Mekong : Regional
Identity, Schools, and Politics in Southeast Asia. (co-eds., Teachers College Press, 2022),
Japan's International Cooperation in Education : History and Prospects. (co-eds.,
Springer, 2022) など。

折 居 徳 正　おりい　のりまさ（第 13 章）
法政大学大学院政治学研究科国際政治学修士。2017 年より特定非営利活動法人難民支援
協会難民受け入れプログラム・マネージャー，その後 2021 年に，一般財団法人パスウェ
イズ・ジャパンの設立に携わり，以後代表理事。主な業績：「シリア難民を留学生として
受け入れる民間の試み」（滝澤三郎編『世界の難民をたすける 30 の方法』合同出版，2018），「難
民受け入れへ官民の連携を―人道危機のアフガニスタンに日本は何ができるか」（『論座』
朝日新聞 Digital，2021 年 9 月 15 日）など。

小 柴 巌 和　こしば　みちかず（第 14 章）

大阪大学大学院人間科学研究科博士前期課程修了。三菱 UFJ リサーチ＆コンサルティング株式会社を経て，2024 年 1 月より有限責任あずさ監査法人。主な業績：「Beyond SDGs を見据えた国連調達ビジネス参入の課題―日本企業は国連ビジネスで商機をつかめるか」（『Beyond SDGs イノベーション研究』2 (2)，2022），Strategies to Promote the International Private Sector's Contribution to Global Health Beyond an "Established" Community.（*Consilience : The Journal of Sustainable Development* 21, 2019）など。

鵜 尾 雅 隆　うお　まさたか（第 15 章）

ケース・ウエスタン・リザーブ大学 非営利組織管理学修士。認定 NPO 法人日本ファンドレイジング協会代表理事・『寄付白書』発行者代表，認定ファンドレイザー資格制度創設。主な業績：『寄付をしてみよう，と思ったら読む本』（共著，日本経済新聞出版，2018）など。

国際協力を学ぶ人のために

2024 年 5 月 10 日　第 1 刷発行　　定価は表紙に
　　　　　　　　　　　　　　　　表示しています

編　者　　内　海　成　治
　　　　　桑　名　　　恵
　　　　　杉　田　映　理

発行者　　上　原　寿　明

京都市左京区岩倉南桑原町 56　〒 606-0031
電話　075(721)6500
振替　01000-6-2908
http://sekaishisosha.jp/

世界思想社

© 2024 S. UTSUMI, M. KUWANA, E. SUGITA　Printed in Japan
(印刷　太洋社)

落丁・乱丁本はお取替えいたします。

ISBN978-4-7907-1793-5

月経の人類学 女子生徒の「生理」と開発支援
杉田映理・新本万里子 編

「生理の貧困」を訴え「生理の平等化」を求める動きは身近な
各地で広がっている──本書は月経をめぐる国際開発の動向を
整理し，フィールドワークで得た情報から各地の状況を分析、
月経対処のローカルな文脈と現状を「今」同時期にとらえる。
定価 3,500 円（税別）

アフリカを学ぶ人のために
松田素二 編

歴史や経済からポピュラーアートや結婚生活まで網羅する、ア
フリカ入門の必読書が大幅アップデート！ 「救済の対象」や
「資源の供給源」という今までのアフリカ認識を乗り越え、ア
フリカが育んできた、困難を解決し、暮らしや文化を作り出し
ていく力──アフリカ潜在力──を学ぶために。
定価 2,500 円（税別）

不揃いな身体でアフリカを生きる 障害と物乞いの都市エスノグラフィ
仲尾友貴恵

福祉制度が実動しないタンザニアで、「ふつう」に働けない障
害者たちは、いかに生計を立ててきたのか。植民地期から現在
までの彼らの姿を追う。障害学、都市下層研究、地域研究の枠
組を越え、路上に「居る」障害者たちの生活世界を描く。
定価 3,600 円（税別）

やっかいな問題はみんなで解く
堂目卓生・山崎吾郎 編

「地域にもっとにぎわいがほしい」「困っているはずの人から声
が上がらない」「せっかくの専門知が専門外の人に伝わらない」。
災害復興、再生医療、にぎわい創出、創造教育……境界を越え
困難に立ち向かう作法と実践。共助で新しい価値を創る。
定価 2,000 円（税別）

定価は，2024 年 5 月現在